Una Historia de Subversión en la Sierra.

Sobre la lucha de la Organización Independiente Totonaca

LUIS MANUEL HERNÁNDEZ AGUILAR

A mis padres, Ivonne y Rafael por su incondicional apoyo, cariño y comprensión. Siempre les estaré agradecido.
A Kim, por su amor y fuerza.

CONTENIDOS

ÍNDICE DE IMÁGENES Y TABLAS

AGRADECIMIENTOS

En primer lugar agradezco a mi directora de tesis, Dra. Ligia Tavera Fenollosa por sus consejos y apoyo. Ella fue desde el inicio de este proyecto la guía del mismo. Durante todo el proceso siempre estuvo presente para esclarecerme ideas, señalar mis errores y ayudarme a encontrar mi propio camino, por eso y por mucho más, mi sincera gratitud.

Quiero agradecer también de forma especial a la Dra. María Luisa Torregrosa, quien también desde un inicio se involucró y fue parte del proyecto con sus recomendaciones, además de siempre tener palabras llenas de ánimo para mi y el proyecto. De igual forma, agradezco a Dr. Luis Daniel Valencia por su atenta y minuciosa lectura, por sumarse y contribuir a esta investigación.

Agradezco en general a mis compañeros en la maestría, a los treinta y tres, especialmente a Natalia, Cristina, Soledad, Adjani, Adrián, David y Federico por ser interlocutores de esta tesis, por sus consejos, criticas y lecturas. Pero sobretodo por acompañarme en este camino.

Este trabajo tampoco hubiese sido posible sin la voz del pueblo totonaco y los integrantes de la Organización Independiente Totonaca, quienes me recibieron cordial y fraternalmente en Huehuetla. Con paciencia y dolor me hicieron partícipe de su historia personal y de su historia como pueblo. Especialmente quiero agradecerles por enseñarme que, "ser indígena es también una opción de vida". A todos ellos, a Don Mateo, Don Bonifacio, Don Aurelio, Don Félix, Don Manuel, Don José, a Marcos, a Pedro, Antonio, Pablo, Salvador y José Luis, muchas gracias.

Asimismo, esta investigación fue posible gracias al apoyo recibido por el Consejo Nacional de Ciencia y Tecnología (CONACYT) para cursar la maestría en ciencias sociales en la FLACSO México.

Indio. La palabra se la habían lanzado muchas veces al rostro como un insulto. Pero ahora, pronunciada por uno que era de la misma raza que Pedro, servía para establecer una distancia, para apartar a los que estaban unidos desde la raíz. Fue ésta la primera experiencia que de la soledad tuvo Winiktón y no pudo sufrirla sin remordimiento.

Rosario Castellanos, *Oficio de tinieblas*, 2007

INTRODUCCION

Durante el 20 y 21 de julio del año 2009 en el municipio de Huehuetla, ubicado en la Sierra Norte del Estado de Puebla se llevó a cabo la conmemoración del vigésimo aniversario de la Organización Independiente Totonaca (OIT). Una organización de carácter indígena que durante tres trienios logró acceder al gobierno municipal y desde ese lugar impulsar una serie de proyectos de diversa índole: sociales, económicos, culturales, políticos y de justicia. En el marco de dicha celebración se realizaron distintas actividades: talleres en torno a la educación indígena, comidas comunales, así como danzas propias de los totonacos. De la misma forma se celebraron tanto misas como pronunciamientos políticos. Precisamente en uno de esos discursos frente a simpatizantes, miembros y habitantes del municipio, colgaba una manta que servía de trasfondo a la directiva de la Organización. En la manta se podía leer el lema que acompaña a la OIT desde su fundación: *"Si con el nombre de indios nos humillaron y explotaron, con el nombre de indios nos liberaremos"*.

Al respecto, la frase del lema puede ser sometida a distintas interpretaciones, por ejemplo, en la primera parte cabe preguntarse ¿Quién? o ¿Quiénes humillaron y explotaron a los indígenas totonacos miembros de Organización? La respuesta intuitiva apuntaría hacia los *no-indios*, es decir, aquellos que podían humillar con esa palabra sin humillarse a sí mismos. En Huehuetla los *no-indios* son los denominados mestizos. Ahora bien, en la frase también se encuentran indicios de un conflicto que contrapone a indígenas y mestizos. Dicho conflicto se expresa en distintas dimensiones. Por una parte la *explotación* hace referencia tanto a procesos de explotación económica y social, como a la marginación y exclusión del sistema político. Por otro lado, el término humillación da cuenta de la imposición de un modelo cultural no-indígena y de rostro mestizo, el cual fue impuesto a la

1

población indígena totonaca. La característica de este modelo cultural es que divide y jerarquiza lo indio y lo no-indio. Conjuntamente, la humillación es también sinónimo de degradación, opresión y dominación, categorías aplicadas a los indios y que tuvieron como consecuencia la devaluación de la identidad totonaca por parte de lo mestizos e interiorizada por los mismos totonacos. Siguiendo con el lema, en la segunda parte la categoría de indio, o sea, aquella a través de la cual se estructuran y sustentan las relaciones interétnicas de dominación entre mestizos y totonacos, es apropiada y puesta al servicio de la acción y la liberación cultural de los mismos indios, los totonacos. En esa apropiación hay un trabajo de los totonacos por descargar la noción de sus connotaciones peyorativas y (re)definirla ahora en términos positivos. En consecuencia, la categoría de dominación se pone al servicio de la acción indígena. Los totonacos reconstruyen lo indio, reconstruyendo así su propia identidad, además de que esta noción—la de indio—se instaura como el eje articulador de la lucha política indígena. En efecto, el proceso de apropiación de la categoría indio supone un conflicto en relación a las orientaciones del modelo cultural nacional, esto es, la lucha en un campo cultural compartido y no sólo ello pues, de forma análoga, implica un proceso de liberación cultural de lo indígena contra lo mestizo.

Del mismo modo, el lema expone el nombre de la Organización, que es la definición de un nosotros colectivo en el conflicto, a saber, una agrupación definida culturalmente mediante una afirmación étnica y de forma autónoma. El tema de la autonomía, es decir, la declaración de independencia de la Organización en su propio nombre resulta de igual forma significativo. Precisamente a lo largo del texto se pretende mostrar la forma en que las orientaciones del modelo cultural mexicano construyeron a los indígenas como sujetos pasivos, necesitados de tutela en relación a su incapacidad, a su ignorancia y sobretodo a su dependencia del Estado y de la sociedad en general. Así que, declararse independientes es una denuncia contestataria de los totonacos frente a esas orientaciones culturales. En la manta se expresa también la temporalidad de la lucha, veinte años de persistencia y combate contra la dominación cultural y sus distintas expresiones. Del mismo modo, la enunciación y puesta en marcha de un encuentro de educación indígena puede leerse como la promoción de un contraproyecto de la historicidad, en el cual, las orientaciones culturales del sistema educativo sean definidas por los propios indios, por los elementos culturales propios de los totonacos.

**Imagen 1: Lema de la Organización Independiente Totonaca,
Huehuetla Puebla 2009[1]**

La discusión en torno al lema de la Organización tiene un propósito que consiste en delimitar los ejes centrales del análisis en la presente investigación. En otras palabras, se pretende examinar un conflicto cultural entre dos grupos adversos, los indígenas totonacos y los mestizos en una pugna por las orientaciones culturales de un modelo que establece jerarquías bien definidas entre los grupos—posicionado a los mestizos por encima de los totonacos—y que asigna valores desiguales a dichas identidades. En ese sentido, en el lema se encuentran precisamente rastros e indicios de la lucha de la Organización durante sus veinte años de existencia y combate. A través de este proceso la OIT ha buscado redefinir la relación entre indígenas y mestizos a partir de la revaloración, actualización y reconfiguración de la identidad totonaca que culmina en la construcción de un sujeto político totonaco. Del mismo modo el lema de la organización da cuenta de tres procesos articulados a la identidad social totonaca

---

[1] Burke (2005) señala que cada vez es más común el uso de distintos tipos de documentación en las investigaciones sociales. Entre estos tipos de documentación se encuentran las imágenes, de hecho considera que un buen número de campos de conocimiento nuevos, tales como la historia de la vida cotidiana o del cuerpo, no hubiesen podido llevar a cabo sus investigaciones sin el uso de la imágenes. La discusión anterior viene al caso de la presente investigación en relación a una serie de imágenes, fotografías tomadas durante el trabajo de campo en Huehuetla y en él cual se entrevistó a miembros de la Organización Independiente Totonaca. Siguiendo de nueva cuenta a Burke (2009: 12), existe en las imágenes un componente no-verbal sujeto al análisis, lo cual pretende ser efectuado con la imágenes aquí presentadas, como en el caso de la fotografía del lema de la Organización.

construidos en el conflicto interpuesto por la OIT y que se denominan *revaloración, actualización y reconfiguración identitaria.* En una segunda lectura del lema, es posible entrever las dimensiones analíticas que configuran un sujeto político, es decir, un principio de acción encaminado hacia la autoproducción de los totonacos como sujetos de derecho, como capaces de autodeterminación y productores de su experiencia e instituciones. El sujeto que encarna la OIT se constituye frente a distintas formas y relaciones de dominación, así como a sus expresiones concretas en el ámbito cultural, político, social y económico.

Así que, en un primer momento los totonacos por medio de la reflexión y el diálogo buscaron reconstruir el valor social de la identidad indígena. Posteriormente la Organización impulsó y generó transformaciones en las formas de participación e integración a una comunidad política a nivel municipal, lo cual de forma paralela incidió en la generación de una democracia efectiva y de características deliberativas en Huehuetla. En efecto, la OIT como organización del movimiento social indígena en México logró de la misma manera abrir espacios de negociación y lucha con el Estado Mexicano y la sociedad civil y frente a los cuales construyó y produjo instituciones. Por lo demás, este trabajo pretende examinar el camino de lucha de la Organización, "este caminar" como los mismos totonacos nombran su historia.[2]

De esta forma el objetivo central del trabajo es indagar y analizar los distintos procesos en torno a la identidad totonaca que es entendida como sustento en la configuración de una Organización que tiene precisamente como estandarte de lucha, su fisonomía indígena. De igual forma, se pretende analizar los procesos mediante los cuales la revaloración, la actualización y la reconfiguración, incidieron en la configuración de un sujeto político, a saber, un actor colectivo que busca autoproducir su experiencia y en esta autoproducción luchar por la ampliación de espacios políticos, por la afirmación de derechos e inclusive erigirse como agentes democratizadores. Derivado de los objetivos planteados, la pregunta que guía la presente investigación es la siguiente: ¿Cuáles son los distintos procesos en torno a la identidad indígena totonaca vinculados al

---

[2] Una aclaración al lector. En la presente investigación se usaran de forma indistinta los términos indio e indígena. Si bien es cierto que el término indio ha sido declarado como un término con fuerte carga peyorativa y racista, razón por la cual históricamente fue sustituido por el de indígena, (el cual "supuestamente" era una categorización más neutra), lo cierto es que, como se ha mencionado la misma OIT recupera la palabra indio como eje de su lucha, construyendo valor en torno a dicha denominación otrora devaluada. Para ellos, el indio o el indígena no es más una identidad social devaluada como se tratará de demostrar en los capítulos 4 y 5. Otra aclaración se dirige al uso indistinto de la siglas OIT y la palabra Organización con mayúsculas para referirse a la Organización Independiente Totonaca.

surgimiento y lucha de la Organización Independiente Totonaca, en el marco de la conformación de un sujeto político auto productor de la experiencia indígena y principio de acción contra las relaciones de dominación interétnicas?

Respecto a la pregunta de investigación, caben distinguirse dos niveles de análisis estrechamente vinculados: un primer horizonte concerniente al examen y distinción analítica sobre los proceso identitarios y la conformación de una organización del movimiento social indígena en la Sierra Norte de Puebla. El segundo nivel de análisis engarza la discusión anterior en el marco de la construcción de un sujeto político, concepto que se discutirá en el siguiente capítulo.

En síntesis, un primer objetivo es indagar y analizar aquellos procesos vinculados a la identidad totonaca que sentaron las bases o incidieron en la conformación de la OIT. De forma preliminar denomino a dichos procesos: *revaloración, reconfiguración* y *actualización* identitaria. Posteriormente, la tarea del análisis es identificar la relación o la forma en que los distintos procesos identitarios totonacos se engarzan en la configuración de un sujeto político. Resulta asimismo de gran relevancia analizar las dimensiones de lucha de este sujeto, la lucha por el reconocimiento y las implicaciones de lo anterior en la forma de gobierno del municipio de Huehuetla.

Metodología

Para la persecución de dichos objetivos, en la presente investigación se optó por un diseño metodológico cualitativo. La fortaleza de esta perspectiva de investigación reside en su acercamiento inductivo y su utilidad para enfocarse en situaciones específicas y comprender, tanto el significado de situaciones, experiencias y acciones, así como entender el contexto particular en el cual los participantes actúan y cómo este contexto incide en sus acciones (Maxwell, 2005: 22-23).[3]

Precisamente, la pregunta de investigación busca examinar en primera instancia los distintos procesos mediante los cuales la identidad indígena incide en la conformación de una organización del movimiento social

---

[3] Para un descripción más detallada del diseño metodológico que orientó la presente investigación, véase, el apartado metodológico, en la última sección del documento. En él, el lector encontrará el guión de entrevista flexible, (el cual sirvió como eje orientador en el proceso de entrevistas con los integrantes de la OIT), además encontrar la estrategia de muestreo seguida, así como la metodología de análisis, la cual comprende la construcción de las categorías de revaloración actualización y reconfiguración, (cabe destacar que estas tres fueron categorías en torno a la identidad que emergieron del análisis de las entrevistas y que fueron desarrolladas y construidas a partir del material empírico. Puede decirse respecto a estas tres categorías que son procesos microsociales referentes a la identidad).

indígena, la OIT. Dicho objetivo tiene como consecuencias, buscar, examinar y comprender el contexto en el que surgen y el significado que las personas involucradas en la organización otorgan a identificarse como totonaco, así como los cambios y permanencias en dicha identificación. Del mismo modo, implica explorar los significados en torno a la pertenencia a la Organización y el contexto en el que se desarrollan los mismos. En segundo lugar, busca indagar cómo los distintos procesos identitarios inciden en la configuración de un sujeto político mediante el análisis de un estudio de caso, la Organización Independiente Totonaca.

La estrategia de muestreo a seguir en la presente investigación será de carácter intencional por intensidad. Bajo el supuesto de que dicho caso arrojará información de carácter significativo y de gran valor para responder la pregunta que orienta el proceso de investigación. Es decir que, a través del estudio de la OIT se obtendrá información sobre las dimensiones que configuran un movimiento social indígena, así como de los procesos que hacen de ese movimiento un sujeto político, categoría analítica que da cuenta del principio de autoproducción.

Para Patton (1990:230) el muestreo intencional se enfoca "en seleccionar casos, valiosos en información, cuyo estudio iluminará la pregunta bajo estudio". En ese sentido se seleccionó a la OIT.

La OIT es una organización indígena que surge en el año de 1989, (en el municipio de Huehuetla en la Sierra Norte del Estado de Puebla). Esta Organización mediante una alianza con el PRD logró establecerse como gobierno por tres trienios—1990-1999—y desde ese lugar impulsó una serie de proyectos sociales, culturales, económicos y políticos. La OIT logró establecer un gobierno local indígena, la creación de un juzgado indígena y de un bachillerato indígena. A través del estudio de caso de la Organización Independiente Totonaca se pretende obtener información sobre la conformación de movimientos sociales indígenas que se configuran como sujetos políticos capaces de generar peso e influencia en la toma de decisiones políticas. De la misma manera, se busca obtener información sobre la relación entre los procesos identitarios y el conflicto que genera la irrupción de movimientos indígenas, así como el campo en el que se efectúa la disputa y si estos procesos inciden en la conformación de un sujeto político.

Para obtener la información necesaria que responda la pregunta de investigación se seleccionó como herramienta metodológica la entrevista a profundidad. La entrevista se entiende como una técnica dirigida a promover el discurso en profundidad (del entrevistado) por parte del entrevistador sobre el tema a investigar, sin el uso de preguntas cerradas o predeterminadas. La entrevista a profundidad pretende "a través de la recogida de un conjunto de saberes privados la construcción del sentido social de la conducta individual o del grupo de referencia de ese individuo"

(Alonso, 1998: 216).

Más adelante, se analizarán con cuidado y a profundidad los conceptos y dimensiones analíticas que hasta ahora se han mencionado, no obstante, antes de llegar a ello, se examina de forma breve y esquemática la irrupción de movimientos sociales de rostro indígena en América Latina y posteriormente en el marco del Estado nacional Mexicano. Precisamente porque la lucha de la Organización Independiente Totonaca se adscribe en la irrupción de movimientos sociales indígenas en las sociedades latinoamericanas.

Movimientos sociales indígenas en Latinoamérica

En América Latina desde hace un poco más de dos décadas, han emergido una serie de actores sociales que hasta antes no figuraban en el escenario político y social de los Estados Latinoamericanos. Dicha ausencia no se explica ni en relación a su reciente conformación ni a una aparición repentina, en tanto su presencia en el continente puede ser rastreada a través de los siglos. Estos actores son las distintas movilizaciones sociales de carácter indígena que dan forma a la categoría analítica de emergencia indígena (Bengoa: 2002).

La emergencia indígena latinoamericana (Bengoa: 2002), dirige la mirada hacia la irrupción y configuración de movimientos sociales indígenas en países latinoamericanos. Movimientos que irrumpen en el escenario político para confrontar la idea de Estado-Nación fundada sobre la imagen de la homogeneidad y la inferioridad natural de los indios. Dicha apelación se erige como una afrenta directa al reconocimiento de la pluralidad étnica y la diversidad cultural, asimismo, al reconocimiento de lo indígena. Al respecto, Stavenhagen (1992: 2) considera que los pueblos indígenas "han surgido en años recientes como actores políticos y sociales en América Latina", esto es, como sujetos activos con demandas nuevas y viejas, de igual forma, forjando nuevas identidades y cambiando la manera de relacionarse con la sociedad y el Estado.

Las movilizaciones indígenas acaecidas en las últimas dos décadas aparecen como formas de conflicto que no pueden ser reducidas a diferencias de clase, pues el eje del conflicto no sólo se sitúa en la dimensión económica, además implica a factores culturales, políticos y sociales que se entretejen en el campo de batalla del cual irrumpe la emergencia indígena. El proceso nos habla de movilizaciones sociales en las que el factor étnico y cultural es el punto de partida y se erige como el estandarte del conflicto, mas no su límite. En ese sentido, Stavenhagen (2006: 217) señala respecto a las irrupciones indígenas a lo largo del continente: "en el fondo de estas manifestaciones encontramos una necesidad humana fundamental: la que tiene todo grupo humano de poder vivir de acuerdo con sus valores y su cosmovisión, la que tiene toda persona de sentirse pertenecer a una colectividad con la cual comparte estos valores y que le proporciona identidad y seguridad".

En consecuencia, la emergencia indígena es el producto de una serie de movilizaciones indígenas que rechazan las políticas de integración y asimilación dirigidas desde los Estados Nacionales y la ideología indigenista, la cual orientó la relación entre los Estados y los grupos indígenas durante casi todo el siglo XX. Ahora bien, las distintas movilizaciones sociales indígenas promueven, difunden y recrean sus propios procesos culturales e identitarios, a la par de exigir una serie de demandas de índole económica tales como el acceso a los recursos y el derecho al territorio. Ejemplos de la aparición de estos nuevos actores sociales indígenas en las sociedades latinoamericanas son: en México el levantamiento armado del Ejercito Zapatista de Liberación Nacional (EZLN); en Ecuador, la Confederación de Nacionalidades Indígenas del Ecuador (CONAIE) que ha librado con éxito batallas a favor del reconocimiento de los derechos indígenas; en Guatemala la Coordinadora de Organizaciones del Pueblo Maya de Guatemala (COPMAGUA) que se erigió como interlocutor directo con el Estado Guatemalteco; en Bolivia, el Movimiento Revolucionario Indio Túpac Katari (MITK) que a nivel nacional coordina distintas organizaciones regionales y busca la reivindicación de derechos indígenas, así como el Consejo Regional Indígena del Cauca (CRIC) en Colombia, que ha logrado avances considerables en la legislación sobre derechos indígenas, por mencionar sólo algunos casos que han cobrado gran trascendencia política y social. Estos ejemplos denotan que cada vez son más los actores con rostro indígena que irrumpen en el escenario político Latinoamericano y que han generado cambios en las sociedades, así como en su relación con los Estados Nacionales.

La emergencia de dichas movilizaciones colectivas plantea el tema de la identidad como un eje articulador, como el lugar desde el cual los actores indígenas se presentan ante el Estado y la sociedad. El problema de investigación de la presente se inscribe precisamente en dicha problemática. Se sitúa en el conflicto por la determinación de las orientaciones culturales de la sociedad impuestas a los indígenas. En otras palabras, indaga en la emergencia de movimientos sociales indígenas capaces de generar influencia política, romper los esquemas y barreras erigidas por las elites dominantes que ignoraban o limitaban el ejercicio de derechos a los indios, la participación socio-política de los mismos e inclusive su propia capacidad de autodeterminación, esto es, el derecho de construir su propia experiencia para en ese combate configurarse como sujetos políticos. A continuación se presenta una breve recapitulación sobre la irrupción de movimientos sociales indígenas en México.

Movimientos sociales indígenas en México

Un número importante de autores, (Pérez Ruiz: 2005; Bonfil: 1989; Oehmichen: 1999), señalan la década de los setenta como un punto de inflexión para el movimiento indígena en México. Durante estos años hubo un aumento en las movilizaciones indígenas por todo el país, lo cual se relaciona directamente con un cambio en la política del Estado mexicano hacia los indígenas, consistente en la transición del indigenismo de integración al de participación. Sin embargo, cabe destacar que durante este periodo la lucha indígena se enarboló con la lucha campesina e inclusive llegó a confundirse en ella. En efecto, era precisamente la composición de las bases sociales indígenas —y no las demandas— lo que otorgaba ese carácter a dichas organizaciones, como ejemplo de lo anterior se encuentran la Unión de Comuneros Emiliano Zapata (UCEZ) en Michoacán, o la Organización Campesina Emiliano Zapata (OCEZ) en Chiapas. Al respecto de estas organizaciones Pérez Ruiz (2005: 63), apunta que "aunque la identidad de sus miembros era indígena, las demandas de estas organizaciones eran primordialmente reivindicativas: luchaban por la tierra, la producción. (…) en muchos casos, pese a la composición indígena de sus bases, las organizaciones, o las derivaciones regionales de éstas continuaban siendo campesinas". De esta forma, la lucha indígena irrumpe en la escena nacional mexicana vinculada a la lucha campesina. En esa misma línea se crea en 1979 la Coordinadora Nacional Plan de Ayala (CNPA), organización del movimiento social campesino que articulaba e integraba a múltiples organizaciones en torno al conflicto agrario. Algunas de estas organizaciones se identificaban de forma explícita como indígenas, tal es el caso del Movimiento de Unificación y Lucha Triqui (MULT) en Oaxaca.[4]

Durante todo la década de los ochenta emergieron un gran número de organizaciones campesinas e indígenas. En 1980 surge en el Estado de Puebla, la Cooperativa Agropecuaria Regional Tosepa Titataniske (CARTT), conformada por distintos grupos indígenas, totonacos, nahuas, otomíes y tepehuas (Pérez Ruiz, 2005: 65). El Estado de Oaxaca también fue testigo de irrupciones indígenas. En 1982 se forma La Unión de Comunidades Indígenas de la Región del Istmo (UCIRI), que agrupaba a indígenas zapotecas cafeticultores. Un año antes—en 1981—se forma en Chiapas la Unión de Uniones Quiptiq Ta Lecubtesel, que integraba a cafeticultores tzotziles, tzeltales y tojolabales. No obstante, en opinión de Pérez Ruiz (2005: 66) si bien todas estas organizaciones estaban constituidas por indígenas e inclusive llevaban su nombre, esto no implicó que sus demandas fuesen de corte étnico y que la identidad cultural se erigiera como el referente del grupo, al respecto señala: "Por ello, aunque tuvieran nombres indígenas y estuvieran formadas mayoritariamente por indígenas,

---

[4] Sobre los virajes en la relación del estado Mexicano y los grupos indígenas, el indigenismo y las causas de los cambios véase el capítulo 3 de la presente.

sus demandas no eran étnicas (…) de allí que los movimientos sociales que emprendían fueran reivindicativos—no políticos—y de perfil campesino".[5]

Posteriormente, la década de los noventa en México fue testigo de un acontecimiento que ciertamente cambiaría la fisonomía de la lucha indígena. El primero de enero del año 1994, el sureste mexicano presenció el levantamiento armado del Ejercito Zapatista de Liberación Nacional (EZLN) en concomitancia con el ingreso formal de México al Tratado de Libre Comercio de América del Norte (TLCAN). Pérez Ruiz (2005: 33) destaca de la irrupción armada del EZLN, su capacidad para evidenciar la existencia de relaciones interétnicas conflictivas en el México contemporáneo a través de la articulación de una afirmación identitaria indígena y una denuncia por reivindicación social política y económica. Lo cual siguiendo a Bengoa (2000: 108) tenía como consecuencia implícita, "una revisión muy profunda de las bases constitutivas de la Nación mexicana" y de la propia identidad colectiva mexicana. En ese contexto, el levantamiento armado del EZLN apelaba a una redefinición de la nación mexicana sobre una base pluricultural

Siguiendo a Le Bot (1998: 199) la insurrección zapatista en Chiapas tuvo no sólo consecuencias en el ámbito nacional, mas aún, resulta significativo el eco internacional que adquirió el movimiento. De forma análoga, resulto significativo la capacidad del EZLN, "para combinar reivindicaciones socio-económicas, revuelta étnica, afirmación étnica y acción política". Aunado a ello, el mismo autor destaca que el levantamiento armado zapatista "fue la primera insurrección declarada contra la mundialización neoliberal (Le Bot, 2009: 155)". En relación a que el alzamiento del EZLN representaba una afrenta contra el proceso de integración económica de México con los Estados Unidos y Canadá, es decir, contra "la inscripción de México en la mundialización neoliberal (Le Bot, 2009: 156)"[6].

De esta forma, la categoría analítica de emergencia indígena propuesta por Bengoa (2000), pretende dar cuenta de la irrupción en las sociedades latinoamericanas de actores políticos y sociales de rostro étnico principalmente a partir de finales del siglo XX. El recuento de la sección anterior breve y esquemático buscaba señalar dicho proceso.

---

[5] El recuento de la organizaciones por supuesto no es exhaustivo, para una revisión más detallada, Cf., Pérez Ruiz 2005; Oehmichen 1999

[6] Otra dimensión del impacto internacional del zapatismo remite al Zapatismo como "prototipo de guerra de red, social y militante, en la era de la información (Le Bot, 2009: 164) a un nuevo modo de encauzar el conflicto social definido como *social netwar*. Definido como "un modo naciente de conflictos sociales que aplican una ligera parte de formas de guerras tradicionales y en las que los protagonistas utilizan formas de organización de red y las doctrinas, las estrategias y las tecnologías aferentes, adaptadas a la era de la información (Le Bot, 2009: 164)"

Es justamente este marco el que otorga vigencia y relevancia a la presente investigación. En primer término asistimos a una coyuntura política y social de gran importancia, en la cual los mismos grupos indígenas a través de movilizaciones y pugnas buscan revertir la situación histórica de subordinación que se les imputaba y que tuvo como consecuencias, la negación de los derechos y ciudadanía de los indios. Las últimas dos décadas han sido testigos de cambios significativos en la relación de los Estados Nacionales y los grupos indios, lo cual inclusive se ha plasmado en distintas Constituciones y legislaciones. Esta disertación sobre la Organización Independiente Totonaca pretende arrojar luz sobre el tema mediante el análisis de un estudio de caso, esto es, busca contribuir y producir conocimiento sobre una problemática vigente en nuestras sociedades, esto es, actores colectivos indígenas luchando por su derecho a tener derechos y constituyéndose en sujetos políticos de gran relevancia y con plena ciudadanía.

En ese sentido, otra de las aportaciones de la presente tesis es el rescate de los relatos históricamente suprimidos de los grupos excluidos. En este caso, el de los totonacos que, como indios mexicanos, sistemáticamente fueron subordinados y tuvieron que enfrentar una exclusión múltiple, tanto social, política, económica como valorativa. Lo anterior en cierta forma, pretende visibilizar y hacer que la voz totonaca sea escuchada. Por otro lado, también se busca hacer hincapié y contribuir a los debates académicos sobre una preocupación que por sí misma merece ser recuperada y repensada: el carácter político de las identidades y las relaciones de dominación que las marcan. Por dichas razones y probablemente por algunas más que escapan de esta argumentación, es que resulta relevante y pertinente estudiar a una organización del movimiento social indígena en México, que ejerce su influencia y acción en la serranía poblana y que ha cosechado, además de sus logros socio-culturales, importantes conquistas tanto en el terreno político como en el judicial y el educativo.

La estructura de la presente investigación es la siguiente: En el primer capítulo se expone la teoría de Alain Touraine sobre sujeto y movimientos sociales, la cual se inserta en la perspectiva teórica de los nuevos movimientos sociales que orientó la presente investigación. Asimismo, se busca construir un puente entre esta posición teórica y otros acercamientos conceptuales sobre la sociedad civil, como los de Alexander (1992), Cohen & Arato (2002) y Offe (1996), en relación al campo de acción de los movimientos sociales. De forma análoga, el tema del reconocimiento y los derechos culturales ocupan una sección importante dentro del andamiaje teórico.

El segundo capítulo pretende enmarcar al lector en el contexto en el cual se origina y desarrolla la lucha de la Organización Independiente Totonaca, a saber, la región Sierra Norte de Puebla y de forma más específica el municipio de Huehuetla y sus comunidades. En consecuencia, se esbozan algunos datos sobre las condiciones económicas y sociales y se reconstruye brevemente la historia de la OIT durante sus dos décadas de existencia. En la última sección del capítulo se recuperan a partir de las voces de los miembros de la OIT una serie de elementos y orientaciones culturales propias de los totonacos.

En el tercer capítulo, el lector encontrará dos secciones: la primera tiene como intención trazar un recorrido histórico sobre los momentos más significativos, a saber, cambios, permutaciones y permanencias en la relación del Estado Nacional Mexicano y los grupos indígenas. La sección pretende dar cuenta del proceso de construcción del modelo cultural mexicano y exponer sus orientaciones con respecto a los indios, modelo frente al cual se opone conflictivamente el movimiento social indígena. Vinculado con dicha narración histórica, en la segunda sección se expone la forma en que dichas orientaciones culturales se materializaban y concretaban en relaciones interétnicas de dominación en una comunidad indígena particular, ubicada en el municipio de Huehuetla.

El cuarto y quinto capítulo son propiamente de análisis y buscan aportar elementos en la comprensión de la pregunta de investigación y la hipótesis que guían este trabajo. Ahora bien, en el cuarto capítulo se examinan los procesos de *revaloración, actualización y reconfiguración* de la identidad totonaca en la conformación de una organización del movimiento social indígena en la serranía poblana. En efecto, se explora cómo estos procesos se entrelazan mutuamente entre ellos y con la lucha de la OIT en sus distintos frentes. Esta discusión es la antesala del capítulo quinto, en el cual precisamente se procura enmarcar dicha discusión en la reflexión sobre la emergencia y conformación de un sujeto político de rostro totonaco. Posterior a las conclusiones, el lector encontrará un apartado metodológico, erigido como el puente entre la estructura teórica, la construcción de los instrumentos de recolección de datos y el análisis de los mismos. Es esa sección se presentan dichas herramientas y se muestra brevemente el camino siempre sinuoso de interpretación y análisis.

Antes de iniciar con la exposición de los argumentos conviene señalar los límites de la presente investigación. El examen de los elementos culturales de un grupo o pueblo, como el de los totonacos, requeriría en sí mismo otro trabajo de investigación, sin embargo, en el segundo capítulo se esbozan una serie de elementos y orientaciones culturales construidos desde la misma voz de los informantes, que, por supuesto, no son exhaustivos ni generalizables al contingente totonaco. Vinculado a lo anterior emerge el tema del sistema de cargos y servicio comunitario. En las entrevistas esta institución social es descrita por los totonacos como un mecanismo de relación que permite probar a la comunidad la valía individual a través de la prestación de un servicio desinteresado precisamente a la misma comunidad. Durante el gobierno indígena también fue una institución que dotaba de legitimidad a los totonacos que ocupaban puestos en el ayuntamiento municipal. Sin embargo, en la presente tesis no se encontrará un examen exhaustivo del servicio comunitario pues dicho objetivo escapa de los límites establecidos. Por ello, no es posible afirmar si esta institución es jerárquica u horizontal, si efectivamente es un sustento para la acción indígena o una restricción para la misma. En la presente, el examen se limita a las narraciones de los integrantes de la OIT al respecto. Por otra parte, no se profundiza en el tema de la iglesia católica, particularmente en la vertiente denominada teología de la liberación y su relación con la conformación de la Organización Independiente Totonaca, ya que en el recorte empírico de la presente disertación, las dimensiones de análisis enfatizan lo político y cultural. Ahondar sobre este tema, escapaba ciertamente a los límites de esta investigación.

Otro de los límites de la presente investigación se relaciona con el hecho de que no se entrevistaron a mestizos en Huehuetla, sino exclusivamente a los miembros, simpatizantes y asesores de la Organización Independiente Totonaca, por lo que no hay en este trabajo una reconstrucción del punto de vista de los mestizos. La justificación de esta decisión puede encontrarse en el anexo, específicamente en el apartado metodológico.

Un aspecto recurrente en las entrevistas de gran relevancia y que sin embargo no pudo ser profundizado, fue el tema de la violencia. Las razones de la violencia, sus expresiones e implicaciones vinculadas con la diferencia cultural, mestizo/indígena, sin duda, requerirían de un examen más amplio y detallado. De forma análoga, escapa el tema de la regionalización de la lucha de la Organización en un contingente que agrupa tanto a totonacos como a nahuas, la Unidad Indígena Totonaca Náhuatl (UNITONA). Ciertamente la OIT fue la semilla y base de esta organización que abarca toda la región Sierra Norte de Puebla. Actualmente, ambas organizaciones mantienen una estrecha relación y vinculación de proyectos y objetivos, sin embargo, el examen y análisis de la lucha de UNITONA escapa del enmarcado de la presente investigación.[7]

---

[7] Sobre, la lucha de UNITONA, el lector puede encontrar un extenso trabajo de análisis en: Hernández G., M. G. (2009). *Los caminos de la resistencia Indígena en la Sierra Norte de Puebla. Tesis en Etnología* . México: ENAH.

1. MOVIMIENTOS SOCIALES, IDENTIDAD Y SUJETO

> Aprendí en cambio a reconocer en los movimientos sociales la defensa del derecho de cada quien, individuo o grupo social, a escoger y a construir su existencia, a la vez que a defender, si lo desea, la herencia cultural— lengua, creencias pero sobre todo creaciones y esperanzas—de la que se siente descendiente.
>
> Alain Touraine, *Producción de la sociedad*, 1995a

En el presente capítulo se discute el enfoque teórico que orientó la presente investigación. Partimos del cuerpo teórico sobre movimientos sociales y sujeto elaborado por el sociólogo francés Alain Touraine (2007, 2005, 2003, 2002, 1995, 1995a) desde *la teoría de los nuevos movimientos sociales*. Esta perspectiva busca dar cuenta de la capacidad transformativa de los actores colectivos, es decir, de la facultad que poseen los movimientos sociales para determinar y autoproducir su propia experiencia y de paso transformar la sociedad. Dicha facultad contiene en sí misma un potencial disruptivo, el cual se relaciona con la noción de la sociedad como productora de sí misma. De la misma forma, desde este enfoque el conflicto fundamental de la sociedades modernas es de características culturales, por lo cual es central analizar la forma en que los movimientos sociales ponen en acción o tienen como sustento pautas culturales como la identidad para, a través de ella, luchar, defender y afirmar sus derechos y así erigirse como sujetos. La idea central en esta teoría, reside en que, "el movimiento social impugna a una adversario social el dominio que tiene de las orientaciones principales de la vida colectiva, lo que Touraine denomina la "historicidad" (Wieviorka, 2009: 33)".

La estructura del capítulo comprende el siguiente orden: en primera instancia se esbozan a grandes rasgos los tres cuerpos teóricos sobre los que gira el debate contemporáneo respecto a movimientos sociales: la teoría *de la movilización de recursos, la teoría de la estructura de oportunidades y la teoría de los nuevos movimientos sociale*s (Tavera, 2000: 455), señalando brevemente sus alcances y limitaciones. A continuación, se discuten a profundidad los conceptos y presupuestos de la perspectiva de los *nuevos movimientos sociales*, los puntos de ruptura con la tradición marxista y funcionalista, así como la pertinencia de dicho enfoque para analizar el caso de la Organización Independiente Totonaca (OIT), que de forma preliminar se adscribe al movimiento social indígena. Posteriormente, se analizan los principios que conforman un movimiento social: *identidad, conflicto y totalidad* (Touraine, 2003). La discusión prosigue con el análisis del concepto de sujeto; su conformación, el proceso de lucha en el que se inscribe y su relación con los movimientos sociales, para después distinguir los elementos que lo tornan político. Esta sección finaliza con la definición de sujeto indígena y su lucha por el reconocimiento. En la última parte del capítulo se discute la *lógica dual* de acción de los movimientos sociales (Cohen & Arato, 2002), y la *política no institucional* (Offe, 1996), teorías y conceptos que subsanan el desdén hacia el rol del Estado en la conformación y lucha de los movimientos sociales que existe en la teoría de Touraine.

1.1 *El estudio de los movimientos sociales, debates y perspectivas*

El debate contemporáneo sobre movimientos sociales gira fundamentalmente en torno a tres cuerpos teóricos: la teoría *de la movilización de recursos, la teoría de la estructura de oportunidades y la teoría de los nuevos movimientos sociale*s. A continuación se presenta una breve descripción de los ejes centrales de cada enfoque, además, se señala el énfasis en cada una, así como sus limitaciones.

La *teoría de la movilización de recursos* surge en la década de los sesenta en los Estados Unidos de Norteamérica. Se erige como una respuesta crítica a la concepción tradicional de movimientos sociales tales como las teorías de la acción colectiva, desde las cuales se pretende explicar la participación individual en acciones colectiva como impulsos no-racionales o irracionales frente a situaciones de agravio, frustración o descontento. Precisamente, la teoría de la movilización de recursos se erige como una respuesta crítica al supuesto de no-racionalidad en la acción colectiva.

A grandes rasgos, la *teoría de la movilización de recursos* rechaza la idea de que el comportamiento colectivo se oriente a través de normas, valores e impulsos irracionales . En contraposición, " la teoría de la movilización de recursos concibe el comportamiento colectivo como un juego estratégico de relaciones de poder, particularmente entre las élites y los demás grupos, y subraya la orientación político institucional de los movimientos sociales (Tavera, 2000: 453)". Dicho juego estratégico requiere de un actor racional —individual o colectivo—quién por medio de un cálculo racional instrumental decide o no participar en una acción colectiva. este supuesto contradice la idea de agravios e injusticias como fundamentos de la acción colectiva[8].

El énfasis desde *la teoría de la movilización de recursos* radica en la orientación racional-instrumental de la acción colectiva del grupo. En consecuencia la problemática se encuadra en una serie de estrategias entre grupos con intereses opuestos—élite política y movimientos sociales—en su pugna por alcanzar el poder. De igual forma, desde la teoría de la movilización de recursos se destaca la dimensión organizacional del grupo, así como los procesos mediante los cuales el movimiento social logra insertarse en un contexto social más amplio, (Tavera, 2000: 453).

Uno de los problemas que presenta *la teoría de la movilización de recursos* es la carencia de explicaciones sobre los aspectos que conforma los intereses que orientan la acción instrumental de los movimientos. Lo que implica que se de por sentado la orientación teleológica de los actores involucrados, sin cuestionar la conformación del interés, en otras palabras, no existe un cuestionamiento sobre ¿Cómo se conforma la orientación teleológica? Sobre qué orientaciones, sentidos o pautas subyacen al cálculo racional instrumental. Aunado a lo anterior, subyacen en este enfoque teórico una serie de supuestos que limitan el espectro de análisis de la teoría tales como; una sociedad política elitista, o las condiciones de igualdad entre adversarios (Tavera, 2000: 453), lo cual tiene como consecuencia la exclusión de las dimensiones subjetivas o culturales del conflicto y que son centrales en la presente investigación.

Por su parte, la *teoría de las oportunidades políticas* surge en la década de los setenta y principios de los ochenta. Al igual que *la teoría de la movilización de recursos*, emerge y se desarrolla en Norteamérica. De hecho, como señala

---

[8] Cohen y Arato (2002: 561-562), elaboran una lista con los supuestos principales del enfoque de la movilización de recursos: "1.Debe entenderse a los movimientos sociales en términos de una teoría de conflicto de la acción colectiva, 2.No hay ninguna diferencia fundamental entre la acción colectiva institucional y la no institucional, 3.Ambas suponen conflictos de intereses construidos dentro de las relaciones de poder institucionalizadas, 4.La acción colectiva implica la búsqueda racional de intereses por los grupos, 5.Los objetivos y reclamos son productos permanentes de las relaciones de poder y no pueden explicar la formación de movimientos. 6.Los movimientos se forman debido a los cambios en los recursos, organización y oportunidades para la acción colectiva, 7.El éxito implica el reconocimiento del grupo como un actor político o la obtención de mayores beneficios materiales, 8. La movilización implica organizaciones formales a gran escala, con un propósito especial, burocráticas.

Tavera (2000: 454), es precisamente un grupo de teóricos de la movilización de recursos quienes, "desarrollaron una variante que situaba los recursos externos y el contexto político como las variables más relevantes para comprender el surgimiento de un movimiento social". Por lo tanto ambas teorías comparten varios supuestos fundamentales, entre ellos, cabe destacar el actor racional y su orientación instrumental en la acción colectiva.

Es así que, *la teoría de la oportunidades políticas* también parte del supuesto teleológico para explicar la acción colectiva, no obstante, añade y postula que los movimientos sociales deben ser entendidos en "el contexto político en el que surgen y operan (Tavera, 2000: 454)". Conforme a la idea de que la irrupción de los movimientos sociales puede explicarse en relación a los distintos cambios "en el acceso a la participación y en los alineamientos de los gobiernos, la disponibilidad de aliados influyentes y las divisiones entre las élites (Tarrow, citado en Tavera, 2000: 454)". En consecuencia, desde este enfoque teórico el conflicto social tiene como objetivo el acceso al sistema político, lo cual tiene como repercusión demeritar la importancia del accionar de los movimientos sociales dirigido hacia la sociedad civil. En efecto, el énfasis se encuentra en la acción colectiva y su búsqueda de inclusión al sistema político. En la teoría de las oportunidades políticas existe una claro desdén hacia la sociedad civil como campo de acción de los movimientos sociales. Supuesto que será discutido y objetado desde la perspectiva de *los nuevos movimientos sociales*.

La teoría de los *nuevos movimientos sociales* surge en Europa continental a finales de la década de los sesenta y principios de los setenta. Precisamente, uno de sus objetivos es dar cuenta de una serie de cambios significativos en los comportamientos colectivos. En relación a lo anterior, examina la irrupción de sucesos históricos novedosos tales como el movimiento estudiantil, feminista, ecologista, pacifista o antinuclear. De la misma forma, busca comprender la forma en qué dicha irrupción impactó y modificó a las sociedades europeas, sus orientaciones e instituciones.[9]

De forma análoga, es central para la teoría de los nuevos movimientos sociales distanciarse del paradigma marxista, así como de la explicación y adscripción al movimiento social en términos de clase social. Mas aún, la distancia con respecto al marxismo es un eje fundamental en la teoría de los nuevos movimientos sociales, como también lo es el supuesto de la

---

[9] Para una discusión más amplia sobre lo novedoso de los "nuevos movimientos sociales" véase Cohen (1983) y (1985). Asimismo cabe destacar el sentido indexical de "*lo novedoso*" o "*lo nuevo*" en los movimientos sociales, el significado de lo "nuevo" se transforma en el momento de la enunciación, en un horizonte constante, referido al tiempo en el que la palabra es enunciada. Así lo nuevo, es siempre nuevo con respecto a algo, "viejo", "anterior", "pasado" o "preliminar".

emergencia de nuevos tipos de sociedades, y el campo de acción de los movimientos sociales (Tavera, 2000).

La idea del surgimiento de un nuevo tipo de sociedad se relaciona con lo que los teóricos de los nuevos movimientos sociales denominan como "una nueva fase en el desarrollo del capitalismo (Tavera, 2000: 454)". Esta naciente etapa del capitalismo incide profundamente en las sociedades industriales, generando efectos "tales como la disminución del conflicto bipolar de clases, el crecimiento del sector terciario y la expansión de actividades culturales, de consumo y recreación (Tavera, 2000: 455)[10]. En relación directa al surgimiento de un nuevo tipo de sociedad, desde *la teoría de los nuevos movimientos sociales* se adscribe una noción de sociedad dinámica y variable. Por ejemplo, Touraine define a la sociedad como "el producto cambiante, inestable, aproximadamente coherente de las relaciones sociales, la innovación cultural y los procesos políticos (citado en: Cohen y Arato, 2002: 577)". Si la sociedad es un producto cambiante y dinámico es necesario analizar el cómo, es decir, la forma en que las sociedades cambian y se producen a sí mismas.

Es a partir de dicha teoría y de forma más precisa, desde la propuesta elaborada por Alain Touraine que se aborda el problema de investigación. En tanto se pretenden comprender los procesos vinculados a la identidad de un movimiento social, su conformación en el conflicto, así como la forma en que éstos inciden en la configuración de un *sujeto político*.

Por lo demás, la noción de sujeto pretende dar cuenta de la capacidad de los actores colectivos para auto producir su experiencia, esto en referencia a un conflicto por el control e institucionalización de las orientaciones culturales, de un modelo cultural en una sociedad particular. Ahora bien, el sentido político del sujeto reside en que por medio de esa capacidad de autoproducción se lucha por la ampliación de la actividad política y la democratización de espacios públicos, así como por la afirmación de derechos y la construcción de ciudadanía. Pero sobretodo por ser una afrenta directa contra las relaciones de dominación. De la misma forma, pretende analizar el combate de los actores colectivos por la apertura de espacios políticos cerrados por distintas relaciones y procesos de dominación.[11] En la presente investigación se optó por la perspectiva

---

[10] Un eje común para los distintos enfoques de *la teoría de los nuevos movimientos sociales* es el surgimiento de un nuevo tipo de sociedad, lugar del que irrumpen y en el cual se desarrollan los movimientos sociales a los que hace alusión este paradigma

[11] Sin duda, tanto el término *movilización* como el de *recursos*, evocan en el imaginario sociológico el enfoque teórico para analizar los movimientos sociales que lleva precisamente ese nombre, *la teoría de la movilización de recursos*, sin embargo, el uso y significado de ambas palabras en la teoría de Touraine difiere significativamente.

teórica de Touraine en relación a varios cuestionamientos vinculados con el problema de investigación: en primera, desde *la teoría de la movilización de recursos y de las oportunidades políticas*, el supuesto de racionalidad estratégica limita el espectro de análisis. La reducción de la acción colectiva a un juego instrumental-estratégico deja de lado dimensiones subjetivas en la conformación de un movimiento social tales como los procesos de configuración de identidades o de solidaridad, (ejes centrales en la perspectiva de los nuevos movimientos sociales). De la misma forma, tanto *la teoría de la movilización de recursos* como la *teoría de las oportunidades políticas* otorgan un papel central al campo de lo Estatal y a la inclusión en el sistema político, en detrimento del análisis del campo de la sociedad civil como un espacio conflictivo y en disputa. Al contrario, los teóricos de *los nuevos movimientos sociales* otorgan al campo de la sociedad civil un rol central al conceptualizar el conflicto de las sociedad modernas como un conflicto cultural.

En estos supuestos radica la pertinencia del enfoque de *los nuevos movimientos sociales* para estudiar los movimientos latinoamericanos, o al menos una organización del movimiento indígena en la Sierra Norte de Puebla a través del estudio de caso de la OIT. En efecto, el énfasis de la perspectiva sobre el tipo de conflicto en el cual se inscriben los movimientos sociales (cultural) y la forma de abordarlo (no-racional instrumental), así como las características del conflicto, a saber, de características culturales.

En suma, se considera que la pertinencia del enfoque de los nuevos movimientos sociales para estudiar el caso de la OIT reside en el énfasis de la dimensión cultural del conflicto en el que irrumpen los nuevos movimientos sociales. Al respecto, Touraine (1995a:14) señala que, "en cada sociedad existen apuestas culturales comunes, las cuales forman un sistema de acción histórica, cuyo control social se disputan las clases definidas por su papel de dominación o de subordinación". En otras palabras, podemos pensar la sociedad como un campo conflictivo en disputa sobre la imposición de determinadas orientaciones al modelo cultural. Esta disputa se encuentra marcada por procesos y relaciones de dominación, en las cuales grupos dominados y dominantes luchan por la apropiación de un conjunto de orientaciones que configuran precisamente el modelo cultural. Como consecuencia del conflicto en torno a las orientaciones culturales se

---

Movilización y recurso son componentes del sistema de acción histórica (SHA), es decir, "el sistema de repercusión de la historicidad sobre la práctica social (Touraine, 1995:65)", la capacidad de las sociedades para producirse a si mismas. En éste sentido el recurso es un requisito en la acción productora, la movilización hace referencia al principio de movimiento, y que es la trascripción de la historicidad en relaciones sociales. Véase los siguientes apartados.

deriva el control de las mismas y su posterior institucionalización en el campo social, político y cultural[12].

En el campo de lucha por la apropiación de las orientaciones culturales del modelo de una sociedad, los movimientos sociales, o los nuevos movimientos sociales surgen como manifestaciones contestatarias frente a dichas ordenaciones culturales impuestas a través de procesos y relaciones de dominación. Su presencia y disputa deja ver la aparición de nuevos conflictos vinculados directamente con el control e institucionalización del modelo cultural de una sociedad. De esta forma, es posible examinar y analizar la forma en que una organización del movimiento indígena, la OIT, se sitúa en un conflicto por las orientaciones culturales del modelo cultural mexicano-mestizo, entre las cuales destacan todas aquellas en torno al valor y apreciación de las identidades. La disputa por el control y apropiación de las pautas culturales del modelo es un proceso desencadenado por el principio de autoproducción del sujeto.

Cabe añadir que las orientaciones culturales delimitan un campo cultural compartido y se expanden desde la sociedad civil hasta el Estado, si bien hay que señalar a éste último como productor de éstas. A continuación se discuten los elementos centrales de la propuesta de Touraine.

Al inicio del presente capítulo se señaló que la teoría de Touraine daba cuenta de la capacidad transformativa de los actores colectivos y las sociedades para producirse a sí mismas. Ahora bien, Touraine expone esta capacidad por medio de dos conceptos estrechamente vinculados: *la historicidad y el sistema de acción histórica*.

El sociólogo francés desarrolla la idea de la *producción de la sociedad por sí misma*, en contraposición al estructural-funcionalismo, específicamente al cuerpo teórico desarrollado por Talcott Parsons y la idea de la diferenciación de valores como creadora de conductas sociales. En efecto, *la producción de la sociedad* es un entramado conceptual que se opone directamente a la idea de racionalidad asociada al funcionamiento de la sociedad y la correspondencia entre integración y funcionamiento. Touraine

---

[12] La sociedad postindustrial programada se define esencialmente por la primacía de las industrias culturales, las cuales ocupan un lugar central en las relaciones de dominación entre los diversos actores sociales. Lo característico de la sociedad programada reside en el cambio tanto en la producción y difusión de bienes. El lugar central que otrora fuera ocupado por los bienes materiales, es sustituido, por los bienes culturales, tales como la información, la educación, o los medios de difusión (Touraine, 2006: 242). En ese sentido es que las industrias culturales ocupan un lugar central en las sociedades programadas y el conflicto social se sitúa en la institucionalización de las orientaciones culturales de la sociedad. "En resumen, la sociedad postindustrial se representa a si misma como capaz de producir su propio conocimiento, guías normativas y formas socioculturales (Cohen y Arato, 2005:580)".

(1995a: 12), señala al respecto: "creo por el contrario que entre las orientaciones culturales y la organización social tiene lugar relaciones de dominación (…). Lo que contrapone mi trayectoria a la de la escuela funcionalista es mi afirmación de que la producción de la sociedad por ella misma se realiza a través de un conflicto central."

Dicha afirmación implica dejar de concebir a la sociedad como una estructura funcional en la que la diferenciación de valores genera normas sociales, las cuales son interiorizadas por los individuos a través del proceso de socialización. Este proceso genera la concurrencia de las reglas de funcionamiento de la sociedad y la sociedad misma. Oponiéndose a dicho supuesto, Touraine señala que no existe una coincidencia entre la sociedad y su funcionamiento. Más aún, entre las reglas y sociedad existe un desfase, en tanto las sociedades, "Actúan sobre su propio funcionamiento para modificarlo o superarlo (Touraine, 1995a: 37)". Es decir que, la sociedad y su funcionamiento no se empatan correspondiéndose mutuamente. Cada sociedad es capaz de modificar o superar su funcionamiento. Por lo tanto, la sociedad es definida como un sistema capaz de producir sus orientaciones (Touraine, 1995a: 27). Lo anterior implica entender que las orientaciones culturales de la sociedad no son inmutables o inmanentes, emergen según Touraine como uno de los conflictos centrales en las sociedades contemporáneas.

El concepto de *historicidad* precisamente da cuenta de la capacidad de autotransformación y cambio de una sociedad, de la facultad para "producir su propio campo social y cultural (Touraine, 1995a: 38)". En ese sentido, la forma en que opera *la historicidad* remite a la distancia de la sociedad sobre sí misma respecto a sus reglas de funcionamiento. Esa distancia es la falta de correspondencia o concomitancia entre las normas y reglas que rigen a la sociedad y la sociedad misma. La sociedad puede captar ese desfase, actuar sobre él y modificarlo en relación a que ésta es capaz de generar "un sistema de conocimiento y los instrumentos técnicos con los que interviene en su propio funcionamiento (Touraine, 1995a: 37)".

De esta forma, entre la sociedad y su funcionamiento se encuentra *el modelo cultural*, definido como aquel momento que da sentido a las prácticas sociales. Es precisamente el momento en que la sociedad, particularmente los actores colectivos logran captar el desfase entre la sociedad y su funcionamiento. Al hacerlo, actúan sobre esa coyuntura, buscando imponer e institucionalizar un sentido particular a dichas prácticas. En otras palabras, en el desfase, el actor, o los actores colectivos luchan por producir su propia experiencia y con ello, modificar por medio del conflicto el sentido impuesto a las orientaciones sociales. Esto es, al actuar sobre la imposición del sentido de esa experiencia, buscan producir su propia experiencia.[13]

---

[13] Para Touraine (1995a: 38), la imagen de la creatividad es sinónimo de modelo

El modelo cultural es el aspecto mediante el cual *los actores colectivos* reflexionan sobre si mismos y captan su propia capacidad de transformación, creación y producción de su experiencia y por lo tanto del propio modelo cultural, el cual integra tanto técnicas en el uso de recursos naturales, formas de integrarse a la comunidad y una figura particular de sujeto.

Siguiendo esa idea, se debe añadir que el modelo cultural se encuentra signado por procesos y relaciones de dominación. En efecto, un grupo u actor dominante identifica sus orientaciones con el modelo cultural, asume o impone que existe una mutua correspondencia entre ambos y en consecuencia busca imponerlo sobre otros grupos o actores que en concomitancia con las relaciones de dominación están subordinados a él. Por su parte, los dominados "responden a esa dominación a la defensiva, apoyándose en su identidad social y cultural (Touraine, 1995a: 41)". De esta forma, en el conflicto entre dominados y dominantes está en contienda la apropiación y uso de las orientaciones que otorgan sentido al modelo cultural. En otras palabras, la capacidad creativa para transformar las orientaciones que rigen la relación entre ellos y la institucionalización de los mismos. En ese sentido, la apropiación del modelo cultural adquiere un carácter disruptivo para los dominados, pues es a través de él que los actores o grupos subordinados son capaces de transformar su experiencia, subvertir las relaciones de dominación y producir la sociedad.

De este modo, un movimiento social como el de las mujeres, el de los indígenas o el antinuclear logra notar el desfase entre la sociedad y su funcionamiento. Por tanto, capta que el modelo cultural que da sentido a las relaciones ha sido impuesto por un grupo de actores dominantes, (hombres, mestizos, industria militar) y reconoce que no corresponde con su representación de sociedad, es decir, con sus propias orientaciones. Frente a ello se defiende apoyándose en su identidad y entra en conflicto con ese adversario cuyo rostro emerge en el conflicto. Ambos actores—movimiento y contra movimiento—luchan por el control de las orientaciones del *modelo cultural* a través de la acción colectiva, entendida como "la capacidad de las sociedades humanas para desarrollar y modificar su propia orientación—es decir, para generar su normatividad y sus objetivos— Touraine, citado en: Cohen y Arato, 2005, 577)".

Por consiguiente, los actores colectivos generan *la historicidad*, y en consecuencia, la capacidad para producir su propia experiencia, esto es, para producirse a si mismos y a la sociedad. Al respecto, Cohen y Arato,(2002

cultural. Lo define como la "captación trágica y ufana porque lo es a la vez de un desgarramiento y de un objetivo. Inventora de conocimiento, agente de investidura, creadora de una imagen de creatividad que denomino modelo cultural, la sociedad se produce a si misma, impone un sentido a las practicas, se vuelca sobre sí misma".

:580) señalan que lo que está en conflicto, es propiamente "la institucionalización de este modelo cultural: instituciones autónomas, autogobernadas, igualitarias vs. estructuras controladas por las élites, manejadas tecnocráticamente y saturadas por las relaciones de dominación", es decir, el modelo cultural en pugna opone dos formas distintas de sociedad, sobre los cuales movimiento y contra movimiento disputan.

Por su parte, *el sistema de acción histórica* es el concepto que le permite a Touraine (1995: 61) explicar las repercusiones de la historicidad en las prácticas sociales. Cada uno de los componentes de la *historicidad*—modelo de acumulación, de conocimiento y ético—ejerce de forma especifica su influencia:

La sociedad no es lo que es, sino lo que se hace ser; por el conocimiento, que crea un estado de relaciones entre la sociedad y su entorno; por la acumulación, que retira una parte del producto disponible del circuito que desemboca en el consumo; por el modelo, que capta la creatividad en formas que dependen de la acción práctica de la sociedad sobre su propio funcionamiento (Touraine, 1995a:25)

Con mayor precisión, se puede definir el modo de conocimiento como "la capacidad humana de crear mediante el conocimiento de una imagen del mundo, de las relaciones sociales y de lo no social (Touraine, 1995a:41)". Por su parte el componente de acumulación da cuenta del proceso relacional entre la actividad económica y su representación, a saber, entre la producción y su consumo. Por último, el modelo ético pretende explicar la forma en que se orientan las distintas conductas sociales, es la captación cultural de la actividad social y la capacidad de actuar sobre ella.

De lo que da cuenta el sistema de acción histórica es de la forma en que los componentes de la historicidad constituyen un campo socio-cultural, el cual se traduce en prácticas sociales especificas. A través del sistema de acción histórica, la historicidad deja de ser una representación del desfase entre la sociedad y sus reglas, y se traslada a prácticas y actividades sociales concretas y abstractas.

Otro aspecto de gran relevancia en la perspectiva de *los nuevos movimientos sociales* es la distancia y cuestionamiento critico a la tradición marxista. Incluso, lo "novedoso" de la perspectiva se explica por el alejamiento con respecto a la tradición marxista y la idea del movimiento obrero como sujeto histórico. Ahora bien, el conflicto no es sólo por los medios materiales de producción en una sociedad, puesto que se "incorpora al análisis de los movimientos sociales, los conflictos acerca de estilos de vida, valores y concepciones sobre la sociedad (Tavera, 2000:455)".

Para la perspectiva de Touraine y su idea de sujeto es central alejarse de la concepción histórica del sujeto. Por ello, el sujeto es un concepto "vacío" en tanto no refiere a un actor social en particular con una misión histórica producto de las relaciones de producción. Para Touraine el sujeto es la voluntad de individuos o colectividades de erigirse como actores de su propia vida y constructores de su experiencia. De ahí la insistencia en la necesidad de "vaciar" dicho concepto de "las representaciones del sujeto, como actor de la historia, como portador de una sociedad" (Touraine, 2005: 65)".[14]

Desde la tradición marxista se identifica a la acción colectiva obrera, a saber, al movimiento social obrero con el desarrollo histórico del modo de producción capitalista. Por consiguiente, se imputa al sujeto encarnado por el movimiento obrero una acción histórica concreta y revolucionaria, generadora de un profundo cambio social en relación a la distribución de los medios de producción. De igual forma, los obreros se definen en tanto no-propietarios, es decir, en aquellos que poseen exclusivamente su fuerza de trabajo. Por esta razón, la adhesión al movimiento se efectúa en términos de clase, de identidad de clase.

Al respecto, Touraine (1995a: 17) insiste en la necesidad teórica de alejarse de las representaciones históricas del movimiento obrero como portador de una misión objetiva revolucionaria. El sociólogo francés explica su distanciamiento de la tradición marxista para definir su concepto de movimiento social al señalar: "Por eso, poco a poco dejé de hablar de clases sociales y sustituí el concepto por el de movimientos sociales, definido como la acción conflictiva de un actor dirigente o popular hacia el control social de los modelos y recursos de una sociedad (Touraine 1995a: 17)".

En las sociedades contemporáneas (postindustriales) sigue existiendo un conflicto central que contrapone dominantes y dominados—supuesto que comparte la tradición marxista y Touraine. Sin embargo, para el sociólogo francés las características del conflicto actual difieren significativamente de la pugna entre capitalistas y obreros. En la sociedades post-industriales el conflicto central es de características culturales, lo cual supone la apropiación e imposición de las orientaciones y sentido de un modelo cultural. Es así que, las luchas identitarias adquieren un nuevo protagonismo. Al respecto, Touraine (1995a:17) señala lo siguiente: "El materialismo de las antiguas reivindicaciones preindustriales y hasta industriales es sustituido por el llamamiento a la identidad, a la libertad y también a la comunidad". Por lo anterior es necesario conceptualizar a los movimientos sociales de forma tal que se aborde el conflicto cultural de las sociedades contemporáneas.

1.2 Movimientos sociales

Hasta aquí se ha insistido en hablar de movimientos sociales, empero, aún no se ha definido y precisado conceptualmente qué se entiende por dicho término. Touraine (2003: 100) considera que un movimiento social se

---

[14] Véase en éste capítulo el apartado 1.3 sobre el sujeto.

define por la lucha de un actor social que encarna un cambio social contra un adversario. En consecuencia, un movimiento social requiere la existencia de un tipo particular de acción colectiva conflictiva, a través de la cual, "una categoría social, siempre particular, pone en cuestión una forma de dominación social, a la vez particular y general, e invoca contra ella valores, orientaciones generales de la sociedad que comparte con su adversario para privarlo de tal modo de legitimidad".[15]

En efecto, para Touraine el conflicto es indispensable para entender los movimientos sociales, los cuales solamente pueden definirse en oposición al contramovimiento que combaten. De forma análoga, es por medio del conflicto que un movimiento social construye o reconstruye su identidad.

El conflicto encuentra su fundamento en el cuestionamiento hacia las orientaciones de un modelo cultural. La disputa es una respuesta contestataria hacia el sistema de orientaciones, representaciones y prácticas sociales que rigen una sociedad y su funcionamiento. En ese sentido, es que movimiento y adversario comparten un mismo lenguaje cultural, a saber, un campo compartido marcado por relaciones de dominación. A través del campo cultural compartido se efectúa la oposición y lucha por la imposición e institucionalización del modelo cultural. Ambos actores, movimiento social y oponente coinciden en otorgar una importancia central a dichos recursos culturales en tanto son compartidos, por ser resultado del proceso de dominación. Subyace en la idea de conflicto entre adversarios la apropiación de la capacidad de autoproducción de la sociedad, es decir, solamente a través del combate por la apropiación de un modelo cultural la sociedad cambia, produciendo sus propias funciones y representaciones.

Siguiendo con la conceptualización de movimiento social, es necesario para su formación la combinación de tres principios: el principio de identidad, momento en el cual, el actor se define a sí mismo, el principio de oposición o conflicto con un adversario social, así como el principio de totalidad, que delimita el campo en que se desarrolla el movimiento (Tavera, 2000: 451). En seguida se detalla cada uno de estos principios.

El principio de identidad es el momento en el cual el actor social se define a sí mismo de forma consciente. Esta definición de sí mismo se efectúa en y por medio del conflicto. En ese sentido, el principio de identidad no es un momento estático ni se limita a un momento en el cual los actores sociales se adscriben a un predicado que guíe su lucha, es decir, un yo indígena, yo totonaca, yo mujer totonaca, porque la identidad no se

---

[15] El actor es el ejercicio de un control y organización sobre sus propias actividades, a través de la capacidad de desprenderse de las formas y normas de reproducción de los comportamientos y del consumo, para participar en la producción de modelos culturales (Touraine, 1984:32). El actor se define más allá de un conjunto de roles.

encuentra constituida previamente. De hecho, es mediante el conflicto frente al adversario que se autoproduce y reproduce la identidad, lo cual remite a un proceso social de construcción relacional.[16]

De esta forma, el principio de identidad hace referencia a un proceso conflictivo de creación de una identidad grupal dentro de una identidad más amplia, una identidad social abarcadora. Por consiguiente, se dirige al desarrollo y conformación de un "nosotros colectivo" en el proceso de confrontación. Es un proceso conflictivo porque la creación de una identidad grupal dentro de un marco más amplio de identidad social, tiene como consecuencia implícita poner en tela de juicio esa identidad abarcadora, es decir, problematizarla. Entonces, la creación de identidad "supone un conflicto social en lo que se refiere a la reinterpretación de normas, a la creación de nuevos significados y al desafío de la construcción social de los límites mismos entre los dominios de la acción pública, la privada y la política (Cohen & Arato, 2002: 574)".

Para los movimientos sociales indígenas el principio de identidad significa un proceso conflictivo de construcción y reconstrucción de los imaginarios, orientaciones y elementos culturales propios en el marco de un campo cultural compartido al interior de Estados nacionales. Efectivamente, el principio de identidad representa una afrenta cultural frente a una identidad social de mayor amplitud —la identidad nacional— la cual fue construida bajo el supuesto de homogeneidad representada en el caso del Estado mexicano a través de la figura del mestizo.

El principio de conflicto hace referencia a la disputa por un proyecto histórico, esto es, a la lucha entre las distintas interpretaciones del modo de utilización social de los recursos y modelos culturales. En ese sentido, el principio de conflicto pone en cuestión las relaciones estructurales de dominación al poner en entredicho el modelo cultural impuesto por el grupo dominante, así como las orientaciones del mismo.

El conflicto es entendido como un proceso en términos culturales entre actores en disputa. El conflicto social es el medio a través del cual la sociedad institucionaliza sus orientaciones culturales y las relaciones sociales de dominación. Por lo tanto, resulta fundamental en la organización de un movimiento social el poder nombrar, o señalar al adversario, no obstante, es, a través del *conflicto* que se localiza y que emerge el adversario, ya que, el contramovimiento no existe tampoco *de facto*.

---

[16]Precisamente en el capítulo 4, se examinara tres microprocesos sociales en torno a la construcción/reconstrucción de la identidad, a saber, la revaloración, actualización y reconfiguración de la identidad indígena totonaca. En dicho capítulo se analiza la forma en que estos proceso se construyen frente a un adversario —el mestizo—, en un conflicto por las orientaciones culturales del modelo nacional-mexicano.

Aun cuando el conflicto esté limitado por su apuesta inmediata y por las fuerzas que moviliza, sólo se puede hablar de principio de oposición si el actor se siente enfrentado con una fuerza social general en un combate que ponga en entredicho orientaciones generales de la vida social (Touraine, 1995: 251)

Con respecto a la forma en que el conflicto es abordado por el movimiento social, Touraine (1995: 251) señala que, si bien puede encontrar su tratamiento por vías institucionales, no llega nunca a reducirse a dicha dimensión, pues el conflicto tampoco es reductible al ámbito institucional. Así que la lucha central se sitúa en el nivel de la historicidad, es decir, el nivel del control, apropiación e institucionalización de las orientaciones y sentido del modelo cultural, en consecuencia, resulta imperioso no reducir el análisis de la acción colectiva de los movimientos sociales, al marco institucional lo cual tampoco significa la exclusión del mismo en el análisis.

Siguiendo a Tavera (2000: 451), el principio de totalidad hace referencia al precepto mediante el cual, "se establece un campo común en el que se desarrolla el movimiento". El movimiento social y su adversario comparten un campo cultural flexible y mutable, a través del cual se efectúa el proceso de oposición.

De la misma manera, el principio de totalidad remite al *sistema de acción histórica*, que es la forma en que repercute la historicidad sobre la practica social. Proceso que pone en entre dicho las orientaciones culturales del sistema de acción, esto, en el campo compartido por movimiento y adversario.

En síntesis podemos hablar de un movimiento social a través de la confluencia de los tres principios desarrollados por Touraine (1995a), *identidad, conflicto y totalidad*, no obstante, el contexto de los movimientos sociales indígenas impone a éste esquema analítico ciertas especificaciones que serán desarrolladas en las siguientes secciones.

Hasta aquí se han señalado las dimensiones que configuran un movimiento social, enfatizando aquellas características particulares de los movimientos indígenas. Dicha reflexión nos conduce a pensar la relación entre movimientos sociales y el sujeto, iniciemos distinguiendo analíticamente a éste último, para después indagar el nexo entre ambos, la forma en que se relacionan movimiento social y sujeto.

1.3 Sujeto

Líneas arriba se señaló que la concepción de sujeto requería ser vaciada. Esto es, de forma inmediata la figura del sujeto no debe relacionarse a cualquier referencia específica —ya sea histórica o clasista—. Es por ello que la utilidad y fuerza analítica del concepto radica en denotar un principio de acción encaminado hacia la autoproducción. En consecuencia es recurrente definir al sujeto en términos de voluntad, capacidad, resistencia, convicción, reflexividad o de afirmación. Por consiguiente, el sujeto como principio de autoproducción puede dar cuenta de la acción tanto de individuos como de colectividades.

La naturaleza abstracta de la noción de sujeto pretende señalar un principio en el sistema de acción elaborado por Touraine, la *autoproducción*, en él, subyace la idea del potencial disruptivo y transformativo de los actores sociales colectivos. Al respecto el mismo Touraine (2003:21) señala lo siguiente: "El sujeto no tiene otro contenido que la producción de sí mismo. No sirve a ninguna causa, ningún valor, ninguna otra ley que su necesidad y su deseo de resistirse a su propio desmembramiento en un universo en movimiento sin orden ni equilibrio."

Precisamente, el sujeto se define como la capacidad de los actores de operar sobre sí mismos. Es la voluntad de individuos y colectividades para liberarse de los principios trascendentales y comunitarios. El sujeto se constituye como la capacidad de elegir sus organizaciones, sus valores y procesos de cambio. De esta forma, el sujeto es la voluntad para actuar sobre si mismo y sobre la sociedad, es decir, de producir su propia experiencia propia y del mismo modo producir su sociedad. En efecto, sujeto es el nombre del actor cuando se sitúa a nivel de la historicidad y la producción de las grandes orientaciones normativas de la vida social. Sobre esta idea Touraine (1995: 29) afirma lo siguiente:[17]

El Sujeto es "el deseo de ser un individuo, de crear una historia personal, de dar un sentido al conjunto de experiencias de la vida individual, vivir su vida, buscar en ella una referencia que aclare los componentes particulares, además de la pertenencia a una categoría social donde existe una comunidad de creencias.

Continuando con esta discusión, Touraine considera que el sujeto es el único principio mediante el cual pueden combinarse la economía y la cultura, esferas disociadas por la modernidad. Entonces, el sujeto es el esfuerzo del actor para escapar de las experiencias que ambos mundos le presentan. Por un lado, una economía globalizada instrumental sin identidades, recluidas en el individualismo e instrumentalismo. Por el otro, comunidades cerradas en si mismas, replegadas en sus tradiciones y

---

[17] En relación al andamiaje teórico elaborado por Touraine, cabe distinguir conceptualmente al actor del Sujeto. El actor se define más allá de un conjunto de roles. El actor es el ejercicio de un control y organización sobre sus propias actividades, a través de la capacidad de desprenderse de las formas y normas de reproducción de los comportamientos y del consumo, para participar en la producción de modelos culturales (Touraine, 1984: 32). Por su parte, el sujeto es la capacidad de elegir sus organizaciones, sus valores y procesos de cambio, es la capacidad para actuar sobre si mismo. Sujeto es el nombre del actor cuando se sitúa a nivel de la historicidad y la producción de las grandes orientaciones normativas de la vida social. (Touraine, 1984: 19).

costumbres, negando cualquier posibilidad de contacto y comunicación con el exterior, encerrando a una cultura bajo el principio comunitario. Por lo tanto, el sujeto debe ser pensado como un principio capaz de articular ambos mundos, de amortiguar el desgarre que la modernidad trajo consigo y erigirse como un trabajo de vinculación. Además, el sujeto es la "combinación de una identidad personal y una cultura particular con la participación en un mundo racionalizado, y como afirmación por ese mismo trabajo, de su libertad y su responsabilidad (Touraine, 2003: 22)".

El sujeto se erige entonces como el único principio capaz de articular la disociación del plano instrumental-económico y simbólico-cultural. En tanto principio de producción de sí mismo, el sujeto puede vincular dos mundo desgarrados que se presentan ante él como esferas incompatibles de elección y ante las cuales debe combatir en aras de no ser subsumido en ellas, ya sea por el comunitarismo o por un sistema económico utilitario e individual.

De esta manera, el sujeto se constituye a través del combate, de la lucha de éste en dos frentes: contra el mercado y la comunidad, a saber, una lucha en el plano instrumental y la otra en el simbólico, el cual es un proceso de combate que se denomina *doble apartamiento*, (Touraine, 2003: 62-67). Éste se define como una reacción del sujeto ante las dos experiencias que lo desgarran. Por un lado, significa apartarse de su comunidad en tanto ésta aprisiona a su cultura y se convierte más en un medio de control que un recurso para la acción. Por otro lado, es una reacción ante la instrumentalización de la fuerza de los mercados que buscan reducirlo a la figura de consumidor o que impone determinadas pautas de producción, sustento y consumo. Oponiéndose y buscando conjugar la fragmentación de experiencias es que el sujeto busca erigirse como actor de su propia historia. A continuación se examinan a detalle los dos frentes de combate del sujeto.

El sujeto se aparta de su comunidad cuando su cultura es cautiva de los controles establecidos por ella, o sea, cuando la comunidad, sus leyes y costumbres encadenan al sujeto a una determinada realidad social. El enclaustramiento de una cultura por la comunidad es definido como comunitarismo, "como el poder de los dirigentes de la comunidad para imponer prácticas y prohibiciones a sus miembros" (Touraine, 2005: 183) lo cual representa un ataque hacia las libertades individuales.[18]

El llamado al comunitarismo se funda en un repliegue de las comunidades en sí mismas, él cual es frecuentemente producto del rechazo o exclusión que se origina en tanto un grupo se define étnica, cultural o

---

[18] No debe confundirse comunidad con cultura o viceversa. Lo que significa que ni sociedades ni comunidades poseen "unidades culturales totales", términos como cultura y comunidad no se empatan entre si.

sexualmente. El problema con el repliegue comunitario es que en ocasiones pretende situarse por encima de derechos políticos y sociales, e ignora la ciudadanía de los individuos que conforman esa comunidad.

El sujeto sólo puede configurarse sobre la pertenencia a una comunidad, cuando ésta no sólo le impone deberes, reglas y obligaciones, estableciéndose como una restricción para la acción, sino cuando, la comunidad y sus elementos culturales, sirven como base para la fundación de una identidad basada en derechos, a la par de erigirse como recurso y orientación para la acción.

En el contexto Latinoamericano la ruptura con la comunidad es fundamental para los movimientos indígenas, si es que éstos buscan configurarse como ese principio de acción que les permita producir su propia experiencia. En otras palabras, para los movimientos sociales latinoamericanos es fundamental el alejamiento del comunitarismo, si éstos pretenden constituirse como sujetos. Los movimientos sociales indígenas debes superar y alejarse de lo que Touraine (2003) denomina "defensas comunitarias", a saber, comunidades encerradas en sí mismas, hostiles frente a adversarios indefinidos que se constituyen sólo por su no-pertenencia a la comunidad, lo cual tiene como consecuencias el combate frente a figuras, como las del "extranjero", el "extraño o "el otro".

Las defensas comunitarias en relación a su carácter cerrado difícilmente logran contraponerse a la dominación política y económica que los aqueja. Para los movimientos sociales indígenas el combate al *comunitarismo* es de particular importancia, pues el riesgo al repliegue comunitario es muy alto, en relación no sólo al aislamiento geográfico o a las condiciones socioeconómicas, sino particularmente al uso de la cultura como un medio de control. No obstante, Le Bot (1998: 203) considera que los nuevos movimientos indígenas, "no están animados por la idea de una comunidad autónoma y, menos aún, cerrada autárquica. Su objetivo no es la reconstrucción de la vieja comunidad, no son esencialmente defensivos". El proceso de ruptura con la comunidad reside en la elaboración por parte de los movimientos sociales indígenas de lo que Le Bot (1998: 203), designa una *etnicidad abierta*. Dicho concepto denomina la movilización de distintos recursos culturales para participar en la actividad política y pugnar por cambios democráticos. La *etnicidad abierta* es un proceso de lucha cultural abierto a la negociación. Lo cual se aleja de anteriores luchas indígenas dirigidas exclusivamente a defender la comunidad soñada, desaparecida .

Por lo demás, el proceso de ruptura del sujeto con la comunidad no significa la negación o superación de la misma, esto implica que, la defensa comunitaria puede sentar las bases de un movimiento social, siempre y cuando abandone la instrumentalización de la cultura dirigida a la negación del otro. La defensa comunitaria debe tornarse ofensiva contra la dominación que le ha sido impuesta, no contra una categoría social específica.

El otro proceso de ruptura del sujeto busca apartarse del mundo de los mercados, o sea, de la imposición de una concepción de vida social. De la reducción del individuo a la figura del consumidor. Lo cual es una consecuencia de la liberalización del sistema económico y su posterior reconfiguración en un sistema económico mundial. Cabe destacar que, ésta es también una lucha que se sitúa en el nivel de la historicidad (Touraine, 2003: 34-35).

La lucha económica del sujeto se dirige a crear las condiciones que permitan conjugar una experiencia cultural colectiva con las condiciones materiales de subsistencia. Es decir, la libre determinación del cómo se produce el sustento material de vida.

El sujeto se aparta del mundo instrumental del sistema económico en un combate contra la lógica de una economía que perdió las mediaciones sociales y políticas, en especial la del Estado, él cual retrocede ante los embates de proyectos que buscan liberalizar el sistema económico y reintegrar la actividad "económica" en una lógica política global (Touraine, 2003: 35). Sin embargo, la lucha del sujeto no sólo es oposición, es principalmente una *afirmación de libertad*, es decir, entrar en pugna con el sistema económico desgarrado de sus controles, no significa de ninguna manera autoexcluirse y encerrarse, sino afirmar la participación en él a través de proyectos que surgen desde la figura el sujeto[19].

Para el caso particular de las poblaciones indígenas o del movimiento indígena, el proceso de lucha económica se empata analíticamente con lo que Bengoa (2002) denomina *la demanda indígena*. Esta noción denota una serie de requerimientos de índole económica vinculados con el acceso a los recursos naturales y la libre gestión de los mismos. Del mismo modo, remite a la capacidad de determinar libremente su producción.

La demanda indígena expone la faceta de lucha económica del movimiento indígena por la inclusión en un sistema económico general, a través de la libre gestión de los recursos naturales y de la producción que emana de una determinada figura del sujeto, de un sujeto indígena y su particular relación con la "tierra".

---

[19] Al respecto, Touraine señala que "Hay que ver en la idea de globalización una ideología que enmascara el mantenimiento de las relaciones de dominación económica al introducir la imagen de un conjunto económico mundial autorregulado o fuera del alcance de la intervención de los centros de decisión política (2003: 36)". Esta idea se opone ciertamente al supuesto central en Touraine sobre las sociedades como productoras de sí mismas. En éste sentido la idea globalización como sujeta a una propia lógica ajena a los actores sociales, los cuales no pueden hacer nada mas que ser espectadores y partícipes en el sistema de consumo.

De esta forma, el sujeto es el único principio mediante el cual pueden combinarse la economía y la cultura, esferas disociadas por la modernidad. El sujeto es el esfuerzo del actor para escapar de las experiencias que ambos mundos le presentan como tipos ideales. Por un lado, una economía globalizada instrumental sin identidades, por el otro, comunidades cerradas en sí mismas, sin comunicación con el mundo. Por consiguiente, el sujeto debe ser pensado como la "combinación de una identidad personal y una cultura particular con la participación en un mundo racionalizado, y como afirmación por ese mismo trabajo, de su libertad y su responsabilidad (Touraine, 2003: 22)". En síntesis, los movimientos indígenas no buscan solamente inscribir su especificidad cultural y el reconocimiento de la misma en las sociedades nacionales en las que se encuentran insertos, de forma paralela, combaten por la inclusión y participación en el sistema económico a través de su identidad, de sus propios orientaciones culturales, y proyectos que surjan de una propia figura del sujeto.

Hasta aquí se han esbozado a grandes rasgos los conceptos de movimiento social y sujeto; el primero se define como el esfuerzo de un actor colectivo por el control y producción de un modelo cultural y de las orientaciones culturales de la sociedad a través del conflicto. Por su parte, el sujeto especifica un principio de acción, a saber, una forma de constitución de la experiencia social. Empero, cabe preguntarse: ¿Cómo se relacionan ambos conceptos? O sea ¿Cuál es el vínculo entre ellos? El sujeto es el principio de acción de los movimientos sociales en las sociedades contemporáneas. Es un precepto dirigido hacia el potencial transformativo de los actores colectivos. El sujeto y el movimiento social son uno, en relación a que el movimiento social en su acción contestaría defiende una noción de sujeto. El movimiento social defiende la capacidad de autoproducción, de conformar y llenar la figura vacía del sujeto con su propia experiencia a través del conflicto.

La lucha por la realización de cierto modelo cultural implica la búsqueda de autoproducción, por tanto, de la capacidad de determinar la experiencia del actor, sus orientaciones y formas de producción, así como el interés por modificar las relaciones de dominación. De esta forma, la noción de sujeto puede cargarse de un ímpetu contestatario y disruptivo, al afirmar la autoproducción en el conflicto por las orientaciones culturales de una sociedad.

El sujeto se define también como un movimiento social en tanto afirma la libertad personal y en esta afirmación se opone por un lado al mercado y sus estrategias y por el otro a los "dictadores comunitarios" (Touraine, 2003: 21).

La capacidad de autoproducción del sujeto lo convierte en movimiento social. La afirmación de autoproducción es un combate directo, genera el campo de conflicto y disenso en dos planos, ya que dicha afirmación se efectúa tanto en el plano instrumental como en el plano simbólico. En la capacidad de autoproducción es que se encuentra el vínculo entre movimiento social y sujeto, pues produce el principio de conflicto. La afirmación de autoproducción es la cara inversa de la dominación ya sea económica, política o racial.

Por lo demás, la autoproducción se vincula con el principio de identidad. Se constituye como el vínculo entre el precepto de libre definición de un *"nosotros colectivo"*, esto es, con la capacidad de autodefinición y autoproducción de las orientaciones y prácticas sociales. Inclusive va más allá al señalar el campo común de lucha y el lenguaje cultural compartido. En este sentido, la concepción de sujeto permite analizar la importancia de la orientación del actor hacia la acción autónoma, "hacia la producción y defensa de ellos mismos como singulares e integrados en una vida compleja y en un mundo constantemente en cambio (Touraine, 2006: 202)".

La perspectiva teórica de Touraine sobre el sujeto y los movimientos sociales permite comprender el conflicto que atraviesa a una sociedad. Por ello, mediante el vínculo entre sujeto y movimiento es posible entender los dos frentes en que se desarrolla un movimiento. Sujeto y movimiento social como herramientas analíticas permiten indagar la figura de sujeto que encarna la OIT, el eje de conflicto sobre le cual se posiciona el adversario contra el que se opone, sus distintas demandas, y la forma en que se constituye como movimiento social.

Si podemos pensar en el sujeto como movimiento social, cabe ahora elevar la pregunta, sobre ¿Qué hace que el sujeto se torne político?, ¿Cómo se configura un sujeto político? De forma preliminar podría pensarse que el simple hecho de configurarse como movimiento social torna político al sujeto, lo cual es cierto, sin embargo, existen otras dimensiones, que politizan la figura del sujeto.

1.4 Sujeto político

En el conflicto por las orientaciones culturales del modelo, en la captación del desfase de la sociedad y su funcionamiento el sujeto se sitúa en el nivel de la historicidad y desde ahí abre un frente de lucha para que esas orientaciones particulares dejen de ser una imposición. Para que no sean más el reflejo de las orientaciones de los dominantes. En esta permutación hay un contenido político de confrontación, negociación y denuncia, así como de acción y autoproducción.

El sentido político del sujeto reside en que las demandas interpuestas por los movimientos sociales a las sociedades son incompatibles con las orientaciones generales del modelo cultural, y por lo tanto, el sentido de autoproducción es también una acción de denuncia y lucha contra la dominación. Lo cual en algunos casos tiene como consecuencia el debilitamiento o inclusive la desaparición de la dominación

Cabe añadir, que los movimientos sociales indígenas buscan constituirse como sujetos a partir de una diferenciación étnica de carácter indígena y desde ese lugar de enunciación constituirse como productores y organizadores de su propia vida, de sus organizaciones y valores a través de la construcción y reconstrucción de su identidad indígena, entendida como un recurso cultural. Sin embargo, el proyecto de autoproducción para los movimientos indígenas necesita tornarse político. La lucha de los movimientos indígenas además de situarse en el plano comunitario y económico, debe llevarse a cabo también en el plano político, esto en relación directa al proceso de dominación particular sobre los grupos indígenas. Un proceso de dominación política-económica-racial que erigió barreras para la participación en la vida política y para la ampliación de la democracia y que sistemáticamente ha negado a los indígenas como sujetos de derecho, desestimando su igualdad y su acceso a la plena ciudadanía. En ese sentido hay una dimensión política de reconstrucción de los indígenas como sujetos con capacidades, derechos y obligaciones. La dimensión política del sujeto se dirige a producir a los indios como ciudadanos, a construir las condiciones para que los excluidos puedan ejercer sus derechos políticos, sociales e inclusive culturales, y de esta forma superar la esquizofrenia práctica discursiva que por un lado, enuncia la igualdad universal, mientras que en la vida cotidiana se excluye sistemáticamente a los indígenas, negándoles sus derechos.[20]

Es por ello que para convertirse en sujetos, los movimientos indígenas deben ir un paso más allá y tornar política su lucha, es decir, configurarse como sujetos políticos. Deben por lo tanto derribar las barreras de exclusión a través de la movilización de su identidad, de su ser indígena. La afirmación de lo indígena es una afirmación de libertad que se torna política y consiguientemente la lucha por el reconocimiento, es, para el caso particular de los movimientos indígenas, otra dimensión que hace político al sujeto.

El combate del sujeto se realiza en dos planos. En un primer plano necesita romper con el comunitarismo, desligarse del control comunitario de la cultura, transitando de la defensa comunitaria a la ofensiva cultural. En un segundo plano, combate por la inclusión en un mismo sistema económico general, busca participar en él sin ser reducido a un simple consumidor. Un sujeto político combate en un frente más, al combatir en el campo de la actividad política, institucional y contenciosa. La lucha se encamina a democratizar espacios públicos o crear nuevos espacios. Es un combate que pugna por la apertura de espacios políticos cerrados, con

---

[20] En éste mismo capítulo en la sección 1.6, se examina un mecanismo de inclusión de los excluidos, la reconstrucción de éstos bajo el código democrático y la incidencia de los movimientos sociales en dicho proceso.

barreras construidas a través de las distintas formas de dominación.

La lucha del sujeto político se encamina a generar "un lugar político de transformación de un medio económico en sistema social y, por otro lado, de comunicación intercultural (Touraine, 2003: 233)". En ese sentido, el sujeto político, combate en distintos frentes; contra el comunitarismo, por la inclusión en el sistema económico general, y por la participación en la actividad política, ya sea a nivel local, regional o nacional. El combate en estos tres frentes se realiza por medio del recurso cultural identitario, que busca inscribir e institucionalizar orientaciones y prácticas en el modelo cultural de la sociedad.

Siguiendo a Touraine (2003: 215) el problema en las sociedades latinoamericanas con respecto al sujeto político se relaciona con el hecho de que solamente un sector de la sociedad se integró al Estado, "a través de un sistema político relativamente abierto, pero otra parte es marginada y reprimida, sobretodo cuando su identidad étnica es diferente de la del centro", lo cual ocurrió con los grupos indígenas en Latinoamérica, quienes históricamente no tuvieron un acceso al campo de la actividad política en el cual pudieran construir y reconstruir su identidad cultural frente a un sistema económico del cual eran excluidos. Las distintas orientaciones culturales en las etapas de construcción del modelo nacional, señalaban a los indígenas como incapaces, inmaduros, dependientes, infantiles e inclusive tontos. Es decir, como "dignos" de exclusión, por consiguiente, las orientaciones culturales legitimaban la exclusión de los indios, su igualdad en derechos y su ciudadanía.

La emergencia indígena (Bengoa, 2000), se presenta como una apelación hacia la apertura política por parte de los movimientos sociales indígenas. Se establece como una afrenta contra las barreras tradicionales del sistema político. En efecto, es el deseo de los grupos indígenas de conformarse como *sujetos políticos*, es decir, como actores colectivos capaces de controlar y determinara las orientaciones del modelo cultural a través de la movilización de un recurso cultural en conflicto, para de esa forma, determinar su propia experiencia, participar en un sistema económico general y ampliar su actuación en la esfera de lo político.

Pensar los movimientos sociales indígenas como sujetos, permite conectar la cuestión étnica, la capacidad de grupos indígenas de definirse como tal, esto es, construir y reconstruir su identidad, de igual forma, permite vincular las demandas de índole económico, el acceso a los recursos y el derecho al territorio.

1.5 Sujeto indígena

Respecto a los movimientos sociales de corte étnico, Touraine afirmaba en *Le parole et la sang* (1988)—un año antes del nacimiento y conformación de la OIT—que las comunidades indígenas no habían llegado a organizarse como un movimiento integrado y de alcance nacional. Al menos en México, Perú y Guatemala existía una gran distancia entre la identidad india y el movimiento indígena. La identidad indígena no lograba articularse de tal forma que sirviera como base para el desarrollo de movimientos sociales indígenas[21].

La inexistencia de un movimiento social indígena integrado se explicaba en relación al intervencionismo del Estado en las sociedades latinoamericanas. Touraine (1988: 162) señalaba que en América Latina la limitación mas grave sobre la capacidad de acción colectiva de los movimientos sociales en general era producto, "de la subordinación de los movimientos sociales a la acción del Estado", de esta forma, "los movimientos sociales siguen estando subordinados a las intervenciones políticas y principalmente a la acción del Estado". [22]

Aunado al peso interventor del Estado, en esos años difícilmente podía hablarse de un sujeto indígena, o sea, de movimientos sociales de carácter étnico, cuando lo que en realidad existía eran "defensas comunitarias" que no lograban vincular la búsqueda de una identidad indígena con la intervención activa en la política nacional (Touraine, 1988: 212-214).

Los movimientos étnicos no eran partícipes del sistema político en ninguno de sus niveles, dígase local, regional o nacional. Si llegaban a intervenir se limitaban a servir de base a otros grupos políticos o culturales, como los movimientos campesinos (Touraine, 1988: 212-214), subsumiendo el discurso indígena al discurso campesino.[23]

El diagnóstico de Touraine sobre los movimientos étnicos en Latinoamérica era que éstos no habían logrado superar el proceso de la *defensa comunitaria,* y que por lo tanto seguían configurándose como movimientos defensivos en contra del mundo exterior, encerrados en sí mismos y en el arraigo hacia la comunidad. No obstante, cabe destacar, que tanto la identidad étnica y la defensa comunitaria no son obstáculos en la conformación de un movimiento social, de hecho, el mismo Touraine (1988: 212) reconoce que la defensa comunitaria puede sentar las bases para

---

[21] "*Le parole et la sang*", (Touraine, 1988) es un estudio publicado en el año de 1988, análisis profundo y detallado sobre los actores sociales Latinoamericanos y su contexto.

[22] En México, resulta de gran relevancia pensar el Estado como el agente organizador de las reivindicaciones sociales, en relación al peso de su intervención en sindicatos, así como agente del desarrollo económico en relación a su intervencionismo en los procesos económicos. El siguiente capítulo en su totalidad esta dedicado a dilucidar los procesos y formas Estatales frente a los cuales se afirmó y luchó la OIT.

[23] Más adelante en el análisis preliminar sobre la OIT y Huehuetla esta cuestión será ejemplificada.

la conformación de un movimiento social, en tanto dicha defensa tenga una identidad étnica que se oponga a la dominación y no se restringa a sí misma amparándose en la comunidad.

Es necesario entonces un tránsito de la acción defensiva hacia la acción ofensiva, el cual sólo es posible mediante una ruptura al interior de la propia comunidad hacia lo que líneas arriba se señaló como "etnicidad abierta" (Le Bot, 1998: 203). Esto es, el proceso mediante el cual una identidad étnica se moviliza como recurso cultural para intervenir e incidir en la actividad política, en los procesos de negociación y lucha por la institucionalización del modelo cultural de la sociedad.

Veinte años han pasado desde la aparición del primer diagnóstico de Touraine sobre los movimientos sociales indígenas en América Latina. Veinte años también han pasado desde el surgimiento de la OIT. Sin duda, la situación ha cambiado drásticamente, el mismo Touraine (2003: 121) reconoce la importancia de los movimientos culturales contemporáneos que defiende una identidad étnica, pero que a su vez, se han transformado en "actores de la democratización".

Puede o no ser una coincidencia la confluencia temporal de dos procesos. Por una parte, el cambio hacia la acción ofensiva, o sea, hacia la autoproducción y la participación política de los movimientos sociales indígenas. Por otra parte, el surgimiento, desarrollo y consolidación de la OIT a nivel local, y posteriormente a nivel regional (a través de UNITONA). Sin embargo, lo relevante del asunto reside en distinguir y analizar los procesos mediante los cuáles en este periodo de tiempo, (finales de la década de los ochenta, hasta el 2009) los movimientos indígenas dirigieron su acción hacia la búsqueda de la capacidad de erigirse como sujetos, como sujetos con rostro indígena.

En este contexto, cabe preguntarse, ¿Qué cambió?, Mediante qué procesos las defensas comunitarias indígenas lograron pasar a la ofensiva y configurarse como movimientos sociales étnicos e inclusive en algunos casos, erigirse como sujetos indígenas. Es decir, movimientos sociales que pugnan por su inclusión en un sistema económico general y que han logrado superar los controles comunitarios, así como su inclusión en la vida política. Todo esto mediante la afirmación de una identidad étnica, la indígena. Antes de proseguir con la discusión, resulta imperativo definir analíticamente al sujeto indígena.

En el presente escrito, el *sujeto indígena* es aquella figura capaz de afirmar una identidad específica, particular y a través de ella y de su movilización intervenir y participar en la vida política. Este proceso de participación supone erigirse en contra de las barreras para la participación política y social de lo indígena en la sociedad nacional y de forma paralela erigir una denuncia sobre las relaciones de dominación que subordinan a lo indígena.

Es importante señalar que, la participación política de ninguna forma se restringe al momento electoral o al sistema de partidos y elecciones, por ende, se relaciona con la capacidad de autodeterminar su propia vida y experiencia dentro de un conjunto social más amplio, con una identidad social abarcadora, es decir, se relaciona con la capacidad de autoproducirse y producir la sociedad.

El sujeto indígena no se recluye en sí mismo en su comunidad y tradición, en cambio, su identidad se afirma para intervenir en el conjunto social que lo abarca, para participar en él. Este sujeto posee un rostro particular moldeado frente a un Estado interventor y constructor de una identidad homogeneizante, en él cual subyacen barreras que limitan y restringen la participación e igualdad de los indígenas. En ese sentido, empatar la noción de sujeto con la de movimiento indígena permite analizar la importancia de la orientación del actor hacia la acción autónoma, "hacia la producción y defensa de ellos mismos como singulares e integrados en una vida compleja y en un mundo constantemente en cambio (Touraine, 2006: 202)". Esto es, pretende señalar que los grupos indígenas buscan erigirse como sujetos constructores de sí mismos y de su experiencia.

El sujeto indígena se construye a sí mismo como diferente a la sociedad en la que habita, sin embargo, no se diferencia de ella para excluirse y marcar una línea divisora —la cual ya existía de antemano—. El sujeto indígena se presenta diferente, precisamente como indio para participar como igual en la construcción social de la vida, en la política y en la economía, consciente de que es portador de valores culturales distintos. Las movilizaciones indígenas se presentan como sujetos, es decir, "el principio en relación con el cual se construyen las relaciones de cada uno consigo mismo y con los otros (Touraine, 2003: 74)".

Si bien las demandas efectuadas por movilizaciones indígenas en Latinoamérica pugnan por la autodeterminación, el acceso a recursos y la autonomía, lo significativo es su presentación como indígenas, o sea, como movimientos con rostro étnico. El estandarte étnico en la movilización de los grupos indígenas, compele a analizar el tema de la pugna por los derechos culturales, la lucha por el reconocimiento.

Hasta ahora se han esbozado a grandes rasgos los ejes temáticos que caracterizan a los nuevos movimientos sociales; la distancia con respecto al movimiento obrero y la tradición marxista, el énfasis en la dimensión cultural del conflicto vinculado con la recurrencia en la idea de la capacidad de producción de la sociedad por ella misma. Sin embargo, es imperativo analizar una dimensión más, la cual, mantiene una relación muy cercana con los ejes señalados y con los movimientos de corte étnico y con la conformación del sujeto político de rostro indígena, es decir, a la lucha de los movimientos sociales por el *reconocimiento*.

Touraine y Taylor (2005: 187; 1993), comparten un concepto semejante sobre el reconocimiento, definiéndolo como una condición para la realización del sí, para la configuración de la propia identidad, ya sea individual o colectiva. Ahora bien, aunado al tema de la construcción identitaria, se erige otra dimensión del reconocimiento que se vincula con la lucha por derechos culturales. A continuación se examinan ambas dimensiones.

El reconocimiento es antes que nada, la condición para la realización del *sí mismo*. Es un componente central en la construcción de la identidad y como tal, su ausencia, o la desfiguración del mismo tienen consecuencias negativas en dicho proceso de configuración llegando hasta el extremo de generar odio del individuo o colectividad contra sí mismo, contra su propia identidad. En ese sentido, Taylor (1993, 43-44) señala sobre la forma en que se construye la identidad:

Se moldea en parte por el reconocimiento o por falta de éste; a menudo también por el falso reconocimiento de otros (…) El falso reconocimiento o la falta de reconocimiento puede causar daño, puede ser una forma de opresión que aprisione a alguien en un modo de ser falso, deformado y reducido.

Es importante destacar que el esquema de Taylor remite a una lógica relacional en el proceso de construcción de la identidad, en tanto ésta no se da de forma aislada, sino frente a un "otro" que o bien reconoce o bien niega o desfigura el reconocimiento y por consiguiente el valor de la identidad. Este proceso se engarza con la noción de falso reconocimiento y sobretodo con sus consecuencias. El autor señala:

El falso reconocimiento no sólo muestra una falta de respeto debida. Puede infligir una herida dolorosa, que causa a sus victimas un mutilador odio a sí mismas. El reconocimiento debido no sólo es una cortesía que debemos a los demás: es una necesidad vital (Taylor, 1993: 45).

La demanda por el reconocimiento de ninguna forma es trivial, siguiendo a Taylor, es una necesidad vital en la construcción de la identidad. Por otra parte, lo que añade Touraine (2005) al esquema de Taylor (1993), es que en el reconocimiento y el falso reconocimiento resulta imperioso incluir la dimensión de dominación al análisis, es decir, hay que distinguir la forma en qué las distintas relaciones de dominación marcan o señalan flujos de reconocimiento. De esta forma, es más probable que un actor, grupo o colectividad en la posición de dominación niegue el reconocimiento o bien genere un falso reconocimiento hacia aquellos que ocupan una posición subordinada.

La discusión al respecto del reconocimiento introduce también al análisis el tema de los derechos, y de forma más precisa un tipo particular de derechos, los culturales. Éstos no tienen como referencia formal al individuo, sino a las colectividades. De hecho, Touraine (2005: 187) insiste en la idea de que la lucha por los derechos ha ocupado "el lugar central en los movimientos y conflictos de las sociedades modernas". Siguiendo la misma línea Stavenhagen (2006: 218), señala que los derechos culturales si bien son asimismo derecho individuales "es claro que no se pueden ejercer plenamente si no es en el marco de una colectividad social, llámese etnia, pueblo o nación" [24].

En el momento del desgarramiento del mundo cultural e instrumental, la lucha por los derechos culturales significa un combate en aras de crear la posibilidad de conjugar, una identidad particular, una diferencia cultural con la participación en un sistema económico general. De dirigir la lucha hacia el reconocimiento de la particularidad, de la diferencia en la igualdad.

Siguiendo el mismo argumento, Touraine (2005: 184) sitúa las demandas de estos grupos al interior de los Estados nación en la lucha por los derechos culturales, es decir, que las demandas elevadas por los grupos definidos étnica o culturalmente se encaminan a la búsqueda de protección en tanto grupos particulares:

Los derechos culturales no se dirigen sólo a la protección de una herencia o a la diversidad de las prácticas sociales; obligan a reconocer, contra el universalismo abstracto de la Ilustración y de la democracia política, que , cada uno, individual y colectivamente puede construir condiciones de vida y transformar la vida social en función de su manera de combinar los principios generales de la modernización y las identidades particulares (Touraine, 2005: 184).

Para algunos, el tema de los derechos culturales evoca problemáticas e incompatibilidades con los esquemas actuales de derechos, no obstante, los derechos culturales no deben ser pensados como extensiones de los derechos políticos, en relación a que no se dirigen a todos los ciudadanos, sino a poblaciones particulares. Sin embargo, esto no significa que derechos políticos y culturales sean incompatibles (Touraine, 2005: 182-184). Ahora bien, en ese sentido es necesario que ambos se vinculen estrechamente antes de que las demandas culturales se conviertan en "instrumentos antidemocráticos", que sirvan como sustento para el repliegue comunitario. Consciente de esta tensión, Touraine (2005: 194) propone "ligar estrechamente el movimiento cultural a la defensa de derechos políticos universales y de derechos sociales", lo cual significa, combinar la defensa de los derechos culturales, en la universalidad de los derechos sociales y políticos.

Si, como señala Touraine (2005) podemos pensar en buena medida los

---

[24] Touraine (2005: 187-188) señala que la lucha y conquista de los derechos políticos se relaciona con las creación de las repúblicas, y el ejercicio de la soberanía a través del pueblo, así también la lucha por los derechos sociales se relaciona con la lucha de los trabajadores, y, más que ser puntos de ruptura, se pueden entender como la extensión "de la reivindicación democrática a todos los aspectos de la vida social".

movimientos actuales como movimientos culturales, la lucha de éstos se liga directamente con la lucha por el reconocimiento de la diversidad cultural y con la idea de derechos culturales, de ser *iguales y diferentes*.

En relación al tema de los derechos culturales es necesario aludir brevemente el tema del multiculturalismo. Kimlicka (1995) señala que de entrada el término multiculturalismo resulta confuso, pues engloba en una misma idea formas distintas de pluralismo cultural, las cuales se diferencian por el modo en que se incorporan los grupos a la comunidad política[25].

En relación a ello, el autor propone distinguir entre dos tipos de pluralismo cultural. Un primero en el que la diversidad cultural sea el resultado de la incorporación que culturas que previamente gozaban de formas de autogobierno. La incorporación pudo efectuarse ya sea por la fuerza a través de la colonización y conquista o vía consensual por medio de la creación de una federación. Por su parte, el segundo tipo de pluralismo hace alusión a un tipo de diversidad cultural producto de la inmigración tanto individual como de grupos. Teniendo como base el reconocimiento de esta diferenciación Kimlicka (1995: 58), señala que la tensión entre derechos individuales y colectivos resulta poco esclarecedora en el marco de la discusión de los distintos grupos nacionales en los Estados. En consecuencia, el autor propone distinguir entre dos tipos de reivindicaciones que un grupo étnico o nacional podría elevar: las restricciones internas y las protecciones externas. Las primeras hacen referencia a las relaciones intragrupales que en su búsqueda por proteger la solidaridad del grupo pueden restringir o violentar las libertades civiles y políticas de los individuos miembros del grupo. Por su parte, las protecciones externas buscan garantizar y proteger la existencia del grupo y su identidad, así como limitar el impacto de las decisiones de la sociedad en la que se encuentra incorporados. Las protecciones externas buscan situar a los grupos nacionales o étnicos en términos igualitarios frente a la sociedad, así como reducir la vulnerabilidad del grupo (Kimlicka, 1995: 56-58).

Siguiendo su argumento Kymlicka recupera la noción de "ciudadanía diferenciada" de Young (citado en: Kymlicka, 1995: 47) entendida ésta como una serie de medidas "especiales específicas en función de la pertenencia grupal orientadas a acomodar las diferencias nacionales y étnicas". La ciudadanía diferenciada se expresa en tres formas de derechos: los derechos de autogobierno, entendidos como la "transferencia de competencias a una unidad política básicamente controlada por los miembros de la minoría nacional (Kymlicka, 1995: 51), usualmente la reivindicación de autogobierno suele estar acompañada por la demanda de

---

[25] Cabe destacar que la discusión en torno al multiculturalismo rebasa los límites de la presente investigación, sin embargo, se considera necesario, introducir el tema con respecto a la problemática de los derechos culturales.

territorio. Por su parte los derechos poliétnicos pueden ser entendidos como medios contra la discriminación y el prejuicio, en ese sentido buscan asistir a los grupos o minorías nacionales a expresar su orgullo y particularidad. Finalmente los derechos especiales de representación se dirigen a la inclusión de las minorías en el sistema político y de partidos. Estos tres derechos son mecanismos para salvaguardar las diferencias culturales, asimismo son compatibles y sientan las bases para las restricciones internas, como para las protecciones externas.

El esquema anterior le permite afirmar a Kymlicka que cierto tipo de reivindicaciones de minorías nacionales o étnicas son totalmente compatibles con el pensamiento liberal y las democracias liberales modernas. Cuando estas reivindicaciones se funden en una ciudadanía diferencia que sustente las protecciones externas y no las restricciones internas, éstas últimas incompatibles con los esquemas de derechos de ciudadanía.

Líneas arriba se mencionó la irrupción conflictiva de la cultura en el campo de lo político, esto es, la lucha de los movimientos sociales por el reconocimiento de derechos culturales que se vinculan con el sistema de derechos políticos y sociales. Para el sujeto indígena, dicha irrupción pasa por un proceso distinto aunque en la misma dirección en relación a la carencia histórica en la cobertura del esquema de derechos sociales y políticos para las comunidades indígenas. Dicha carencia se refleja en las condiciones materiales objetivas en que se encuentra subsumidas las comunidades, así como en los procesos que impiden la participación política de los indígenas.

En este sentido, la afirmación cultural de una identidad étnica irrumpe en el campo de lo político para exigir derechos culturales, a saber, el reconocimiento de la diferencia en la igualdad. Sin embargo esa reivindicación implica en primera instancia las condiciones de igualdad, —sociales y políticas—negadas a los indígena. Así, la demanda de igualdad en la diferencia se dirige en un primer momento a la extensión y efectividad de los derechos políticos y sociales. Se trata de generar las condiciones que permitan la igualdad en la diferencia, por lo tanto, la lucha cultural se dirige a la ampliación del esquema de derechos sociales, políticos y culturales para los indígenas. En relación precisamente a la lucha por los derechos de los indígenas emerge el tema del campo de acción de los movimiento sociales. A continuación se presenta un breve discusión sobre sociedad civil.

1.6 Sociedad civil. El campo de los nuevos movimientos sociales
De acuerdo con Seligman (1992), el concepto o idea de sociedad civil ha cobrado un renovado interés en el ámbito académico, político y social. A partir de este "renacimiento contemporáneo" de la idea de sociedad civil, el mismo autor distingue entre tres usos diferentes del término: el primero de

éstos remite al uso político de la idea de sociedad civil, a saber, como eslogan de movimientos sociales y partidos para enjuiciar ciertas políticas estatales. El segundo sentido del término refiere al uso de éste como concepto analítico por científicos sociales, de este uso se desprenden dos acepciones generales del termino: El primero a)como un nivel o tipo de instituciones y organizaciones. El segundo b)sitúa la idea de sociedad civil "en el reino de los valores y las creencias" (Seligman, 1992: 203). Respecto a la tercera acepción de la idea de sociedad civil, el autor señala su uso como un concepto filosóficamente normativo, esto es, como una idea ética que provee una visión del orden social que no sólo es descriptiva sino además es prescriptiva en tanto provee de una visión de la "buena vida". A continuación se ahonda sobre el uso del término como concepto analítico en sus dos acepciones.

Seligman (1992: 203) sugiere que la idea de sociedad civil como un tipo de expresión del orden institucional, no añade mucho a las nociones de democracia y ciudadanía, en tanto remite a una serie de características de ambos conceptos, a saber, "(1) la libertad de formar y unirse a organizaciones, (2), la libertad de expresión, (3) el derecho al voto, (4) elegibilidad para un puesto público, (5) el derecho de lideres políticos a competir por votos y apoyo, (6) fuentes de información alternativa, (7) elecciones libres y justas (Seligman, 1992: 203)".

Respecto al uso de la idea de sociedad civil como un fenómeno referente al reino de la acción simbólica, los valores y las creencias, Seligman (1992: 203) apunta, "Aquí, la sociedad civil se identifica con un modo de orientación más o menos universal de los actores sociales y con la definición de ciudadanía en términos universales así como en ataduras morales altamente generalizadas". Sin embargo, para el mismo autor esta concepción de la idea de sociedad civil deja de lado o ignora el problema de cómo se constituye el sentido de comunidad entre actores que son concebidos como individuos autónomos. Alexander (2000: 141) apunta en la misma dirección, al señalar que una ausencia importante en la literatura sociológica es el vacío sobre cómo se constituye o destruye la solidaridad civil. El autor señala al respecto, "Por lo general, mantienen un mutismo absoluto en lo que se refiere a la esfera del sentimiento de compañerismo que conforma la sociedad dentro de la sociedad y a los procesos que la fragmentan (Alexander, 2000: 141)". Referente a esto, Alexander se propone examinar la solidaridad civil desde el concepto de sociedad civil. A continuación se examina dicha propuestas, la cual suma a la comprensión de la inclusión y exclusión de grupos e individuos precisamente en la esfera de la sociedad civil.

Alexander (1992: 96) define a la sociedad civil como una esfera separada empíricamente de otras tales como la económica, la política o la religiosa, si bien depende de los recursos y entradas de éstas esferas. Además, la sociedad civil tiene sus propias instituciones y organizaciones. Sin embargo, lo que caracteriza a la propuesta de Alexander (1992: 2000) es su énfasis en lo que denomina la dimensión simbólica de la sociedad civil. Esta dimensión es central en su noción de sociedad, opera por encima y por debajo de sus instituciones y organizaciones. En consecuencia la definición de sociedad civil de Alexander (1992) remite a un ámbito de conciencia estructurada y socialmente establecidas, a saber, a una dimensión simbólica de la sociedad.[26]

La esfera simbólica de la sociedad civil está constituida por códigos binarios articulados en un discurso que conceptualiza al mundo en dos grupos: aquellos dignos de formar parte de la sociedad civil y aquellos indignos de pertenecer a ella. El código binario puede entonces pensarse como un sistema simbólico que divide las virtudes cívicas, de los vicios cívicos y que por lo tanto sustenta, justifica y legitima la inclusión y exclusión de individuos o grupos de acuerdo a sus virtudes o vicios. Los elementos del código pueden ser conceptualizados como grupos de homologías que crean semejanzas y antagonismos. Aquellos que son considerados dignos miembros de una comunidad nacional se posicionaran en el lado positivo del código, mientras que aquellos que no cumplan las cualidades positivas del código tenderán a ser excluidos. De esta forma, el código simbólico distintivo constituye el sentido de inclusión y exclusión de una sociedad. En síntesis, el código simbólico de la sociedad civil estructura y legitima la inclusión y exclusión, además, cabe destacar que este código adquiere formas singulares en relación a las naciones históricas en donde se desarrolla.

Conjuntamente, Alexander (1992: 98) propone distinguir tres niveles en el discurso binario: uno referente a los motivos, otro en el nivel de las relaciones y un último en el ámbito de las instituciones.

Respecto a los motivos Alexander (1992: 100) señala que la estructura discursiva presenta los siguiente códigos binarios: activismo/pasividad, autonomía/dependencia, racionalidad/irracionalidad, razonabilidad/histeria, mesura/desmesura, auto-control/excentricidad, realista/irrealista, cordura/desvarío. Concerniente a la estructura discursiva de las relaciones sociales, el código despliega las siguiente díadas: relaciones abiertas/ relaciones secretas, confiables, sospechosas, criticas/deferentes, honorables/auto-interesadas, conscientes/avaras, verdaderas/engañosas, directas/ calculadoras, deliberativas/conspiracionales, amistosas/áspero. Por último, respecto a las instituciones los códigos y contra códigos democráticos son los siguientes: reguladas por reglas/arbitrarias, ley/poder, igualdad/jerarquía, inclusivas/exclusivas, impersonales/personales, grupos

---

[26] Bajo esta concepción de sociedad civil, los movimientos sociales son parte de la sociedad civil (Alexander, 1992: 97).

sociales/facciones, oficinas/personas (Alexander, 1998: 100-101).

Bajo este esquema la sociedad civil puede entonces ser pensada como un espacio de comunicación simbólica que se estructura alrededor de un discurso bifurcado de ciudadano y enemigo, el cual define las cualidades de los ciudadanos democráticos y de los enemigos antidemocráticos (Tavera 1999: 131). La inclusión o exclusión de grupos o individuos se efectúa precisamente a través del código democrático de la sociedad civil. En ese sentido la comunicación simbólica se realiza en términos del código de la sociedad civil, "formado por una serie de oposiciones que definen las cualidades personales, sociales y de organización asociadas con la inclusión o pertenencia a la comunidad, así como aquéllas que justifican la exclusión de ella (Tavera, 1999: 132)".

La propuesta de Alexander (1998) enfatiza la forma en que los grupos en relación a su posición del código merecen su inclusión o exclusión, sin embargo, no da cuenta de los mecanismos o formas mediante las cuales un grupo excluido puede construirse o reconstruirse bajo el código democrático y ser incluido legítimamente en la esfera de la sociedad civil. Al respecto, Tavera (1999) añade que, precisamente los movimientos sociales son centrales para entender la inclusión de los excluidos en la sociedad civil, en ese sentido apunta: "los movimientos sociales contribuyen a la redefinición simbólica de los grupos excluidos y que al hacerlo, se convierten en vehículos para la creación de discursos contestatarios que cuestionan su exclusión (Tavera, 1999: 131)".

Bajo este esquema analítico, los procesos de inclusión y exclusión social remiten a la posición de grupos e individuos respecto al discurso bifurcado de ciudadano y enemigo. Entonces, la inclusión requiere la reconstrucción de los excluidos bajo el código simbólico de la sociedad civil. Exactamente, es a los movimientos sociales a quienes se les puede imputar dicha tarea —la reconstrucción de los excluidos.

Los movimientos sociales redefinen simbólicamente a grupos e individuos excluidos por medio de la creación de discursos contestatarios que reconstruyen, sus cualidades, relaciones sociales e instituciones como virtudes cívicas y por lo tanto construyen su exclusión como ilegítima y censurable. A través de los movimientos sociales, los excluidos son redefinidos simbólicamente y se construyen como dignos de ser incluidos en la sociedad civil.

De esta forma, la propuesta de Alexander (1999) sobre el código binario de la sociedad civil llena el vacío conceptual señalado por Seligman (1992) sobre la forma en qué se conforma el sentido de comunidad entre individuos autónomos. El código binario precisamente da cuenta de cómo se conforma la solidaridad civil, a partir de un discurso binario que legitima la inclusión y la exclusión de individuos y grupos. Aunado a lo anterior, Tavera (1999) añade que son los movimientos sociales quienes contribuyen a la redefinición simbólica de la exclusión y a su reconstrucción en el lado positivo del discurso de la sociedad civil, lo cual tiene como consecuencia que la exclusión sea "ilegitima y moralmente reprobable (Tavera, 1999: 137)". Respecto al mismo tema, a continuación se examina el campo de acción de los movimientos sociales, a saber, la esfera de la sociedad civil.

Respecto al campo de acción de los nuevos movimientos sociales Offe (1996:163) cuestiona la utilidad analítica de la distinción entre esfera pública como el campo de lo estatal y esfera privada como el campo de la sociedad civil. En su diagnóstico, asistimos a una fusión de ambas esferas, lo cual desdibuja la clara línea que distinguía la esfera de lo Estatal y de la sociedad civil.

Siguiendo esa idea, la sociedad contemporánea es testigo de un proceso de ampliación y expansión de la sociedad civil, en la cual y desde la cual se exponen y desafían temáticas y problemas que hasta antes encontraban sus límites en la esfera de lo privado. De esta forma, temas como la sexualidad, la vida y la muerte o la misma identidad, se tornan problemas políticos, lo cual desafía los límites analíticos entre sociedad civil, (esfera privada) y Estado, (esfera pública).

Es, a los movimientos sociales a quienes en cierta medida se le puede imputar esta transformación, la "expansión" de la sociedad civil (Touraine, 2003), en tanto que los movimientos sociales "desafían el control de un rango cada vez mayor de actividades sociales que previamente estaban protegidas del escrutinio público (Cohen y Arato, 2002: 578)". Es a través de la acción colectiva y la imposición de temáticas otrora privadas, que la sociedad civil se expande.

Al respecto, Offe (1996:164) señala que los nuevos movimientos sociales no se sitúan ni en la esfera privada ni en la pública, en tanto el campo de acción de estos es el espacio de *la política no institucional*. La cual es una categoría intermedia entre el Estado y la sociedad civil.

Con otras palabras, mientras que la teoría liberal parte de que puede categorizarse a cualquier acción como "privada" o "pública"(siendo en este caso, propiamente "política"), se sitúan los nuevos movimientos sociales en una tercera categoría intermedia (…). El campo de acción de los nuevos movimientos sociales es un espacio de política no institucional (Offe:1996 170).

En esta nueva vía intermedia entre la esfera publica y privada, en *la política no institucional* de Offe (1996), irrumpen las demandas de grupos que se definen a si mismos en términos étnicos, culturales o religiosos. Estas demandas al abandonar la esfera de lo privado, cuestionan no sólo los "limites de la política institucional", sino que elevan una serie de cuestionamientos en torno a la pertenencia a las sociedades nacionales, a los Estados nacionales modernos.

En relación a la borrosa línea que señalaba los límites entre sociedad civil y Estado, así como la emergencia del accionar de los nuevos movimientos sociales, Offe (1996:171) define a los movimientos sociales entre otras dimensiones en relación a su relevancia *política:*

La reivindicación de ser reconocidos como actores políticos por la comunidad amplia—aunque sus formas de acción no disfruten de una legitimación conferida por instituciones sociales establecidas—y que apuntan a objetivos cuya consecución tendría efectos que afectarían a la sociedad en su conjunto, más que al mismo grupo solamente.

Offe (1996), elabora un cuadro característico de los nuevos movimientos sociales de forma típico-ideal, buscando evidenciar las nuevas formas de acción, así como el contenido y valores en éstas, haciendo hincapié en la dimensión política de los nuevos movimientos sociales.

En primera instancia, los contenidos de los nuevos movimientos sociales, señalan un interés por el territorio físico, "un espacio de actividades o mundo de vida (Offe,1996: 172)", entre las cuales se destacan las identidades culturales, étnicas, lingüísticas o nacionales.

Offe (1996: 172) señala con respecto a los distintos contenidos de los nuevos movimientos sociales, que éstos, no pueden ser calificados estrictamente como "nuevos", porque han estado presentes tiempo atrás a la formación de los movimientos. Lo que se puede calificar como novedoso es "el énfasis y una urgencia nueva en el contexto de los nuevos movimientos sociales (Offe,1996: 172)".

Siguiendo la caracterización de Offe (1996; 171-172), los valores de mayor preeminencia en los nuevos movimientos sociales, se refieren a la autonomía y a la identidad. Con respecto al modo de actuar, distingue entre dos niveles, uno interno y otro externo; el primero hace alusión a la forma en que los movimientos se erigen como actores colectivos, suele caracterizarse por no tener características, por ser informal y discontinua, lo cual es una de las características distintivas de los actores colectivos a los que hace alusión Offe. El modo externo de actuar hace referencia a todas aquellas tácticas y formas de acción que son utilizadas y recurrentes por estos nuevos actores sociales.

Sin duda, pensar en los movimientos sociales contemporáneos compele a pensar en la sociedad civil, campo en el que se desarrolla la acción de los nuevos movimientos. Sin embargo, como señala Offe, la acción de los nuevos movimientos sociales se sitúa asimismo en una categoría intermedia, entre la esfera de lo privado y lo público.

En relación al campo de lucha de los nuevos movimientos sociales, considero pertinente recurrir al concepto de *política dual,* a la *estrategia dual de lo* movimientos sociales, elaborada por Cohen y Arato (2002). La *estrategia dual* busca dar cuenta de los aspectos defensivos y ofensivos de los movimientos contemporáneos ya delineados por Touraine y Offe, sin embargo, añade, enfatiza y explicita algunas dimensiones cruciales para el presente estudio, tales como el aseguramiento institucional de la lucha de los movimientos sociales, lo cual compele a analizar los mecanismos mediante los cuales los movimientos sociales pugnan frente a la sociedad civil y frente al Estado.

La política dual de los movimientos contemporáneos resalta al igual que la teoría de Touraine, que los elementos centrales del conflicto son los modelos culturales, las normas e instituciones de la sociedad civil (Cohen & Arato, 2002: 585). Sin embargo, añaden que también es central el esfuerzo de los nuevos movimientos sociales por influir en la política del Estado y en las estructuras económicas. Al respecto, Cohen & Arato (2002: 582) critican al esquema teórico de Touraine por desdeñar las dimensiones de la acción colectiva de los movimientos sociales referentes al aseguramiento institucional de la misma, y si bien reconocen aspectos defensivos y ofensivos en la teoría de Touraine, ninguno de ellos se dirige a influenciar las demandas de los movimientos sociales a través del sistema político[27].

En ese sentido, para Touraine (…) la acción "ofensiva" se refiere no a una batalla competitiva orientada estratégicamente por la inclusión y el poder en un sistema de organización político, sino a la lucha por ampliar el campo de la actividad política y democratizar los espacios públicos existentes y nuevos a costa del control del Estado (Cohen & Arato, 2002: 581-582). Al respecto, cabe destacar la definición de sociedad civil de Touraine, a saber, "como el campo social en que se ubica la creación de normas, identidades, instituciones y relaciones sociales de dominio y resistencia (Cohen & Arato, 2002: 577)". El campo de la sociedad civil es el lugar privilegiado de lucha por el dominio de procesos políticos, espacios públicos y significados.

Al situar el conflicto en la sociedad civil, Touraine deja de lado el intento de los movimientos sociales por canalizar sus demandas a través del sistema político, es decir, por institucionalizar no sólo en la sociedad civil las orientaciones culturales de la sociedad, sino también en el Estado, "para asegurar la influencia de las instituciones democráticas en y a través de todo el sistema político y de la economía (Cohen & Arato, 2002: 577)". Esta carencia puede ser subsanada a partir del concepto "lógica dual" de los movimientos sociales, al hacer hincapié en la dimensión de inclusión en el sistema político por parte de los movimientos sociales.

La lógica dual de los movimientos sociales analiza dos dimensiones de la acción colectiva: el aspecto defensivo y ofensivo; el primero se refiere "a los esfuerzos venturosos por redefinir las identidades, reinterpretar las normas

---

[27] Recientemente, la postura de Touraine con respecto a la acción ofensiva de los movimientos sociales se ha modificado, particularmente en relación al tema de la lucha por los derechos culturales, pues el conflicto por estos implica la inclusión de demandas de los movimientos sociales en el sistema político.

y desarrollar formas asociativas igualitarias y democráticas (Cohen & Arato, 2002: 593)". Por su parte el aspecto ofensivo de los movimientos sociales, se dirige hacia la sociedad política y económica, considerados como puntos de intermediación, de engarce entre la sociedad civil y el Estado, particularmente en su dimensión administrativa (Cohen & Arato, 2002: 593).

El aspecto ofensivo de los movimientos pretende dar cuenta de la institucionalización de los cambios planteados desde la acción defensiva, dirige los esfuerzos hacia el aseguramiento institucional "que corresponden a los nuevos significados, identidades y normas que se crean (Cohen & Arato, 2002:593)".

En otras palabras, aquellos elementos de los nuevos movimientos que se dirigen a la sociedad política (…) articulan un proyecto de reforma institucional autolimitador; democrático, dirigido a ampliar y democratizar las estructuras del discurso y del compromiso ya existentes en estos dominios (Cohen & Arato, 2002:593.

De esta forma, la teoría social dual de los movimientos contemporáneos y los aspectos defensivo y ofensivo dan cuenta de lo que Cohen & Arato distinguen como "la doble tarea política de los nuevos movimientos sociales". Es decir, por una parte la lucha por la adquisición de influencia en los espacios públicos, presionando sobre la sociedad política. Por otra parte, la institucionalización en la sociedad civil de los logros obtenidos mediante la acción ofensiva.

La lógica dual de los movimientos sociales, permite analizar dos componentes cruciales en la acción colectiva de la OIT, pues de forma preliminar considero que la acción de la OIT contiene un aspecto ofensivo y defensivo. Asimismo no se restringe al campo de la sociedad civil, si bien es un factor central, la presión hacia la sociedad política es de gran relevancia en la conformación de la OIT como sujeto político.

Recapitulando, partimos del cuerpo teórico de Touraine sobre movimientos sociales en relación al énfasis cultural del conflicto y el hincapié en dimensiones subjetivas en la formación del movimiento, tal como el proceso de formación y construcción de identidad. Asimismo, el sujeto se constituye como el principio de acción de los movimientos sociales, en tanto da cuenta de la capacidad de autoproducción, idea vinculada con la noción de producción de la sociedad por sí misma.

El sujeto como principio de acción busca reconciliar la disociación del mundo instrumental y simbólico, producto de la modernidad. Para el caso de los movimientos sociales indígenas, el principio de acción del sujeto debe tornarse político y luchar por la ampliación de la actividad política y democratizar espacios políticos cerrados. Asimismo, emana de los movimientos indígenas como fundamento de acción, el sujeto indígena, como la figura en pugna por el reconocimiento de lo indígena como "igual y diferente", esta idea se vincula con la lucha por los derechos culturales.

Por último, la naturaleza de las demandas de corte étnico de los movimientos sociales indígenas, requiere repensar el campo de acción de los movimientos sociales contemporáneos sin reducirlo a ninguna de las esferas tradicionales, ya sea dirigida exclusivamente al Estado, o a la sociedad civil. Al contrario, es necesario un esquema analítico que provea las herramientas para examinar la acción de los movimientos en ambas esferas, razón por la cual se recurre al concepto de lógica dual y política no-institucional.

2. HUEHUETLA, LUGAR DE LUCHA

> Huehuetla, y ese nombre Huehuetla, quizá su nombre no
> es legítimo, quizá Huehuetla es un pueblo que se ha
> reconocido con otro nombre anteriormente que es
> Koyom, Koyom es en totonaco. ¿Qué quiere decir?,
> Koyom; lugar del armadillo o lugar de los pericos, donde
> dicen que el manantial que está aquí en Koyomachuchu,
> estaba un árbol grande, la verdad no sé que árbol estaba
> allí, entonces ahí se paraban los pericos pero también en
> la cueva ahí se encuevaban los armadillos y por eso no se
> sabe cual de los dos le dan ese nombre de Koyom, lugar
> de los pericos porque se paraban los pericos o de
> Koyom, porque ahí se encuevada los armadillos,
> entonces, pero llegan gentes de fuera, gentes extraña
> llegaron aquí a Huehuetla,
> Entrevista con Don Mateo Sánchez, primer presidente
> municipal indígena de Huehuetla.

El mismo nombre del municipio, Huehuetla, se presenta como un lugar en disputa. El significado y origen del nombre se encuentran imbuidos por relaciones interétnicas marcadas por el poder y la dominación de un grupo sobre otro. El relato en el epígrafe es de Don Mateo Sánchez, primer presidente municipal de gobierno indígena y precisamente deja entrever la imposición de orientaciones culturales ajenas a los totonacos, como en el caso del nombre del municipio, del territorio que ocupan los totonacos, ajenas a su idioma. No obstante, antes de examinar dichas orientaciones, se expondrán una serie de elementos contextuales para comprender las condiciones en las que surge y se desarrolla la OIT justamente en ese lugar, Koyom o Huehuetla.

De esta forma, el objetivo del presente capítulo es bosquejar un panorama general sobre el contexto en el que irrumpe y se desenvuelve la

Organización Independiente Totonaca (OIT). Por ello, en primer término se revisa con detalle el asiento territorial de la Organización—el municipio de Huehuetla—así como algunos elementos socioeconómicos que pretenden simplemente señalar ciertas características de la localidad y de los problemas particulares que aquejan a la región. Posteriormente se realiza una breve descripción de algunos elementos y orientaciones culturales totonacas, como preámbulo a una sección dedicada a los antecedentes organizativos de la OIT. El texto continua con un recuento de los problemas y dificultades que afrontaba la población indígena y frente a los cuales un grupo de totonacos decide organizarse dando origen a la OIT. Después se realiza una descripción de la trayectoria de la OIT en sus veinte años de vida, enfatizando, algunos puntos clave como el periodo del "gobierno indígena", la creación del bachillerato y del juzgado indígena. Para concluir se ensaya una sección dedicada a los elementos identitarios totonacos descritos por los mismos integrantes de la OIT. En este sentido, el capítulo se divide en dos grandes bloques: el primero más de corte descriptivo y contextual. En el segundo se insinúan algunas dimensiones del análisis de la Organización y un acercamiento a los elementos identitarios totonacos.

2.1 Huehuetla, asentamiento territorial de la OIT

La OIT se localiza geográficamente en Estado de Puebla, en el municipio de Huehuetla. El municipio posee una extensión territorial de 60 kilómetros cuadrados (INEGI, 2005). La cabecera municipal lleva el mismo nombre y funge como centro económico y administrativo no sólo del municipio sino también de la región llamada Sierra Norte, la cual se conforma por las serranías de Tétela y Zacapoaxtla. Además de Huehuetla, los municipios de Caxhuacan, Olintla, Jonotla, y Tuzamapan de Galeana forman parte de la región cultural conocida otrora como el Totonacapan[28].

La cabecera municipal lleva el mismo nombre, Huehuetla. En torno a ella se encuentran doce comunidades que de igual forma conforman la jurisdicción, las cuales son: Leacaman, Cinco de Mayo, Francisco I. Madero, Xonalpu, Lipuntahuaca, Chilocoyo del Carmen, Chilocoyo Guadalupe,

---

[28] Para Ortiz Espejel (1995:27), "El término Totonacapan, ha sido utilizado para denotar la extensión geográfica donde residió la etnia totonaca, abarcando gran parte del estado de Veracruz, Puebla y una pequeña porción de Hidalgo. En términos generales, varios autores coinciden en señalar como sus límites precortesianos el río Cazones al norte, el río Antigua al sur, el Golfo de México al este y el parteaguas de la Sierra Madre Oriental hacia el oeste". Así, los límites geográficos de la región delimitan también los límites culturales, ya que "esta delimitación coincide con el espacio donde se encuentra la mayor concentración de población hablante de totonaco" (Ortiz Espejel, 1995: 27).

Putlunichuchut, Putaxcat, Kuwit Chuchut, Ozelonacxtla y el Barrio Alto de Huehuetla.

Cabe destacar que la cabecera municipal de Huehuetla ocupa un punto estratégico en la región en relación a varios aspectos. En primera de acuerdo con Torres (2002: 2) sirve como centro de la región al ser la cabecera mejor comunicada, tanto en el interior como con el exterior. En segundo, es el centro económico y administrativo más importante de la región, al concentrarse ahí la producción y comercialización de café y maíz.[29]

De acuerdo con cifras del INEGI (2005) la población total de municipio de Huehuetla para el año 2005 era de 15,616 personas. Esta cifra significó un descenso en el número de pobladores con respecto al censo del 2000, en él cual se reportaron 16,130 habitantes. Sin embargo, es el primer periodo en el que se presenta un descenso significativo en la población del municipio como puede distinguirse en la siguiente tabla:

Dinámica poblacional	1980-2005
1980	12,290
1990	14,272
2000	16,130
2005	15,610

Tabla 1: Dinámica de la población en Huehuetla
Elaboración propia con datos del INEGI (2005)

En relación a la composición étnica de Huehuetla, la Comisión Nacional para el Desarrollo de los Pueblos Indígenas (CDI) reporta que de los 16,130 habitantes del municipio, 15,549 son indígenas, es decir un 96%. Huehuetla es denominado por la CDI como un *municipio indígena*, primordialmente totonaca, aunque la presencia del grupo náhuatl y otomí también es significativa. De la población indígena reportada, 12,396 tienen como primera lengua el totonaco, lo cual es aproximadamente el 80% de toda la población indígena del municipio. No obstante, la identidad indígena no se agota bajo el criterio lingüístico, en relación a que un porcentaje significativo de la población totonaca se define a sí misma como tal sin hablar el idioma totonaco, sobre ello sin embargo se ahondará en la siguiente sección.

De acuerdo con el índice de marginación elaborado por la CONAPO

---

[29] Existen varias formas de llegar a Huehuetla; a través de la carretera México-Cuetzalan tomando la desviación hacía Huehuetla, asimismo la carretera México-Zacatlan conecta con la carretera inter serrana desde la cual se puede acceder a la cabecera municipal de Huehuetla. Por último existe también un camino desde el norte que viene desde Papantla (Torres, 2002).

(2005), el municipio de Huehuetla presenta un "muy alto" grado de marginación. Es el sexto municipio con mayor grado de marginación en la entidad—Puebla—lo cual se explica en relación con los siguientes indicadores: En Huehuetla el 53% de la población ocupa viviendas sin agua entubada, el 19% sin energía eléctrica y un 32% de la viviendas tiene piso de tierra. Con respecto al analfabetismo, el porcentaje en el municipio es de 41%, del mismo modo el porcentaje de la población sin primaria completa es del 63% (CONAPO, 2005). Otro dato significativo con respecto a la educación, señala que el grado promedio de escolaridad es de 4 años.[30]

Respecto a la Población Económicamente Activa (PEA), el porcentaje en el municipio para el año 2000 es de 40.3%, de la cual un 88.7% son hombres y un 11.3% mujeres. De la PEA un 99% es población ocupada, de ésta sólo el 7.2% recibe más de dos salarios mínimos y el resto, es decir un 89.1% recibe hasta dos salarios mínimos (INEGI, 2005), empero, dicha cifra debe ser matizada, la CDI (2005) reporta que de la población ocupada, un 51.8% no recibe ingresos, un 32.9% recibe menos de un salario mínimo y un 15.2% recibe de uno hasta dos salarios mínimos. En relación al sector de actividad de la población ocupada, el 79.7% de la población se concentra en el sector primario, un 6.2% en el secundario y un 13.2% en el terciario.

El recuento de cifras sólo pretende dar un panorama general sobre el alto grado de marginación en el municipio de Huehuetla y por lo tanto de las condiciones económicas y sociales en las que habitan las personas del lugar, las cuales en su gran mayoría son indígenas totonacos. Dichas condiciones permiten delinear el contexto socioeconómico en el que surge a finales de la década de los ochenta la Organización Independiente Totonaca. A continuación se presenta una breve descripción de ciertos elementos culturales sobre el pueblo totonaco en general.

2.2 Mundo Totonaco

El antiguo territorio totonaco abarcaba "desde el golfo de México, hasta la sierra norte de Puebla, del río Cazones, al norte, hasta el río de la Antigua, al sur (Masferrer, 2004: 17)". Empero, en la actualidad los totonacos han perdido más de la mitad de su territorio. El mismo autor señala que, los totonacos desde la llegada de los españoles han sido sistemáticamente despojados de sus tierras, lo cual expulsó a la población indígena hacia las montañas, lugar en el que todavía hoy residen.

En relación a la población totonaca, Masferrer (2004: 5) señala que los

---

[30] El índice de marginación es una medida-resumen que permite diferenciar entidades federativas y municipios según el impacto global de las carencias que padece la población, como resultado de la falta de acceso a la educación, la residencia en viviendas inadecuadas, la percepción de ingresos monetarios insuficientes y las relacionadas con la residencia en localidades pequeñas.

totonacos se encuentran entre los diez grupos indígenas más numerosos del país. El total de la población es de 411,266 totonacos.

Relacionado con la autopercepción de los totonacos con respecto a su identidad, Masferrer (2004) señala que la población se considera a sí misma totonaca, sin embargo, durante las últimas tres décadas ha descendido sistemática y significativamente la población totonaca. Lo cual de ninguna forma resulta fortuito, ya que los totonacos, "han pasado por un proceso complejo de pérdida territorial, fases migratorias, conversiones religiosas y profundos cambios socioeconómicos (Masferrer, 2004: 5)." El descenso de la población totonaca se vincula con los actuales procesos de migración interna y externa, así como a la educación escolarizada. La tendencia hacia el descenso de la población totonaca se confirma en el caso del municipio de Huehuetla, el cual presenta en el último periodo un decrecimiento poblacional.

Respecto a la identidad totonaca, es importante señalar que ésta no se agota en la lengua, es decir, el criterio lingüístico es insuficiente para determinar a la población totonaca. Siguiendo a Masferrer (2004), algunas poblaciones se perciben y consideran a sí mismas como totonacas, aún cuando han perdido el uso de la lengua totonaca y se comuniquen en castellano. Cabe destacar que la pérdida del uso de la lengua es el "resultado de las políticas de aculturación lingüística implementadas en los años cuarenta por la escuela rural mexicana (Masferrer, 2004: 13-14).

Del total de la población indígena totonaca, un 58% es hablante de lengua totonaca, sin embargo, un 29% (cifra significativa) de la población se considera a sí misma totonaca sin hablar la lengua. Estos números muestran algunos indicios sobre la presencia y persistencia de la identidad totonaca, más allá de la lengua (criterio con el cual suele categorizarse la identidad indígena).

Debido a lo anterior, cabe destacar que existen otros aspectos y elementos además de la lengua que poseen un gran significado y valor en la conformación y actualización de la identidad étnica totonaca tales como: el arraigo territorial vinculado con la región cultural del Totonacapan; el sistema de cargos públicos y mayordomías; la vestimenta tradicional; las danzas; las fiesta patronales; así como una cosmovisión propiamente totonaca que se expresa entre otros aspectos en una percepción particular sobre la relación de los totonacos con la tierra, la cual se expresa en la especificidad de las prácticas productivas totonacas.

El sistema de cargos es para los totonacos una institución social generadora de conciencia identitaria y comunitaria. Este sistema es un esquema social en el que cada individuo de la comunidad presta un servicio durante un tiempo determinado. Cabe señalar que es un sistema jerarquizado a través del cual se va ascendiendo en relación a los cargos cumplidos. Por ejemplo, Masferrer (2004: 28) señala que los jóvenes totonacos al cumplir 18 años deben servir como *semaneros* a la comunidad. Los *semaneros* trabajan un día a la semana por un año, usualmente tiene como deberes limpiar la iglesia y ayudar en la realización de las misas. El *semanero* es el cargo de menor rango dentro del sistema. Cumplido dicho cargo se puede acceder al de *fiscal*, sus obligaciones son organizar y dirigir tanto las fiestas religiosas del pueblo como a los semaneros. Posteriormente, *la mayordomía* es un cargo con gran prestigio en la comunidad. El mayordomo sirve como patrocinador y organizador de la fiesta patronal del pueblo. Entre sus funciones están la de adornar la iglesia, recibir a la comunidad en su hogar y ofrecer alimentos y bebidas a ésta.

En el siguiente capítulo se analizará a profundidad la forma en que el sistema de cargos en Huehuetla se articula con el proceso organizativo de la OIT. Del mismo modo, se analizará la relación entre el sistema de cargos y algunos procesos vinculados a la identidad totonaca. Cabe destacar que la existencia del sistema de cargos para la OIT fue de gran relevancia ya que éste sentó las bases organizativas y legitimadoras con las que se articuló la Organización.

Por otro lado, la vestimenta de los totonacos se caracteriza por ser sencilla, sobretodo en los hombres. Los cuales portan una camisa larga, casi siempre de color blanco, aunque también puede ser azul, acompañada de un calzón de manta blanca y unos huaraches, elaborados con neumáticos y cintas de cuero. Los hombres también llevan consigo un morral y un sombrero de paja. Por su parte, las mujeres totonacas también portan un vestido de manta blanco y una blusa o *quexquémetil*. Completan la vestimenta una faja roja enrollada en la cintura y algunos collares. Las mujeres van descalzas o usan unos zapatos de plástico, usualmente su cabello suele ir recogido en una trenza.

Referente a la vestimenta, Masferrer (2004: 35) señala que las pautas de vestido en los totonacos han cambiado en los últimos años, especialmente en la población joven, lo cual se explica en relación a procesos migratorios, viajes a centros urbanos o la presión que ejerce el sistema educativo nacional para que los indígenas abandonen la vestimenta tradicional[31].

Las danzas también son un elemento identitario importante para los totonacos. Reyes Grande (2005: 33) señala que quienes participan "lo hacen con la promesa de ejecutarla durante cuatro años seguidos, y antes de la ejecución deben los danzantes observar una serie de prohibiciones, so pena de ser castigados por alguna de las deidades de las danzas". Los danzantes

---

[31] El calzón de manta es un pantalón usado regularmente por los hombre indígenas. Posee algunas características particulares que permiten el trabajo en el campo. Por ejemplo, el calzón no tiene cierre y tiene gran amplitud en la sección del tiro, la caída va disminuyendo hasta sujetarse a la altura de los tobillos lugar en donde se fija por medio de cordones de tela.

son invitados por el mayordomo para alegrar la fiesta del santo patrón, éstos no pueden negarse y es el mismo mayordomo quien alimenta a los voladores durante la celebración. Algunas danzas se remontan a tiempos prehispánicos como la de los "Voladores". Otras danzas importantes para el pueblo totonaco son las de los "Huehues", la danza de los "Negritos", de los "Quetzales" y los "Toreadores".

Imagen 2: Danza de los Huehues en el marco del vigésimo aniversario de la OIT
Fotografía tomada durante el trabajo de campo, agosto 2009

Imagen 3: Danza de los negritos en el marco de la celebración del vigésimo aniversario de la OIT
Fotografía tomada durante el trabajo de campo, agosto 2009

En su etnografía del pueblo totonaco, Masferrer (2004) traza una línea histórica que se remonta hasta el periodo colonial respecto a las relaciones entre totonacos y mestizos, sin embargo, en su opinión, es el periodo histórico de *la Reforma* el momento en el que se consolida el dominio mestizo frente a los indígenas. Esto ocurre a través de varios mecanismos: tales como la privatización de las tierras comunales, la prohibición del culto público y la imposición de un plan educativo en castellano. Cada uno de estos mecanismos pretendía desarticular la organización tradicional del pueblo totonaco. Por ejemplo, la prohibición del culto público buscaba "eliminar el sistema de cargos políticos-religiosos e imponer jefes políticos (...) designados por los caciques regionales (Masferrer 2004:23)". Esta situación aún perdura, pues los sistemas de cargo actuales en la región totonaca se limitan al ámbito religioso. La participación comunitaria se efectúa precisamente a través del sistema de cargos religiosos.

En las relaciones entre mestizos y totonacos existen dos términos de referencia al "otro" que dan un panorama general sobre las interacciones entre éstos, y que aún hoy en día son de uso común. Algunos mestizos se refieren a los totonacos como "nacos", lo cual de ninguna forma es un diminutivo de la denominación étnica totonaco. Al contrario el término "naco" es usado de forma despectiva hacia la población indígena, como señala Masferrer no sólo en la región totonaca, sino inclusive por la sociedad nacional.[32] Por su parte, los totonacos "denominan luwa a los mestizos, que quiere decir víbora, lo cual puede tener varias lecturas, ya que aún en la cosmovisión mestiza este reptil estaría vinculado con el mundo de abajo, en donde suele colocarse el infierno (Masferrer, 2004: 9)".[33]

Tocante a las creencias religiosas, la población práctica un "catolicismo totonaco", producto del sincretismo entre la cosmovisión prehispánica y el culto católico colonial. Siguiendo a Masferrer (2004: 14-15), el 90% de la población totonaca es católica. No obstante, se pueden distinguir diferentes sectores al interior del culto católico, el mismo autor distingue entre:

- Católicos tradicionales totonacos: su visión del mundo es el resultado de la fusión colonial y el mundo prehispánico. Los sistemas de cargo religioso son aún relevantes, si bien han sufrido algunos cambios

- Católicos renovados: consecuencia de largos periodos migratorios, sus prácticas religiosas se relacionan más con el catolicismo del centro del país.

- Católicos de la Iglesia autóctona: Han pasado por una reformulación del mundo religiosos a través de la cultura totonaca. Por ello existe una mayor expresión a través de ceremonias tradicionales, el sistema de cargos no es tan relevante como para los católicos tradicionales. Asimismo, entre los católicos de la iglesia autóctona es frecuente el activismo etnopolítico (Masferrer, 2004: 14-15)

---

[32] Bonfil (1990: 89) apunta sobre el término naco: "La palabra de innegable contenido peyorativo, discriminador y racista, se aplica al habitante urbano desindianizado (…). Lo naco, sin embargo, designa también a todo lo indio: cualquier rasgo que recuerde la estirpe original de la sociedad y la cultura mexicana, cualquier dato que ponga en evidencia el mundo indio presente en las ciudades, queda conjurado con el simple calificativo de naco"

[33] Durante el trabajo de campo efectuado en el verano del 2009, se pudo constatar que sigue siendo común el uso del término naco por parte de los mestizos en el municipio para referirse a algún individuo del pueblo totonaco.

Imagen 4: San Salvador enchilado
Fotografía tomada durante en trabajo de campo, agosto 2009

La historia de imposición y cambios respecto a los sistemas productivos en la región cultural del Totonacapan puede también ser trazada hasta antes de la llegada de los españoles. Se remonta al tiempo en que los totonacas rendían tributo al imperio azteca, pues el Totonacapan debido a sus condiciones geográficas era percibido como una reserva estratégica de alimentos (Masferrer, 2004:17). No obstante, no fue sino hasta el periodo de la historia conocido como el Porfiriato que la región Sierra Norte de Puebla se integró a los procesos mercantiles nacionales por medio del cambio en la producción, pues se pasó de la milpa a la imposición de la producción de caña de azúcar. Posteriormente, a mediados del siglo XX, "el control de precios del azúcar y la introducción de otros edulcorantes a su vez dejó fuera del mercado el azúcar de caña serrana" (Masferrer, 2004: 25). Lo anterior, tuvo como consecuencia que un gran número de productores de la Sierra Norte comenzaran a sembrar café como cultivo comercial. El giro hacia la producción y comercialización de café en la Sierra Norte se vincula también con la llegada del Instituto Mexicano del Café (INMECAFÉ) a mediados de la década de los setenta. En efecto, la llegada de esta institución a Huehuetla tuvo un gran impacto no sólo en el cambio del esquema productivo, pues como se verá posteriormente, su presencia incidió en el aprendizaje de procesos organizativos que sentarían las bases para la formación de la OIT.

Por su parte, el INMECAFÉ surge en 1958 con el objetivo de promover la producción de café en el país mediante la regulación de precios, el anticipo de pagos y la difusión de técnicas de cultivo e industrialización. A finales de la década de los ochenta, de forma más precisa en el año de 1989, se desploman los precios internacionales del café, "al cancelarse el Convenio Internacional del Café y liberalizar el mercado internacional (Masferrer, 2004: 25)", lo cual tiene como repercusión en México el desmantelamiento del INMECAFÉ, lo que a su vez tiene profundas consecuencias en las comunidades totonacas productoras de café, Masferrer (2004: 26-27) señala al respecto:

Las comunidades indígenas que habían incrementado su capacidad de sostenimiento de la población por las transferencias de la exportación de café entraron en una crisis de la cual todavía no han salido. La sustitución del café por otro cultivo agrocomercial es muy difícil, debido a las condiciones ecológicas y de mercado; asimismo volver a la producción de milpa (maíz y frijol) es imposible, pues la densidad de la población es alta y el tipo de semillas y el suelo disponible no está en condición de mantener a la población.

Hasta aquí se han descrito a *grosso modo* elementos del contexto socioeconómico en el cual emerge la Organización Independiente Totonaca, de igual forma se han puntualizado brevemente algunas características del pueblo totonaco en general. La siguiente sección se enfoca en la historia de OIT, en sus antecedentes, su fundación y en algunos momentos clave en la lucha de la misma.

2.3 Antecedentes de la Organización-OIT

En torno a la fundación de la Organización se pueden distinguir una serie de factores y problemáticas relacionadas con su desarrollo y surgimiento. Particularmente sobre el proceso organizativo dos elementos fueron esenciales en el aprendizaje sobre la conformación de una organización: la llegada del INMECAFÉ a mediados de la década de los setenta al municipio de Huehuetla y la creación de Unidades Económicas de Producción y Comercialización (UEPC) a través de las cuales se implementaron ciertas políticas y programas dirigidas al desarrollo y mejora en la calidad del café; y los proceso organizativos derivados de las Comunidades Eclesiales de Base (CEB's) y "desde las cuales se gesto la idea de construir una organización propia (Reyes Grande, 2005: 46)" a mediados de los ochenta.

Ambas instituciones se convirtieron en *free spaces* o espacios libres (Johnston, 2005). Los espacios libre son definidos como lugares en los cuales los ciudadanos pueden hablar sin temor a ser reprimidos, es decir, son locaciones que se encuentran fuera del escrutinio del régimen y sus agentes (Johnston, 2005: 59). En ese sentido, los espacios libres se erigen como lugares en los que se puede discutir de forma abierta y libre sobre temas prohibidos por el Estado. En efecto, los espacios libres se erigen como puntos de oposición, lugares desde los cuales se construye disidencia en contra de la dominación.

La discusión en torno a los espacios libre tiene como intención reflexionar en torno a las CEB's y las UEPC como lugares en los cuales los totonacos se podían reunir libremente, fuera del escrutinio del gobierno de los mestizos. Como se expondrá en el siguiente capítulo, en Huehuetla los totonacos vivían baja una constante amenaza de violencia' e injusticia. Es por ello, que para lograr la conformación de la Organización fue necesario en un primer momento la existencia de espacios libres en los cuales los totonacos pudieran reflexionar y organizarse en contra de la represión y dominación que los aquejaba. Sin embargo, hasta aquí se ha hablado de las CEB's y de las UEPC sin ahondar en su análisis. A continuación se examina la llegada del INMECAFÉ a Huehuetla.

Líneas arriba se señaló que el INMECAFÉ fue un programa de desarrollo creado desde el Estado mexicano. La llegada del Instituto a Huehuetla se da a mediados de la década de los setenta con el objetivo de comprar los granos producidos en el municipio, así como incentivar la producción de café ya que la producción del que hasta entonces se destinaba al autoconsumo.

A partir de la llegada del INMECAFÉ al municipio en 1975, se estimuló la creación de grupos de productores pequeños y medianos, organizados en Unidades Económicas de Producción y Comercialización (UEPC). Desde las UEPC se desarrollaron distintos programas a favor de los pequeños productores de café del municipio tales como talleres sobre fertilizantes, sobre cómo mejorar la producción y la calidad del grano. De igual forma, el instituto concedió créditos e instaló bodegas para el proceso de acopio del café. Un rasgo relevante de las UEPC en relación a la formación de la OIT es el aprendizaje organizativo que dejó entre algunos habitantes del municipio, sobretodo en aquellos involucrados en la producción de café. Maldonado (2008: 120) señala que la experiencia de la UEPC en Huehuetla sentó las bases entre los totonacos para desarrollar una Organización propia en los siguientes aspectos:

La experiencia organizativa de las UEPC permitió adquirir conciencia de los beneficios de comercializar unidos (…) también es interesante ver que muchos de los líderes que posteriormente vendrían a formar parte de la OIT, tienen sus antecedentes como coordinadores regionales del acopio de café por parte del instituto (Maldonado, 2008: 120).

Vinculado al proceso de aprendizaje organizativo que trajo consigo el INMECAFÉ a la Sierra Norte Poblana, Torres (2000) da cuenta del aumento en el número de organizaciones, uniones y cooperativas alrededor del INMECAFÉ. Las cuales adquirieron enseñanzas y experiencias que sirvieron de fondo para nuevas formas de organización.

Sobre la influencia del INMECAFÉ en el proceso de aprendizaje y organización, Reyes Grande (2005: 48) apunta lo siguiente: "En el caso de

Huehuetla, muchos de los que trabajaron en el instituto promovieron a finales de la década de los ochenta la creación de la Organización Independiente Totonaca, en la que volcaron la experiencia organizativa que las Unidades de Producción les brindaron". Del mismo modo, Torres (2000: 107) considera que la llegada del INMECAFÉ fue un factor de gran importancia para la posterior conformación de la OIT y el cambio en el poder político en la región. Por otro lado, fuera de la esfera de lo estatal también se gestaba un proceso organizativo vinculado con la Iglesia católica y que coadyuvaría en la formación y desarrollo de la OIT, las Comunidades Eclesiásticas de Base (CEB's).

Las CEB's se insertan en un contexto de cambio en la Iglesia católica vinculado con el surgimiento y desarrollo de *la teología de la liberación*.[34] En Huehuetla la llegada de las CEB's se vincula con el también arribo del párroco Salvador Báez a la cabecera municipal, quien para Reyes (2005: 57) "se dio a la tarea de formar grupos en cada comunidad donde la mayoría de los participantes eran indígenas (…). Estos grupos fueron los que más tarde se constituyeron en Comunidades Eclesiales de Base". [35]

---

[34] Hernández (2009: 155), señala que a mediados de los ochenta la acción pastoral en la región Sierra Norte de Puebla se inclinó hacia la Teología de la liberación (TL), la cual es una corriente que surge al interior de la Iglesia católica que "estructura su praxis a partir del principio de la opción preferencial por lo pobres (Hernández, 2009: 156)". Es decir, la teología de la liberación sitúa la figura del pobre en el centro de la reflexión religiosa y las implicaciones de ésta, en los ámbitos políticos, sociales y económicos. De igual forma, desde la teología de la liberación se le imputa al sujeto encarnado por el pobre, una acción transformadora, sobre esta concepción ideológica de la teología de la liberación Hernández (2009: 156) apunta: "el pobre y en general los sectores subalternos y desposeídos, guardaban dentro de sí la semilla del cambio social orientado a destruir las condiciones estructurales e ideológicas que originan la injusticia y la desigualdad".

[35] La puesta en marcha de la Teología de la liberación en una región predominantemente indígena implicaba de acuerdo con Hernández (2009: 170) que el concepto de pobre no se agotaba con la población india de la Sierra Norte de Puebla, en consecuencia, "los religiosos que operan en la región tuvieron que dar un viraje casi absoluto a sus concepciones teológicas y a sus prácticas evangélicas. En primer lugar han tenido que asumir y presentar un "nuevo rostro" de la iglesia, un "rostro indígena" y han tenido que modificar la forma de relación con los feligreses". Este giro en la orientación ideológica y práctica de la Iglesia Católica se denomina teología india (TI), la cual "busca reconocer que los pueblos indígenas "no parten de cero". Ellos poseen una elaboración cosmológica y una praxis ritual previas que deben ser reconocidas y asumidas por la ritualidad eclesiástica (…). En ese sentido, la TI subsumió los principios político-críticos de la TL pero trató de ir más allá, tratando de hacer emerger la visión que sobre la liberación tienen los pueblos nahuas y totonacos de la sierra. Se trataba por tanto de virar el discurso, de

En el proceso de conformación de la OIT las CEB's tuvieron también el carácter de espacios libres, de lugares en donde los totonacos podía reunirse y discutir fuera del alcance de la represión y la violencia mestiza. El examen en torno a las CEB's, también dará indicios de la posición de la iglesia como institución en el municipio y cómo se interrelaciona con el proceso de organización de los totonacos.

Respecto a la incidencia de la iglesia en la conformación de la OIT, el profesor del Centro de Estudios Superiores Indígenas Koyom (CESIK), Pablo Ramírez, miembro actual de la OIT señala que, los orígenes de la organización se pueden rastrear hasta antes de la formación de las CEB's y situarse en el proceso educativo dirigido desde la Iglesia y que formaría una generación de catequistas, los cuales posteriormente se convertirían en los fundadores de la OIT:

> Pues, para que esto se gestara, hubo algo bien bonito, que bueno, yo lo veo, este, para esto, tiene que, influye mucho la llegada de los párrocos acá ¿No? Influye mucho en el sentido de que cuando llega uno de los pues yo diría que el primer párroco ya establecido, es el Padre Juan, este, ese Padre pues ve las necesidades ¿No? Y de ahí como que empieza a surgir la inquietud por parte en esta parte concreto de él como párroco, de cómo poder educar ¿No? Y es así, como empieza un proceso de educación con las hermanas carmelitas que llegan al año siguiente, que este, pues empiezan a formar la los jóvenes, a las señoritas y empiezan a educarlos y se hace un internado y empiezan a educarlos. Entonces la gente empezó como por un lado a formarse a darse cuenta de cómo y por otro lado seguir viendo la misma situación de desplazo. Entonces es, en, pues es en, pues, en el, este, pues es en ese contexto que la OIT, bueno la gente, los jóvenes que se formaron con las religiosas pasan a ser catequistas y son ellos los que empujan ese proceso de formación con las Comunidades Eclesiales de Base (CEB's) y que luego dan como fruto la organización.

De esta forma es que anterior a la formación de la CEB's, desde la Iglesia católica en su rama de Teología de la liberación en Huehuetla se impulsó un proceso educativo que formó a una generación de catequistas totonacos, a través de los cuales se pudo impulsar el proceso de la CEB's. A continuación se analiza qué son propiamente las CEB´s.

Las CEB's eran pequeños grupos de entre diez y quince participantes, en los cuales se llevaba a cabo la lectura y reflexión sobre la Biblia. Reyes (2005:57) señala que la reflexión en las CEB's no sólo giraba en torno a los valores cristianos, asimismo se analizaba y reflexionaba sobre el acontecer

---

ya no seguir hablando sólo de "pobres" o "desposeídos" sino de pueblos indígenas que sufren las condiciones de un sistema de dominación étnica (Hernández, 2009: 173-176).

cotidiano en cada comunidad, esto es, las necesidades y problemas del municipio, lo cual es propiamente una orientación del viraje de la Iglesia católica hacia la teología de la liberación, en la cual, la reflexión sobre la realidad social y las problemáticas terrenales se entienden como un deber religioso.

De forma análoga desde las CEB's, "los religiosos e indígenas empezaron a poner en entredicho las formas del ejercicio del poder municipal y caciquil de las localidades, abriendo importantes espacios de discusión y debate en las comunidades (Torres, 2000: 110)".

Siguiendo a Reyes Grande (2005: 60), el papel que desempeñaron las CEB's fue de gran trascendencia. Las CEB's se convirtieron "en espacios para que los totonacos intercambiaran experiencias de trabajo en otros procesos organizativos, lo que les permitió idear una organización propia, a través de la cual proyectaran sus intereses". En relación a cómo funcionaban las CEB's en Huehuetla Don Aurelio, fundador de la OIT y profesor del CESIK, señala lo siguiente:

> En ese tiempo cuando hablamos de grupos eclesiales de base, este, pues la Iglesia siempre ha intervenido en cuestión de que todo aquello, que no está correcto dentro de la comunidad y en los grupos eclesiales de base venían haciendo reflexiones de la palabra de dios, ahí se pone uno a reflexionar como estábamos viviendo no, qué era bueno, qué no era bueno, todo eso si, así cual beneficio teníamos por parte del gobierno, qué es lo que hacíamos nosotros como comunidad.

En un primer momento, la narración de Don Aurelio da cuenta de la constante intervención de la Iglesia como institución en la comunidad, pues las CEB's son detonadoras de un proceso de organización social, gestado desde la iglesia. En ese sentido es que en estos grupos las reflexiones bíblicas eran básicas, sin embargo existe otro elemento en la narrativa que es relevante y es que en la CEB's también se discutía y reflexionaba sobre la realidad social de la comunidad, a saber, la situación del municipio y del pueblo totonaco como parte de la agenda de la Iglesia en su rama de teología de la liberación y posteriormente desde la teología india. Ahora bien, regresando a la narración de Don Aurelio resultan significativas las últimas tres palabras del relato "nosotros como comunidad", palabras en las que puede interpretarse la existencia de un nosotros colectivo o la gestación de uno, eje medular de análisis del siguiente capítulo.

De la misma manera, hay que destacar dos puntos centrales señalados por Reyes (2005). En un primer momento, los totonacos imprimieron un sello diferente a las reuniones de las CEB`s, recuperando y practicando algunas características propias de la cultura totonaca y en concomitancia con el giro hacia la teología india:

> Antes de comenzar con la lectura bíblica se pedía permiso a la tierra: se derramaba cuatro veces aguardiente (refino o cucho) en

forma de cruz en la tierra, sobre la que se hallaban cuatro mazorcas amarradas también en forma de cruz y se hacia luego la oración de los cuatro rumbos.. Una vez hecho esto, se entonaba algún canto (Reyes, 2005:57).

El segundo punto a destacar es "el tono" de las reuniones de las CEB's, las cuales en opinión de Reyes (2005: 38) se acercaban más al tipo de asamblea comunitaria, ya que allende el número de asistentes quienes podían hablar en las reuniones eran aquellos que ya habían cumplido su servicio o lo estaban cumpliendo.

De esta forma, a través del INMECAFÉ y de las CEB`s se delinearon los antecedentes organizativos que sentarían las bases para la conformación de la OIT. No obstante, el surgimiento de la Organización no se da exclusivamente en relación a dichos factores. De acuerdo a lo anterior, los procesos organizativos producto de la experiencia del INMECAFÉ y la CEB's, son un medio para hacer frente a una serie de problemas que aquejaban al pueblo totonaco de Huehuetla. El punto central es que la OIT surge para afrontar un proceso de dominación de características culturales, empero, el análisis de dicho proceso se realiza en el siguiente capítulo, por ahora sólo se desarrollarán algunos puntos clave de la historia de la OIT. Previo a dicha sección se presenta un línea del tiempo con los acontecimientos más significativos del proceso.

2.4 La historia de la OIT

> Pues que tal vez la OIT ahorita está entrando en un proceso de cambio, veinte años de vida, implican, aquí en la cultura totonaca es un ciclo, entonces su primer ciclo de la OIT pues creo que lo está cumpliendo, está presente en los corazones, muy en el fondo de la gente está la OIT, aunque sean del partido que sean , la gente si diferencia eso, la gente si sabe que la OIT es una opción,
> *Profesor Pablo Ramírez*

Siguiendo a Hernández (2009:181) el surgimiento de la OIT corresponde a un "viraje en la orientación y estructura de los movimientos indígenas en distintas regiones del país". En este punto las organizaciones y movimientos indígenas dirigieron la lucha hacia la necesidad de constituir regímenes de autogobierno indígena, como lo planteó y efectuó precisamente la Organización Independiente Totonaca en Huehuetla.

Imagen 5: Bandera de la Organización Independiente Totonaca
Fotografía tomada durante el trabajo de campo

El 21 de julio de 1989 se funda oficialmente la OIT como una organización de solidaridad social. En sus orígenes la OIT pugnaba particularmente por dos objetivos. En primera instancia se dirigía a "mantener la vigencia de la cultura totonaca". En segunda, buscaba "impulsar proyectos productivos que contribuyeran a incrementar los ingresos de las familias indígenas que a su vez les permitan mejorar sus niveles de vida (Reyes, 2005:60)".

Como se señaló anteriormente, la fundación de la OIT deviene de una serie de procesos organizativos como las CEB's. En relación a ello Don Aurelio, uno de los fundadores y socios activos de la Organización señala que la gestación de la OIT se da dos años antes de su fundación en el año de 1989, en los inicios del proceso organizativo. En el relato, nuestro informante destaca la formación de las CEB's y la participación de los totonacos en ellas:

> Fuimos parte de los iniciadores de esta organización, fue por ahí del año de, del ochenta y ocho, ochenta y siete cuando empezaron los primeros cimientos para realizar esta organización, este, fuimos poco a poco organizándonos (…) aquí al municipio empezamos a organizar esos talleres el primero fue acá en el municipio y formando grupos eclesiales de base, si, en el grupo eclesiales de base, existían, pues alrededor de cuarenta cincuenta miembros, posteriormente en cada comunidad también salimos a participar, en algunas había hasta doscientas personas, en otras cien, en otras ciento cincuenta, cincuenta, ochenta y así.

Resulta significativo notar que en la fundación de la OIT participan todas las comunidades del municipio, así como la anuencia de los jueces de paz de cada una de las comunidades. El relato de Don Aurelio continúa:

> Posteriormente pues continuamos nosotros a pesar de todo continuamos con nuestros trabajos, los jueces de cada comunidad estaban de acuerdo con esta organización y son los que empezaron a dar el visto bueno a firmar y sellar estos documentos, se llevaron a relaciones exteriores, posteriormente fuimos a recoger estos documento ya donde la organización ya estaba formada, ya legalizada.

Inmediatamente después de la formación del OIT surgió una alianza con el Partido de la Revolución Democrática (PRD) en aras de disputar el poder en el municipio. En los comicios de 1989, la alianza OIT-PRD se presenta a las elecciones para contender por el ayuntamiento de la cabecera municipal (Torres, 2000: 118). La elección de los candidatos que contenderían en los comicios fue particular. Para ser candidato era necesario en primera instancia, ser miembro activo de la OIT, así como haber desempeñado la mayoría de los cargos religiosos. Después, a través de asambleas en las comunidades se discutieron las capacidades de los habitantes hasta llegar a un consenso sobre los candidatos, los cuales fueron ratificados por la directiva de la OIT y el comité directivo del PRD (Torres, 2000: 118-119). En relación al acceso al gobierno municipal, Don Aurelio señala lo siguiente:

> También en ese tiempo nace el PRD, en ese tiempo nació el PRD, y pues ya viendo las circunstancias que se encontraba, pues, este ora si, se empieza a entrar en un platica, pude decir bueno, no' mas no vamos a entrar al trabajo organizativo, sino que vamos a entrar a lo político, entonces se hacen las platicas con este partido y se hace, un este, una este, cómo quiero decir.... se hace una alianza, si, se hace una alianza en la cual, pues este, empezó a hacer un buen trabajo y pues llegando las elecciones, pues, ora si.

Retomando la discusión sobre la alianza entre el PRD y la OIT, cabe destacar que ésta se gesta, ya que "las leyes electorales establecen que no se puede participar en las elecciones sin el registro de un partido político (Torres, 2000: 118)". En ese sentido la alianza significó para el PRD presencia política en el municipio que hasta antes de la coalición con la OIT era inexistente.

La alianza OIT-PRD va a los comicios en 1989 con el señor Mateo Sánchez como candidato a Presidente municipal. La coalición logra ganar la elección pese a una serie de problemas generados por las elites mestizas de la cabecera municipal. Así la alianza OIT-PRD logró erigirse como gobierno municipal por tres trienios, es decir, ganado tres elecciones consecutivas y manteniendo dicho poder hasta el año de 1999, fecha en la que el PRI regresa al ayuntamiento.

Los tres trienios durante los cuales gobernó la OIT el municipio de Huehuetla son conocidos de forma común como el "Gobierno Indígena". Durante todo el periodo el municipio de Huehuetla fue el único gobernado por indígenas, de un total de veinte municipios totonacos en la Sierra Norte Poblana. A lo largo de esos nueve años de gobierno se impulsaron una serie de proyectos en beneficio de las comunidades y del pueblo totonaco, las cuales en términos generales carecían de muchos servicios. A continuación se enlistan algunos de esos proyectos—sin embargo, en el siguiente capítulo se analizan a profundidad las acciones impulsadas por la OIT desde el Gobierno Indígena. Por ejemplo, en ese periodo "se aprobó un bando de policía y buen gobierno, que desde 1996 distingue al municipio como pluriétnico (Torres, 2000: 122)", este bando entre otras cuestiones, declaraba que todos los habitantes del municipio tenían los mismos derecho y obligaciones ante la ley, por lo cual no sería permitido ningún tipo de violación contra los derechos humanos ni tampoco "ninguna forma de racismo, intimidación o abuso (Torres, 2000: 122)". De la misma manera, sentenciaba que, "el ayuntamiento de Huehuetla resguardará la riqueza pluricultural y pluriétnica del municipio, velando por la identidad cultural y étnica de la población mayoritariamente totonaca" (Torres, 2002: 122). Además señalaba que las lengua(s), oficiales serían el totonaco y el castellano y que no existiría ningún impedimento en expresarse en cualquiera de éstas.

Respecto a los cambios en la relaciones de poder durante el gobierno indígena, Torres (2000: 123) señala que, durante este periodo se gestó una nueva estructura de poder en el municipio conformada por la directiva de la OIT, el Consejo de ancianos, el consejo general del pueblo y el PRD.

A la par, cabe destacar que el acceso de los miembros de la Organización hacia la estructura de gobierno municipal tenía que ser reconocido por la asamblea de la comunidad, la cual desempeñaba un papel de gran relevancia. Durante el gobierno indígena "el presidente municipal tenía que rendir cuentas ante ésta, asimismo, formaba parte de del Consejo General del Pueblo, conformado además por el Consejo de Ancianos, los jueces, el síndico y la directiva de la OIT (Torres, 2000: 123)".

Mediante la nueva estructura de poder municipal en Huehuetla se comienzan a gestar proyectos en distintas esferas: económica, cultural, jurídica y educativa. Una de los primeras urgencias para el nuevo gobierno fue la comercialización de lo productos del municipio, los cuales desde siempre habían sido controlados por los intermediarios mestizos. Para mitigar este problema impulsaron proyectos de acopio de Café con recursos de la Secretaria de Desarrollo Social (SEDESOL) y del Fondo Nacional de Empresas en Solidaridad (Fonaes), que permitieron tomar decisiones a los productores de Café sobre qué harían con su producto.

De la misma forma, Torres (2000: 124) destaca que durante el gobierno municipal de la OIT se dotó de servicios a la población que carecía de ellos: luz eléctrica, agua potable, casetas telefónicas, clínicas comunitarias, escuelas preescolares y tele secundarías. Sobre este punto Don Mateo Sánchez, primer presidente municipal del gobierno indígena narra su experiencia: "en Teziutlán, donde yo tuve que entregar mis proyectos, lo que tenía demanda este municipio, lo que es la educación de las escuelas lo que es el camino, lo que es la electrificación, lo que es el agua potable, el teléfono y otras cosas más". Para los miembros de la Organización la educación es de gran importancia, (también sobre ello se ahondará más adelante), sin embargo, en este punto se engarza un proyecto de gran significancia para la OIT, el CESIK.

Otro logro de gran relevancia alcanzado por la OIT fue la creación y consolidación del Centro de Estudios Superiores Totonacos Koyom (CESIK). Un bachillerato que para Hernández (2009:11), "se ha propuesto constituirse en un espacio educativo alternativo y parcialmente autónomo respecto de los modelos educativos que pone e impone el estado en las regiones indígenas".[36]

El surgimiento y consolidación del CESIK es el producto de un proceso conflictivo entre mestizos e indígenas que se remonta al año de 1985. En esta fecha comienza a operar el primer bachillerato en Huehuetla a partir de una iniciativa surgida por parte de la Iglesia y algunos padres de familia mestizos, los cuales tenían que mandar a sus hijos a Zacapoaxtla si deseaban que éstos continuaran sus estudios (Reyes, 2005: 82). Tanto mestizos como indígenas asistían al bachillerato, aunque estos últimos en mucho menor porcentaje. El profesor Pablo Ramírez, actual coordinador académico del CESIK, señala al respecto:

> Es bien interesante la historia de la escuela porque, parte desde la iniciativa que tiene la iglesia como pastoral pues de poder tener aquí planteles de educación, entonces es el padre Salvador Báez en conjunto con unos profesores que venían del CONAFE y otros maestros solidarios que impulsan en estas instalaciones de aquí del centro, pues un espacio para poder empezar a dar la formación preparatoria, pero, pues mas que nada, era como dar el espacio porque solamente a nivel digamos aquí local, pues no había otra preparatoria y la mas cercana estaba en Zacapoaxtla.

Hacia el año de 1994, surgió un incidente entre los padres mestizos y la directora del bachillerato en relación al otorgamiento de becas que provenían de recursos del gobierno local. Dicho conflicto tuvo como consecuencia el cierre del bachillerato por parte de los mestizos y la destitución de la directora. Finalmente las autoridades educativas del Estado

---

[36] La creación y consolidación del CESYK, ha tenido serias implicaciones en distintos ámbitos de la vida social. De hecho, para Hernández, (2009) ha conformado la aparición de un nuevo sujeto social, "la juventud indígena".

ordenaron cerrar el bachillerato hasta que el problema se solucionara.[37] En relación al conflicto del año 1994, el profesor Pablo Ramírez narra lo siguiente:

> Has de cuenta que surge la preparatoria ¿No? Pero lógico que la gente del centro mas acá, más en ese tiempo, pues como que querían cierta preferencia para ellos ¿No? Querían hacer el espacio para ellos, para la gente del centro, pero muchos de los profesores pues ven que la mayor parte de los jóvenes interesados pues son de la comunidades de alrededor, entonces de ahí surge un conflicto, un conflicto también que justamente en, en el noventa y cuatro, finales del noventa y tres, pues truena debido a que los padres de acá del centro, las personas de aquí de la cabecera se molestan con los profesores porque empiezan a dar becas a los jóvenes de las comunidades con las que se pudieran ayudar pues con algo ¿No? Y cierran la escuela, pues, entonces la SEP, la secretaria de educación viene y como ve el problema, aparentemente quita la clave.

Posteriormente, la dirección del bachillerato fue asumida por Griselda Tirado Evangelio (integrante de la OIT), no obstante, el refrendo de la clave de la SEP fue negado como consecuencia del conflicto suscitado. Lo anterior generó que muchos alumnos y profesores abandonaran el bachillerato.

En este punto, la directora tuvo que pedir ayuda a la presidencia municipal y a la OIT, la cual se acercó al Centro de Estudios Superiores para el Desarrollo Rural (CESDER) en el municipio de Zautla, esta institución educativa estaba incorporada a la Benemérita Universidad Autónoma de Puebla (BUAP), por medio de la cual se obtuvo el registro. Al respecto el profesor Pablo Ramírez apunta:

> Entonces la Organización que en esos momentos logra tener el poder en el gobierno, gestionan ante CESDER, Centro de Educación Rural en Zautla, este gestionará, para que les pudiera dar como una incorporación, como un departamento de CESDER, es así como en octubre de, en septiembre de hecho es, cuando inicia funciones la preparatoria Centro de Estudios Superiores Indígena Koyom (CESIK).

En estas condiciones surge el CESIK con "el objetivo de promover en

---

[37] Para Reyes Grande, (2005:82), el conflicto se inicio debido a que: "Al parecer, en ese año el gobierno local otorgó unas becas para los alumnos de menos recursos y para quienes asistir a la escuela implicaba un mayor esfuerzo; o sea, se trataba de becas que beneficiaba a los jóvenes totonacos. Según otra versión, las becas consistían en dar trabajo a los estudiantes indígenas como instructores en el INEA, del que era director el esposo de la directora del bachillerato, para que con lo que ganaran pudieran sostenerse mientras estudiaban. De cualquier manera, lo que es evidente es que había un trato preferencial para con los jóvenes indígenas."

el joven el respeto por la cultura totonaca y el trabajo comunitario para lograr el desarrollo de las comunidades (Reyes Grande, 2005: 84). En el documento constitutivo del CESIK (citado en: Hernández, 2009: 23), se señala lo siguiente:

> El CESIK es un centro de educación impulsado por la Organización Independiente Totonaca (OIT) con el objetivo de crear una alternativa ante una educación oficial que cumple la función de desintegrar a las familias indígenas y por lo tanto a la vida comunitaria. De esta forma se ha llegado a la eliminación de la lengua, el vestido y la raíz cultural, educando a los jóvenes a amar culturas ajenas pero no la propia.

Es así que logra constituirse el CESIK, producto de la lucha y gestión de la OIT como gobierno municipal. Desde el momento de su instalación el CESIK como proyecto educativo y cultural cobró gran significado y trascendencia para la Organización, sobre ello se ahondará en el siguiente capítulo.

Imagen 6: Instalaciones del CESIK, Huehuetla Puebla
Fotografía tomada durante el trabajo de campo

En las elecciones de 1998 la OIT pierde la cabecera municipal ante el PRI. En una intensa competencia electoral, en la que el PRI se impone a la alianza OIT-PRD por 485 votos, de un total de 6837 votantes. Torres (2000) considera que esta situación resulta paradójica, pues la OIT logró acceder al poder municipal por tres periodos consecutivos alcanzando excelentes resultados en cuanto a obras dirigidas a las comunidades indígenas, e innovando formas de participación en la toma de decisiones, sin embargo, perdieron el control de municipio también vía elecciones.[38]

Por otro lado, Maldonado (2008: 41) considera que hay tres factores importantes en el proceso de pérdida del municipio y fragmentación de la OIT: 1)por una parte las estrategias paternalistas de entrega de recursos gubernamentales usadas por los partidos políticos, 2)por otro lado, considera que los órganos de gobiernos propios de la OIT se deslegitimaron al dar prioridad a la estructura del partido, 3)por último el uso de la fuerza pública contra integrantes de la OIT y totonacos jugó un papel determinante. Respecto a lo anterior señala lo siguiente: "los testimonios de los habitantes de Huehuetla confirman que los policías intimidaban, y en muchos casos se veían involucrados en ofensas sexuales contra mujeres indígenas y mestizas en el municipio (2008:42)".

Posterior a la pérdida de la presidencia municipal comienza un nuevo periodo de represión y hostigamiento contra los miembros de la OIT y sus proyectos. Sobre el regreso a la violencia Hernández (2009: 203) señala lo siguiente

> Finalmente, en 1999 los mestizos regresaron al poder municipal, con un presidente indígena al que controlaban, con la consigna de vengarse "de la altanería de los indios que habían gobernado. La primera acción fue atacar al Centro de Estudios Superiores Indígenas Kgoyom, "CESIK", (…). Posteriormente trataron de encarcelar al presidente de la organización (Hernández G., 2009: 203).

El año en que la OIT pierde la presidencia municipal, es también el año en que surge la UNITONA, una asociación indígena de carácter regional, que precisamente tiene como base a la OIT.

La Unidad Indígena Totonaca-Náhuatl (UNITONA) es una asociación regional en la Sierra Norte de Puebla en la cual convergen distintos actores sociales y políticos de la región. Si bien es cierto que el trabajo organizativo y de reflexión de organizaciones indígenas es un precedente de gran relevancia, es una catástrofe natural —las lluvias de 1999—el detonante en la conformación de la UNITONA.

En el año de 1999, durante el mes de septiembre y parte de octubre fuertes lluvias azotaron al estado de Puebla y la región Sierra Norte. La magnitud de la catástrofe como señala Hernández (2009:235), fue reportada por algún medio de comunicación como "la pérdida de 40 años de trabajo e infraestructura". Las lluvias afectaron tanto la estructura física municipal como la actividad productiva.

---

[38] Torres considera que en las elecciones de 1998, el PRI recurrió a la fuerza del Estado y el acarreo de habitantes de otros municipios para hacerse de la victoria electoral (p.207)

Siguiendo de nueva cuenta a Hernández (2009: 20), la UNITONA "es actualmente uno de los referentes más importantes en torno a las luchas indígenas de la región". De igual forma, señala que la OIT junto con otras organizaciones "fue parte fundamental de este proceso organizativo de alcance regional". La historia y desarrollo de UNITONA escapan de los límites de la presente investigación, empero, el punto a destacar es la articulación de la OIT como base para la conformación de una organización del movimiento indígena de mayor alcance, a nivel regional.

Regresando a Huehuetla y a la OIT, después de la pérdida de la presidencia municipal comienza una nueva ola de violencia y represión contra los integrantes de la Organización. En consideración de Hernández (2009: 203), desde la derrota en las elecciones el gobierno municipal mestizo buscó desarticular a la organización indígena, a fin de que los totonacos no regresaran al poder municipal. El acoso de los mestizos hacia los totonacos fue constante hasta desembocar en el asesinato de Griselda Tirado Evangelio, asesora de la OIT y fundadora del CESIK. Sin embargo, la derrota en las elecciones, el constante hostigamiento y la nueva ola de violencia, no tuvieron como consecuencia la desaparición de la OIT. Incluso, en ese contexto la OIT en años recientes ha alcanzado otro logro de gran importancia para la comunidad, esto es, la creación de un Juzgado Indígena.[39]

En relación a la entrega del juzgado indígena por parte de las autoridades, Maldonado (2008: 39-40) señala lo siguiente:

> Cientos de totonacos y totonacas de las 11 comunidades pertenecientes al municipio de Huehuetla se reunieron para presenciar el acto donde Don Manuel Aquino Juárez fue nombrado primer juez indígena de Huehuetla por el TSJ del Estado; el Consejo de ancianos también le hizo entrega del bastón de mando como símbolo de su legitimidad y responsabilidad ante el pueblo totonaca.

Para Maldonado (2008:13), la importancia de los juzgados indígenas reside en que son experiencias que implican procesos de recreación de la cultura indígena, además de que como veremos más adelante, no solamente recrean la cultura, sino actualizan y revaloran la identidad totonaca.

---

[39] Dos años antes de la existencia del Juzgado Indígena en Huehuetla, en Cuetzalan, (municipio con fuerte presencia totonaca y nahuatl, localizado también en la Sierra Norte de Puebla) funcionaba un Juzgado Indígena, el cual en opinión de Maldonado (2008: 42), sirvió como un ejemplo importante en la procuración de justicia indígena en la región, pues sentó un precedente en torno al tema de la justicia y la lucha indígena.

Imagen 7: Oficinas del Juzgado Indígena, Huehuetla, 2009
Fotografía tomada durante el trabajo de campo, agosto 2009

El juzgado indígena de Huehuetla surge "como resultado de la aprobación constitucional de la Ley de derechos y cultura avalada por el congreso en 2001 (Maldonado, 2008: 12)". A la par, el juzgado indígena también es producto de la acción organizada y continúa de la OIT y su lucha por la justicia, la cual se remonta al origen de la misma Organización.

Para Maldonado, la apertura del Juzgado Indígena en Huehuetla es de suma particularidad, ya que coincide con el asesinato de la antigua directora del bachillerato CESIK—también defensora de los derechos humanos y miembro de la OIT—a abogada Grisela Tirado. Además, señala que "Meses antes del asesinato de la abogada otras seis personas fueron asesinadas, además hubo una escalada en las agresiones sexuales hacia mujeres totonacas miembros de la OIT" (Maldonado, 2008: 13).

En este contexto es que se crea el Juzgado indígena de Huehuetla, que a diferencia de otros juzgados indígenas de la región es entregado directamente a la OIT, por lo cual éste es regido por las normas totonacas, lo cual implica que el juez es electo mediante el Consejo del pueblo y se erige como el representante del pueblo.[40]

Respecto a la percepción de los totonacos sobre el juzgado indígena, Maldonado (2008: 58) destaca que, "las personas de la sociedades perciben al Juzgado indígena como una instancia a la que pueden acceder fácilmente, debido a que los integrantes hablan totonaco y esto permite que se puedan

---

[40] El juzgado indígena de Cuetzalan fue entregado a las autoridades municipales.

comunicar". De forma análoga, es notable que el juzgado indígena no sólo atiende a personas del municipio de Huehuetla, ya que un buen número de totonacos de la región cultural Totonacapan viajan hasta Huehuetla buscando solución a sus problemas.

Imagen 8: Juzgado indígena en Huehuetla, 2009
Fotografía tomada durante el trabajo de campo, agosto 2009

Conjuntamente, el CESIK y el Juzgado indígena son dos de los proyectos de mayor relevancia y fuerza en la OIT. Son ciertamente instituciones sociales que producen y reproducen la identidad social totonaca y sus elementos culturales. Es en buena medida, que por medio de estas instituciones se canalizan la experiencia y lucha de la OIT hacia el grueso de la población totonaca del municipio e inclusive allende del mismo, ya que como señalábamos, el juzgado de Huehuetla atiende de alguna forma a la región cultural del Totonacapan.

2.5 Una aproximación a los elementos identitarios totonacos en la OIT
En la sección anterior se describieron a grandes rasgos algunos elementos identitarios del pueblo totonaco en su conjunto, sin embargo, no se examinó si dichos elementos son parte constitutiva de la identidad totonaca de los miembros de la OIT en el sentido de si son elementos enunciados en los relatos de los miembros de la Organización. Por ello, a continuación se presenta una exploración sobre los elementos identitarios totonacos descritos por los mismos integrantes de la OIT, con el objetivo de delinear a grandes rasgos los elementos que componen la identidad totonaca de los

miembros de esta organización indígena.

Un tema recurrente en las entrevistas con los miembros de la Organización, sobretodo con los fundadores de la misma, es decir, con la generación de mayor edad, es la relación particular de los totonacos con la tierra, a quien describen como la "madre tierra". Los entrevistados se refieren a la tierra como su madre, como aquella que les da el sustento y vida, a la par de ser constitutiva de la identidad totonaca. Por ejemplo, el Juez Indígena Manuel Aquino relata lo siguiente sobre el tema:

> Pues nosotros que somos totonacos, pues muchas cosas las que conocemos del campo, porque nosotros es ahí donde viene nuestro sustento, siempre nunca vamos a olvidar de nosotros lo que nosotros producimos, sembramos este maíz, o fríjol, porque ahí viene nuestro sustento diario, por eso nosotros totonacos y todos conocemos lo que necesitamos, si, si.

La principal actividad económica en Huehuetla hasta el día de hoy sigue siendo la agricultura. De forma conjunta, todos los entrevistados fundadores de la Organización declaraban contar con tierra para trabajar. Empero, la relación de los totonacos con la tierra de ninguna forma se reduce a la producción de recursos. De alguna forma la relación contiene una serie de significados y orientaciones que no pueden ser reducidas al esquema medios-fines. Esto es, la tierra como un medio para el sustento y reproducción de la vida, (si bien, además es parte de ello). Existe en torno a la representación de la tierra un cierto tipo de espiritualidad expresada en la práctica de rituales y en la percepción y respeto de y hacia la tierra. Marcos Juárez, secretario de la OIT relata lo siguiente:

> Si, de hecho por ejemplo cuando se siembra, siempre cuando se siembra, se levanta una cosecha siempre se practican los rituales, existe ese respeto hacia la madre tierra, para la gente indígena no es considerada únicamente como tierra sino que es la madre tierra, porque de hay pues viene lo que comen, de ahí viene lo que se viste, ellos dicen cuando nos morimos nos vamos a la tierra nos resguarda nuestra madre tierra.

En el relato hay una confluencia de distintos elementos y significados en torno a la tierra y su relación con los totonacos. Por ejemplo, los rituales en relación a los ciclos de cosecha, la imagen de la naturaleza no como un recurso sino como proveedora, así como una relación entre el ciclo de vida de los totonacos y la tierra.[41] Revisemos un relato más, ahora del presidente de la OIT Don Félix Cano:

---

[41] Cabe aclarar, que los significado y la relación de la cultura totonaca con la tierra requeriría un examen mucho más minucioso, objetivo que escapa de la presente investigación, el énfasis en la descripción reside en notar que existe significados y orientaciones culturales conectadas con la cultura totonaca y por ende con la identidad cultural indígena totonaca.

> Si porque hay rituales por ejemplo, el ritual para la siembra del maíz, hay un ritual donde, en donde, en donde van y le piden sea el cerro al que sea, por ejemplo aquí al cerro de la cruz para Xilocoyotl, y así dependiendo del cerro, van y le piden su oración, lo quieren hacer solo, el consejo de ancianos o invitan al sacerdote, aquí es de cada año, cada 3 de mayo, cada 3 de mayo a donde se pide por los cultivos, se pide por los manantiales, se pide que ahora si por todo, eso es, ahí es donde se conserva la espiritualidad de la tierra.

En el relato de Don Félix se confirman algunos de los elementos antes señalados, los rituales en torno a la tierra y la espiritualidad de la misma. En ese sentido, es que la relación con la tierra puede ser considerada como un componente de la identidad totonaca en los miembros de la OIT.

Líneas arriba se señaló que el sistema de cargos era para lo totonacos una institución social generadora de conciencia identitaria y comunitaria. Los totonacos en Huehuetla por medio de sus relatos otorgan un papel central al servicio tanto en la organización de la vida cotidiana comunitaria como en la misma OIT. Al respecto, el profesor Antonio Méndez narra lo siguiente:

> Hay que tomar en cuenta que la visión que se tiene de por parte de la Organización como pueblo indígena es que las autoridades no se eligen por lo que son sino por lo que han hecho dentro de la comunidad, se toman en cuenta los cargos y servicios que le llaman, o sea que todas las personas sobre la marcha, sobre el proceso van prestando diversos trabajos, diversos servicios pues a la comunidad, entonces eso se toma en cuenta para decir— bueno es que esta persona pues que sea nuestro presidente municipal porque ha hecho esto, esto y lo otro y sabe de cómo se puede hacer esto.

En el relato hay varios puntos de gran interés respecto al servicio y la OIT. Al menos es posible identificar tres puntos de engarce entre ambos; en primera, es a través del servicio como institución social que existe una estructura jerarquizada de acceso a los cargos tanto comunitarios como al interior de la misma organización, cargos a los cuales sólo se puede acceder después del cumplimiento del servicio comunitario en sus distintos niveles. En segundo lugar, el hecho de que la estructura de mando de la OIT se montara sobre la estructura organizacional del sistema de cargos dotaba de legitimidad a aquellos que ocuparan los cargo de mayor relevancia en la Organización. Por último, el servicio tiene además la función de forjar experiencia en los problemas comunitarios. El primer presidente del gobierno Indígena Don Mateo Sánchez señala respecto al servicio:

> En sus tradiciones, al elegir una autoridad municipal que no simplemente pues, porque anteriormente no elegían una autoridad a través de boletaje en votación, sino elegían por la

> calidad de una persona, una persona que haya pasado por todo el
> servicio, por todo el servicio esa persona va a ser autoridad,
> porque ya fue topil, ya fue semanero, ya fue fiscal, ya fue
> mayordomo, ya fue todo, ya conoce, entonces va a ser autoridad
> porque sabe servir al pueblo, conoce al pueblo, entonces así lo
> elegían y por eso, yo digo que si, solamente lo elegían a esa
> persona porque ya sabe lo que es el servicio.

Existe otro aspecto concerniente al servicio de gran relevancia, la creación de vínculos sociales entre aquellos que lo realiza. El profesor Pablo Ramírez define al servicio como un mecanismo de relación, en el sentido de que es a través del mismo que se generan lazos y vínculos sociales entre los totonacos. El mismo comenta:

> La medida en que uno pueda dar servicio, eso es bien
> importante, porque cuando uno da el servicio lo das
> desinteresado, y eso crea un cadena de apoyo, esa cadena
> reproduce ese apoyo y beneficiando no sólo a quien está en el
> momento sino beneficiando a los que pudieran venir y
> beneficiando a quienes se fueron, porque es una gama de
> conocimiento lo que tu das ¿No? Y es desinteresado.

De esta forma el servicio no sólo es un mecanismo de relación y forja del sentido comunitario, además de ello, es un elemento sobre el cual se sustentó la OIT. Por ello, no resulta sorprendente que los informantes describan al servicio como un elemento identitario de la identidad social totonaca.

El idioma totonaco es fundamental como componente identitario de la identidad social totonaca. Sin embargo—como veremos más adelante— respecto a éste recaían una serie de prejuicios y connotaciones valorativas negativas que hicieron que un porcentaje significativo de la población dejara de hablarlo, o que no lo enseñaran y transmitieran a sus hijos. No obstante, al menos los integrantes de la OIT siguen otorgando un peso central al idioma totonaco y su uso. Marcos Juárez expresa su sentir con respecto al idioma totonaco y su uso: "por ejemplo nosotros, bueno yo desde lo personal, pues práctico siempre la lengua, trató de inculcar esa costumbre, trato de hacer ver que lo totonaco es importante, es la raíz".

Durante las entrevistas con los miembros de la Organización el tema de las danzas también era frecuentemente aludido. Empero, los significados que le otorgan los distintos miembros de la OIT a ellas son distintos. Por ejemplo, para el profeso Pablo Ramírez quien participa activamente en la danza de los voladores, este acto representa el gesto de dar y servir a la comunidad, al pueblo:

> Nosotros que tenemos la oportunidad, bueno yo que tengo la
> oportunidad de ser danzante de los voladores pues son esos
> gestos, son gestos que tu le das al pueblo y no pides una
> remuneración, y lo que está de fondo es recordarnos que todos
> podemos dar.

La interpretación respecto a las danzas de Don Aurelio, fundador de la organización y médico tradicional, tiene otro sentido, y es el de representar la sabiduría depositada en los miembros más viejos de la comunidad, sentido que se engarza con la institución social del consejo de ancianos:

> Así de danzas, pues ahí, decíamos que tiene que ver mucho, porque, lo que yo le decía los jóvenes hace un rato, que ahí el señor que se viste de anciano se dice que es él que tiene la sabiduría y él que enseña los cultivos, él que enseña los cultivos, es el que enseña las letras el que enseña los números, o sea es el que prácticamente pone el ejemplo en todo.

Como veremos más adelante, es precisamente la OIT quién se encargó de rescatar y valorar no sólo las danzas, el idioma y el servicio comunitario, sino la misma identidad totonaca. En ese sentido, hasta aquí se planteaba estrictamente delimitar ciertos aspectos que asistieran en la comprensión de la lucha de la OIT, el contexto en el que surge, algunos puntos clave de su historia, así como aquellos elementos identitarios propios de la cultura totonaca recuperados y enunciados por los integrantes y socios de la Organización. Lo cual de ninguna forma pretende encapsular la identidad totonaca en éstos elementos.

Ciertamente, en las siguiente páginas se tratara de dar cuenta de cómo la identidad social totonaca en el conflicto se torna dinámica, cambiante y persistente y que en torno a ella, giran no sólo elementos del pasado totonaco, sino inclusive elemento culturales de su adversario—los mestizos. De esta manera, es en el cuarto capítulo que se examina a profundidad los distintos procesos en torno a la identidad totonaca y su relación con el conformación de la OIT. Sin embargo, antes de ello, se presenta a continuación un examen sobre la relación del Estado Mexicano, su construcción y los grupos indígenas.[42]

---

[42] Es imprescindible señalar que hay muchos elementos que no han sido integrados en la descripción de los elementos identitarios totonacos en Huehuetla, tales como la mano vuelta, un sistema de intercambios no remunerado de trabajo y servicio basado en redes comunitarias. La humildad y sencillez como característica de la personalidad de los totonacos también fueron constantemente destacadas. El huapango como música característica de los totonacos. Inclusive para Don Mateo Sánchez la cultura totonaca se expresa en la forma en que se relacionan sentimentalmente un hombre y una mujer, señala; "hasta de cómo hacer noviazgos anteriormente, porque ya ahorita cuando se enamora una muchacha pues atrás del árbol, atrás de la escuela, pero anteriormente no era así, caramba, pues había una persona que iba a decir cómo se puede enamorar una muchacha o un muchacho, lo elegía una persona, parar que no se equivocara esa persona"

3. EL ESTADO MEXICANO Y EL MODELO
CULTURAL NACIONAL-MESTIZO

La nación puede ser definida como una comunidad que comparte ciertos elementos culturales comunes a la mayoría. Los miembros de dicha comunidad tienen además una conciencia de pertenencia, un proyecto común y una relación con el territorio ya sea real—sobre el que se asienta la comunidad—o referencial—vinculado a un lugar de origen o destino—(Villoro, 1999: 13-15). De esta definición se desprenden dos clases de naciones: las históricas y las proyectadas. Las primeras son aquellas en las que el origen y la continuidad cultural son los ejes de la identidad nacional, es decir, son heredadas en tanto derivan del pasado. Por otro lado, en las naciones proyectadas la identidad requiere de un proceso de construcción, en términos estrictos la identidad se edifica. Al respecto, el mismo autor señala: "la nación proyectada puede rechazar una nación histórica antecedente e intentar forjar sobre sus ruinas una nueva identidad colectiva. Debe entonces reconstruir el pasado para volverlo conforme a su proyecto (Villoro, 1999: 16)".

Bajo este esquema conceptual, el Estado mexicano puede ser conceptualizado como una nación proyectada. Desde la independencia de México se puede rastrear la intención tanto de grupos como de elites políticas por construir una identidad nacional mexicana que estrictamente puede ser denominada como "nueva". En torno a ésta, se construirán y producirán una serie de orientaciones y significados edificados con elementos del pasado y proyecciones del futuro. La construcción de la nación proyectada se efectúa bajo ciertas pautas culturales y es un elemento constitutivo del modelo cultural, en tanto que, siguiendo a Touraine (1995a), la forma de integrarse a una comunidad es un componente del modelo cultural y eso representa precisamente la nación, una forma de integración a una comunidad imaginada[43], para el presente caso de estudio, la nación mexicana. Por otra parte, no debe dejarse de lado el hecho de que el modelo cultural se define a través de relaciones de dominación. Por medio del conflicto se imponen, negocian o construyen las orientaciones culturales del modelo, el sentido del mismo y de las relaciones sociales, es decir, se imprime un sentido a la historicidad, esto es, un tipo de orientaciones particulares, las de los dominantes.

Siguiendo la misma línea de argumentación cabe señalar que los procesos de construcción tanto de las naciones como de las identidades no se encuentran exentos de relaciones de dominación y es que por medio de éstas se imprimen valoraciones y pautas culturales en torno a la identidad y a la nación. En relación a ello, es posible distinguir algunas coyunturas en torno a la conformación de la identidad nacional mexicana tales como el mismo proceso de Independencia, las reformas liberales del siglo XIX, o la Revolución de 1910. No obstante, hasta ahora no ha sido enunciado un factor crucial en el proceso de construcción de esa identidad nacional mexicana y es la existencia previa y persistente de otras naciones, pueblos y culturas con sus propias identidades nacionales, es decir, los grupos indígenas.

En la proyección de la nación mexicana la existencia de grupos indígenas ha sido históricamente problemática para aquéllos en la posición de dominio, artífices precisamente de la identidad y nación mexicanas, ambas imaginadas en contraposición de estas culturas y naciones previamente establecidas sobre el actual territorio mexicano. Ahora bien, este proceso de proyección ha sufrido también ciertos cambios y permutaciones, si bien se puede afirmar que históricamente ha seguido una misma línea, a saber, la negación y subordinación del mundo indígena.

En este contexto se enmarca la discusión del presente capítulo y sus objetivos. En un primer momento se traza un breve y esquemático recorrido histórico en torno a la construcción de la identidad nacional, proceso paralelo a la misma construcción del Estado mexicano. El énfasis en dicho recorrido reside en subrayar la tendencia de las relaciones entre el Estado y los grupos indígenas. Se sostiene que ésta es una relación conflictiva a través de la cual se pretende imponer un único sentido a la identidad nacional, ideada como homogénea y moderna. Esta identidad nacional a lo largo del tiempo tratará de ser impuesta a través de varios métodos (que van desde la aculturación forzada hasta la violencia) sobretodo a aquéllas identidades constituidas previamente al proyecto de

---

[43] Para Anderson (2006: 23), la nación es un artefacto cultural que puede ser definido como "una comunidad política imaginada como inherentemente limitada y soberana".

construcción del Estado mexicano, es decir, los grupos indígenas.

La narración histórica comienza con el periodo posterior a la Revolución mexicana y concluye con el levantamiento armado del Ejercito Zapatista de Liberación Nacional (EZLN) en 1994, un desafío abierto y franco contra el Estado Mexicano, la identidad nacional homogénea y punto clave en la lucha del movimiento social indígena. La elección de estos puntos en el tiempo responde a permutaciones significativas en la relación Estado nacional-grupos indígenas. El segundo momento del capítulo reduce el espectro de análisis al centrar la atención en el municipio de Huehuetla, desde finales de la década de los ochenta hasta la conformación y desarrollo de la Organización Independiente Totonaca (OIT). En esta sección se examina cómo el modelo cultural creado y recreado en torno a la identidad nacional genera una estructura de relaciones de dominación interétnicas entre mestizos e indígenas. Es precisamente el objetivo de la segunda parte del presente capítulo dar cuenta de las distintas expresiones de dominación en las relaciones interétnicas entre mestizos y totonacos en el municipio de Huehuetla en la Sierra Norte de Puebla. O sea, el objetivo de la segunda sección es esquematizar la forma en qué se materializa la nación mexicana proyectada en un comunidad indígena particular.

3.1 La creación de la figura del indio

Antes de iniciar con el examen sobre la relación entre el Estado mexicano posrevolucionario y los grupos indígenas, se considera necesario efectuar un breve preámbulo histórico y regresar al momento en que se crea e instaura la figura del indio, categoría que, como se ha señalado es puesta al servicio de la acción y lucha de los totonacos en Huehuetla. Al respecto, Bonfil (1990: 121) señala que el indio es una construcción, producto de la conquista y la instauración del régimen colonial. En el sentido de que hasta antes de dicha coyuntura histórica, "no había indios, sino pueblos particularmente identificados". Warman (1978: 89), desarrolla un argumento en el mismo sentido, al señalar a la conquista como el momento fundacional de la creación de la figura del indio. De igual forma señala que, hasta antes de la invasión europea se podía afirmar la existencia de naciones, etnias, grupos y Estados autónomos diferentes entre sí. Por lo tanto, el indio fue creado por los conquistadores "para oponer globalmente a los europeos de los nativos. Mejor dicho, fue creado por los dominadores para agrupar de manera indiferenciada a los descendientes de los pobladores anteriores a su llegada (Warman, 1978: 90)". En relación a ello es que, el indio es una creación, producto de relaciones de dominación.

Por otra parte, Pérez Ruiz (2005:37) señala que el dominio colonial "hizo de las diferencias culturales (…) un elemento central para la reproducción del sistema de dominación que influyó en todas las instituciones coloniales y en todos los ámbitos de la vida social durante la colonia". Así que, la creación del indio representa la imposición de un modelo cultural de corte occidental sobre una multiplicidad de modelos culturales que esquemáticamente pueden denominarse mesoamericanos. La instauración del indio puede ser leída como la categorización que expresa las relaciones interétnicas de dominación. El vocablo indio es la forma en que se enuncia el modelo cultural de los conquistadores. Como grupo, los conquistadores identificaron sus orientaciones con las del mundo al que arribaban y a través "de la espada y de la cruz", buscaron ser impuestas a los grupos dominados, a los cuales llamarían desde ese momento indios. Siguiendo de nueva cuenta a Pérez Ruiz (2005: 37) el llamar indios a las poblaciones originarias responde a la imposición de "una identidad única que los hizo iguales entre sí, en tanto dominados por los conquistadores". De esta forma se construye la figura del indio como expresión de la subordinación frente a los no-indios.

Las diferencias entre los distintos grupos y pueblos mesoamericanos pasaron a segundo plano, pues como indios formaban un contingente "homogéneo", el de "los otros", "los subordinados". En otras palabras, la palabra indio como construcción es la aglutinación arbitraria de un número de pueblos, comunidades, naciones y culturas diferenciadas entre sí, pero categorizadas bajo un mismo calificativo que los posiciona en subordinación frente a los no-indios, (peninsulares-criollos-mestizos). De esta forma, el periodo colonial estableció respecto al indio una inferioridad ideológica que se traslapaba al orden social, político y económico. Al respecto Bonfil (1990: 122) señala:

> La categoría del indio implica desde su origen una definición infamante: denota una condición de inferioridad natural, inapelable, porque en aquel clima ideológico lo "natural" sólo podía ser entendido como designio inescrutable de la providencia divina. El indio (…) era necesariamente inferior al europeo blanco y cristiano, y esa inferioridad lo destinaba a una posición subordinada dentro de la sociedad.

La noción de naturalidad es central en la institucionalización de la subordinación del indio. Touraine (2005:107) destaca que lo distintivo de la dominación y de las relaciones de dominación, es precisamente, "presentarse como natural y no impuesta". Lo cual es exactamente lo que aconteció con la subordinación de los indios. Las orientaciones culturales de los conquistadores señalaban a las poblaciones mesoamericanas como inferiores, consecuencia de una misión "divina", el color de la piel, el lenguaje y la organización política. De esa forma, la noción de "indio" señalaba la supuesta inferioridad y salvajismo de las comunidades indígenas, a la vez que homogeneizaba a un sinfín de culturas diferentes entre sí, pero con algo en común, las relaciones de dominación que sobre ellas pesaban y su subordinación frente a los peninsulares, a los criollos y a los mestizos. Esta situación perduró durante los tres siglos del periodo colonial.

Posteriormente, el proceso de independencia no trajo consigo la "independencia" de los grupos indígenas. De hecho, la Independencia de México fue ideada y puesta en marcha por las elites criollas descontentas por también ocupar una posición subordinada frente a los españoles peninsulares. Si bien es cierto que grandes contingentes de indígenas participaron en la lucha por la independencia, sus reivindicaciones eran de carácter local, vinculadas con sus territorios y pueblos. Y ciertamente no fueron estos grupos quienes al final de la lucha asumieron el control del nuevo Estado, México. Sobre este asunto, Warman y Bonfil (1978: 256; 1978), apuntan que la consumación de la independencia en México no mejoró la situación de los pueblos indios, inclusive, durante todo el siglo XIX "los indios se vieron en una situación de progresivo deterioro", en relación a una serie de medidas y cambios impulsados desde las elites políticas. El periodo liberal resulta significativo en ese aspecto, esto es, en los permutaciones de la relación entre los dominantes y los dominados.

En 1857 se iniciaron una serie de cambios políticos e institucionales en todo el país. El Estado mexicano de reciente creación, modificó la situación de los pueblos y comunidades indígenas. Las *Leyes de Indias* que habían otorgado cierta protección jurídica y además protegían a las comunidades campesinas desaparecieron. Esto, significó y tuvo como consecuencia el desamparo jurídico de la propiedad comunal, la cual desde tiempos prehispánicos era una forma de organización social en gran parte de los pueblos indios, al mismo tiempo que constituía el patrimonio material y asiento territorial de pueblos y comunidades indias. Por otra parte, la Constitución liberal de 1857 declaraba como ciudadanos iguales e individuales a todos los habitantes de la república, (igualdad estrictamente discursiva, ya que las relaciones de dominación sobre los distintos grupos indígenas, se tornarían más cruentas) y la disolución de la propiedad comunal, punto que atacaba directamente a los grupos indígenas.

Para Villoro (1999: 42), el periodo liberal es el momento en el cual se comienza a construir la nación mexicana. El Estado mexicano de reciente creación y sin antecedentes históricos propios, busca edificar la nación mexicana bajo la influencia del pensamiento liberal europeo. Es el momento en que se inicia la construcción de la nación proyectada y por ende de la identidad nacional.

Durante el periodo liberal, las elites políticas e intelectuales expresaban desprecio hacia el pasado indígena y colonial. Su tarea era construir una nueva nación, moderna, homogénea y unificada basada en el rechazo de la nación histórica. Para ello, resultaba necesario impulsar una serie de cambios que sentaran las bases para el proceso de modernización, tales como el establecimiento de una sociedad secular, de una democracia representativa, la uniformidad de la ley, la institución de una república federal, declarar el fin del ejido y la propiedad comunal, para dar paso a la propiedad individual.

De esta forma, las comunidades indígenas no formaban parte de los proyectos políticos de las elites, incluso, constituían un freno para la ejecución del liberalismo que se intentó imponer. Así, se trató de excluir a los grupos indígenas del proyecto nacional que era construido por los grupos en el poder. Además se originó una oposición entre el Estado liberal y las comunidades indígenas cuando éstas no aceptaban los ordenamientos del primero. La línea de exclusión iniciada en la conquista fue continuada por las elites liberales al excluir o tratar de eliminar a las comunidades indígenas del proyecto nacional.

La idea central de las elites políticas respecto a los indígenas en el periodo liberal es su desaparición en calidad de indios, para su posterior incorporación a la nación en calidad de ciudadanos. Proceso que como veremos más adelante nunca se completó. Para llegar a la ciudadanía era necesario "civilizar" a los indios, lo cual significaba el abandono de las orientaciones culturales propias y particulares de los mismos. La noción de civilización importada desde el pensamiento de Spencer a América oponía a la cultura occidental "civilizada" frente a la "barbarie", representada por el contingente indígena. Ciertamente es otra de esas oposiciones ideológicas que se encamina a sustentar las relaciones de dominación y la subordinación de los pueblos indígenas y da cuenta de los intentos de imposición de un modelo cultural a las poblaciones indias.

Si bien durante la segunda mitad del siglo XIX se impuso el liberalismo como la ideología dominante del nuevo Estado mexicano y por consiguiente se declaró la igualdad frente a la ley de todos los habitantes del territorio ahora conocido como México. Esto, no implicó que dejara de discutirse la cuestión sobre si era necesario o no proteger a los indios con leyes especiales, que fuesen específicas para ellos, de la misma manera en que las leyes de Indias protegían y otorgaban ciertas prerrogativas a la poblaciones indígenas durante el periodo colonial. Inclusive, "como contraparte a esa inquietud protectora, y en contradicción también con el pensamiento liberal, varias constituciones de los estados del país establecieron restricciones al ejercicio de los derechos cívicos de los indios, aduciendo su calidad de sirvientes domésticos, su analfabetismo y hasta el hecho de "andar" vergonzosamente desnudos (Pérez, 2005:39)". En ese sentido, es posible rastrear una constante tensión durante el periodo liberal entre universalizar la ciudadanía e incluir a los grupos indígenas o seguir tratándolos como "menores de edad. Y es que el tema de la ciudadanía de/para los indígenas ha sido un tema hasta ahora no resuelto y lleno de contradicciones y problemáticas.

Respecto a este tema, siguiendo a Tavera (1999: 139), "La construcción de la sociedad mexicana como inmadura y no apta para el ejercicio democrático tiene una larga historia en la cultura política mexicana y ha sido utilizada en muchas ocasiones como justificación para la exclusión de diversos grupos sociales de la participación política". Esta construcción es aún más profunda para los grupos indígenas, los cuales desde la colonia fueron discursivamente construidos como inmaduros, incapaces, dependientes, ignorantes y apáticos, todas éstas, cualidades que justificaban ideológicamente y legitimaban su exclusión. Un buen ejemplo de lo anterior es la paradigmática entrevista del reportero James Creelman a Porfirio Díaz, en la que el entonces presidente de México declaraba su temor sobre el hecho de que "los principios de la democracia no hayan echado raíces profunda en nuestro pueblo (Citado en Tavera, 1999: 140). Respecto a los indios, su opinión era la siguiente:

> Los indios que constituyen más de la mitad de nuestra población, se preocupan muy poco de la política. Están acostumbrados a dejarse dirigir por los que tienen en las manos las riendas del poder, en lugar de pensar por sí solos. Esta tendencia la heredaron de los españoles, quienes les enseñaron a abstenerse de tomar parte en los asuntos públicos y a confiar en el gobierno como su mejor guía (Citado en Tavera, 1999: 140).

El discurso del dictador mexicano explicita ciertas orientaciones culturales en relación a la población indígena del país, las cuales presumiblemente formaban parte de la cultura política de las elites mexicanas. En el discurso se construye a los indios como desinteresados por la política dependientes y apáticos sobre dichos asuntos. Predispuestos a ser guiados por la elites, supeditados a una tutela constante. De alguna forma, incapaces de pensar por sí mismos. De la misma manera, todas estas orientaciones las heredaron los indios del esquema colonial. Asimismo, los indios fueron construidos como inmaduros, apáticos, dúctiles y desinteresados, cualidades que por supuesto y de forma ideológica sustentaba su exclusión, limitaban su participación e inclusive justificaban la negación de sus derechos. Como se verá más adelante, estas categorizaciones se concretaron y traslaparon al modelo cultural nacional mestizo, lo cual produjo y reprodujo una estructura de exclusión para los indígenas, entre ellos por supuesto, los totonacos.

Regresando al tema de la ciudadanía universal y sus consecuencias para los indígenas, los resultados fueron contradictorios. Por un lado, se declaraba la igualdad frente a la ley de todos, así como el principio de propiedad privada, sin embargo, dicha ley era y es propiamente un producto cultural occidental. Algunos grupos indígenas poseían sus propios esquemas jurídicos basados en sus representaciones y orientaciones culturales. Por otra parte, en la práctica, a través de la figura de la propiedad individual se "expropiaron las tierras de los indios a través de la violencia, el engaño y la corrupción (Warman, 1978: 103)". Del mismo modo, Favre (1999: 33) señala que la idea de la época apuntaba que la indianidad se disolvería en la ciudadanía, sin embargo, para los indígenas, la adquisición de estos "nuevos derechos", de ninguna forma se tradujo en mejoras sociales o económicas. Incluso, como el autor señala; "Mal informados acerca de sus nuevos derechos, mal armados para hacerlos valer y defenderlos (...), con frecuencia se ven despojados de sus tierras por las fincas aledañas y reducidos al estado de siervos expulsados (Favre 1999: 33)". En ese sentido el liberalismo, pero sobretodo las consecuencias de su implementación en el reciente Estado Mexicano, acarrearon consecuencias nefastas para los indio: Bonfil (1991: 93) señala lo siguiente en relación al periodo liberal.

> De hecho las transformaciones liberales del siglo XIX acentuaron de una nueva manera la misma agresión contra los pueblos mesoamericanos y sus culturas y pretendieron (lograron en mucho casos) destruir la base territorial de las comunidades, al mismo tiempo que, en aras de una igualdad que la realidad social no respaldaba eliminaron los restos de la legislación proteccionista.

En ese sentido, los cambios y reformas liberales se convirtieron "en una degradación sensible de la condición de indio (Favre, 1999: 35)". El liberalismo mexicano continuaba con la línea de subordinación de lo indígenas instaurada en la colonia, sólo que ahora a través de la figura de la igualdad. En otras palabras, la igualdad teórica propuestas por la elites políticas liberales de mitad del siglo XIX, en términos prácticos se expresó en mecanismos que profundizaban la estructura de dominación sobre los grupos indígenas. Para Favre (1999:35) el régimen republicano se encargó de reforzar el sistema de explotación instaurado por España, sólo que "el colonialismo externo es reemplazado por una forma brutal de neocolonialismo interno. Ya no es más el español peninsular, el agente de explotación contra los indígenas, ahora lo es el mexicano, una figura de rostro incierto y aún en construcción, pero que ciertamente no es indio".

3.2 La Revolución Mexicana, hacia la integración

La Revolución Mexicana trajo consigo cambios profundos en las estructuras de poder establecidas durante el Porfiriato en varios aspectos. En un primer momento desplazando el poder de la oligarquía terrateniente hacia los militares; generales y jefes de los ejércitos revolucionarios sobre los cuales recayó la tarea iniciada por los liberales del siglo XIX de construir una nación (Bonfil 1990: 163).

Tras la Revolución, la estructura de poder cambió y en cierta medida la relación del Estado con los grupos indígenas también. Si bien siguiendo a Bonfil (1989: 104) se puede afirmar que en el fondo subyace la misma línea de imposición cultural sobre los grupos indígenas, es decir, la imposición del modelo cultural occidental sobre las poblaciones indígenas, también es necesario reconocer que las políticas del Estado mexicano hacia los indígenas se modificaron en ciertos aspectos, al menos discursivamente.

Una de estas transformaciones fue precisamente la recuperación del pasado indígena, lo cual se tradujo en un esfuerzo por recuperar el pasado mesoamericano que se erigiría como la base en la construcción de la nación e identidad mexicana. De hecho, para Favre (1998: 148-149) la política indigenista puesta en marcha en el periodo posrevolucionario mantiene una estrecha relación con el desarrollo del nacionalismo mexicano, ambos se entrelazan en la primera mitad del siglo XX en la configuración de la nación e identidad mexicana y de las orientaciones culturales que subyacen en ambas.

En ese sentido, esta nueva identidad nacional debe recuperar tanto el pasado precolombino como el colonial, y de una síntesis de ambos surgirá la figura del mestizo, que si bien existía desde la época colonial, no es sino hasta la construcción de la nación mexicana que ocupa un lugar preponderante. De esta forma, Bonfil (1990: 163) señala que la acción gubernamental posrevolucionaria se empeñó en "expropiar o crear los elementos culturales indispensables para la formulación y la instrumentación de su proyecto nacional", que tenía precisamente como objetivo la construcción de una nación homogénea, este motivo es por la cual las elites políticas posrevolucionarias recurrieron-construyeron-produjeron la figura del mestizo como base en la construcción del nacionalismo y por ende en la construcción ideológica de un México mestizo.

Así que, en el periodo pos revolucionario la nación proyectada mexicana apela a un híbrido, el mestizo, en el cual se sintetiza tanto el pasado mesoamericano como el periodo colonial. Las elites en el poder apelan discursivamente a la nación histórica, al contingente indígena mesoamericano, al mismo tiempo que buscan la proyección de la nación a través del mestizo, él es también una figura proyectada, es decir, un intento para forjar una identidad social sobre las ruinas del pasado para convertirse en si misma en una proyección.

El origen del mestizo como identidad social se remonta al periodo colonial y la sociedad de castas. Éste, era un sistema de diferenciación jerárquico en relación a la "pureza de la sangre". Durante la Colonia los mestizos se encontraban subordinados tanto a criollos como a peninsulares. En el periodo liberal, que es también el momento en que se comienza a construir la nación mexicana, la figura del mestizo, ocupará una nueva posición, no más subordinada. Sin embargo, no es sino hasta el periodo posrevolucionario que la figura del mestizo ocupará la posición central, como la identidad nacional. Esta identidad nacional mestiza se funda en una ideología que intelectuales políticos y artistas se encargarán de construir, desarrollar y expandir. Bonfil, (1989: 110) esquematiza la forma en que se expresaba dicha ideología:

> La raíz profunda de nuestra nacionalidad está en el pasado indio,
> de donde arranca nuestra historia. Es un pasado glorioso que se

derrumba con la Conquista. A partir de entonces surge el verdadero mexicano, el mestizo, que va conquistando su historia a través de una cadena de luchas (la Independencia, la Reforma) que se eslabonan armónicamente hasta desembocar en la Revolución. La revolución es el punto final de la lucha del pueblo mexicano, el pueblo mestizo; es un hecho necesario previsto y anticipado por la historia.

Esta versión de la historia se expresó en distintas manifestaciones artísticas auspiciadas por los gobiernos posrevolucionarios, en las que la existencia del indio es reconocida únicamente como herencia del pasado. Esta noción lleva a Bonfil a postular que durante la época posrevolucionaria se pueden detectar dos posiciones del Estado respecto a los indio: una para los muertos y otra más para los vivos.

Posterior a la Revolución Mexicana, la posición del indio cambia significativamente respecto a la cultura nacional. El indio deja de ser invisible e indeseable, al menos en el discurso existe un proyecto de recuperar la figura del indio como símbolo y base de la construcción del nacionalismo mexicano. El mundo pre-colonial es presentado como los cimientos del mundo del presente. En las primeras décadas del siglo XX es posible rastrear un esfuerzo continuo de las elites—en ese momento militares—por restituir la posición simbólica del indio en la historia del país.

Esta versión de la historia se expresó en distintas manifestaciones artísticas auspiciadas por el Estado. Murales y museos son testigos de la renovada presencia del indio. Sin embargo dicha presencia es sólo la remembranza de un pasado muerto, porque esos indios, los constructores del pasado mesoamericano son indios muertos. "La presencia de lo indio en muros, museos, esculturas y zonas arqueológicas abiertas al público se maneja, esencialmente como la presencia de un mundo muerto. Un mundo singular, extraordinario en muchos de sus logros; pero muerto (Bonfil, 1990: 91)". Esta versión discursiva de la historia y de los indígenas corresponde a la posición del Estado mexicano respecto a los indios muertos. Por su parte en relación a los indios vivos, se puso en marcha una acción sistemática e integral de gran envergadura que influenciaría a toda la región latinoamericana, el indigenismo expresado en políticas estatales.

3.3 El indigenismo

> En el indigenismo, los indios son y han sido objeto de discusión pero no participantes de la misma.
>
> Arturo Warman, *El pensamiento Indigenista,* 1978

El indigenismo se define como "una corriente de opinión favorable a los indios. Se manifiesta en tomas de posición que tienden a proteger a la población indígena, a defenderla de las injusticias de las que es víctima y a hacer valer las cualidades o atributos que se le reconocen (Favre, 1987)". Sin embargo, como señala atinadamente Warman, las discusiones del indigenismo en torno a los indígenas se hacen sin ellos, es decir, los distintos grupos indígenas no participan de las discusiones y políticas sobre los indios, sobre ellos mismos. En esa línea, para Favre (1987:11), el indigenismo no es la manifestación de un pensamiento indígena, "sino una reflexión criolla y mestiza sobre el indio". Inclusive, el indigenismo puede ser leído como una continuación de la orientación cultural dominante sobre los indígenas, esto es, la construcción de los indios como incapaces y dependientes, y por lo tanto requerir tutela y guía, que en este periodo histórico será ocupada por el indigenismo como política de Estado mexicano. La misión del indigenismo de Estado es precisamente proteger y guiar a los indios hacia su desindianización.

Por otra parte, cabe destacar que es necesario distinguir analíticamente entre indigenismo y política indigenista. La primera, como se ha señalado, corresponde a una corriente de pensamiento favorable de los no-indígenas hacia los indígenas y en ese sentido su origen se remite al periodo colonial. Por su parte, la política indigenista se sustenta en el pensamiento indigenista, sin embargo, es un periodo de la historia, que va desde las primeras décadas del siglo XX, 1910-1920, hasta1970, década en la que los principales supuestos del indigenismo serán puestos en entredicho desde la antropología crítica y organizaciones indígenas por todo el país. De esta forma, la política indigenista se define como la "acción sistemática emprendida por el Estado por medio de un aparato administrativo especializado, cuya finalidad es inducir un cambio controlado y planificado en el seno de la población indígena (Favre, 1987: 108).

En relación a lo anterior, Oehmichen (1999:10) propone distinguir momentos centrales en la historia y desarrollo de la política indigenista en México: el indigenismo antropológico o de integración, el indigenismo de participación y el indianismo. Durante estos episodios la relación entre el Estado y la población indígena se modifica (al menos discursivamente). El primero de estos momentos es precisamente el origen de la política indigenista y se sitúa en los años posteriores al fin de la Revolución Mexicana. En un sentido amplio, la política indigenista de esta época se encaminaba a la homogenización de la población vía la integración de los indígenas a una cultura nacional de corte occidental. Este proceso se llevaría a cabo tanto por la vía del mestizaje, como por el de la castellanización y alfabetización de los indígenas. En ese sentido la diversidad cultural era un obstáculo para la unificación nacional. En efecto, la política indigenista podía ser definida estrictamente como una política de integración.

Por su parte, Tresierra (1995: 187) propone distinguir analíticamente la relación entre el Estado Mexicano y las grupos indígenas a través de dos conceptos: el *indigenismo* como política oficial que sistemáticamente obstruye los esfuerzos de grupos indígenas para organizar movimientos sociales de alcance nacional, y por otro lado el *indianismo*, el cual favorece y fortalece la cohesión étnica, a la vez de radicalizar las demandas enarboladas por el movimiento indígena (Tresierra, 1995: 187). De esta forma el examen sobre el indigenismo que se presenta continuación sigue la cronología sugerida por Oehmichen, además de enfatizar los momentos de tensión e interacción entre indigenismo e indianismo.

Bonfil (1990: 172) postula que la política indigenista al menos de 1916 hasta finales de la década de los setenta, puede ser conceptualizada como la puesta en marcha de las tesis de Manuel Gamio con respecto a los indígenas: "Para incorporar al indio no pretendamos europeizarlo de golpe; por el contrario, indianicémonos nosotros un tanto, para presentarle, ya diluida en la suya, nuestra civilización" (Gamio, citado en Bonfil, 1990:172). El objetivo de la política indigenista era integrar al indio a una nación que si bien tiene un pasado indio, se imagina al mismo tiempo occidental, porque de hecho, es ese el modelo que se intentará imponer a la población indígena, un modelo cultural occidental, a través de "una acción integral que ataque sistemáticamente todos los aspectos del 'problema indígena': desarrollo económico, educación salud, organización política" (Bonfil, 1990: 172)".

De esta forma, Bonfil señala que la acción integral del indigenismo es en esencia un intento de sustitución cultural. Y es que la integración es conceptualizada como el único camino posible en aras de lograr la unidad nacional, y por lo consiguiente la construcción de la nación mexicana. Para lograr este objetivo es necesario que los indígenas abandonen sus orientaciones culturales e identitarias, esto es, aquello que los hace diferentes. Como se ha señalado, el indigenismo también puede ser leído como un conflicto en torno a las orientaciones culturales del modelo cultural mestizo, particularmente sobre la decisión de qué elementos del pasado indígena son valiosos e incorporables al modelo nacional. Bonfil (1990: 186) señala que si bien se reconoce la existencia del indio en el periodo posrevolucionario, no se pretende que éste mantenga sus orientaciones y pautas culturales. La línea de imposición cultural instaurada en la colonia sigue implementándose:

> En síntesis, el proyecto nacional en que desembocó la Revolución Mexicana niega también la civilización mesoamericana. Es un proyecto sustitutivo que no se propone el desarrollo de la cultura real de las mayorías. (…) Es un proyecto que afirma ideológicamente el mestizaje, pero que en realidad se afilia totalmente a una sola de las vertientes de la civilización: la occidental.

Tresierra (1995: 193-194) apunta que los años posteriores a la Revolución significaron un cambio en la forma que el Estado mexicano interpelaba a grupos y organizaciones indígenas, ya que "El Estado proscribió a todos los grupos cuya orientación política se basará en una identidad étnica o religiosa (...) por lo tanto, en el nombre de una neutralidad étnica y religiosa, el Estado mexicano controló efectivamente la expresión de puntos de vista indígenas independientes." Lo anterior tuvo como consecuencia que grupos y organizaciones indígenas expresaran sus demandas a lo largo de la primera mitad del siglo en términos agrarios y campesinos.

Siguiendo de nueva cuenta a Oehmichen (1999: 59), este periodo del indigenismo puede ser conceptualizado como "indigenismo antropológico". Temporalmente se ubica desde el fin de la Revolución Mexicana hasta 1936, años en los que la acción Indigenista era básicamente de investigación antropológica, al mando de Manuel Gamio. La investigación llevada a cabo por este indigenismo, "estaba marcada por la necesidad de conocer al población indígena para inducir su incorporación (Oehmichen, 1999: 61)". En otras palabras, se trataba de conocer a los indios, para así poder integrarlos.

De forma paralela a la investigación antropológica indigenista se inicia también una cruzada a nivel nacional de acción educativa, precisamente como un modo de unificación, desarrollo nacional e integración. En esos años, la educación es concebida como un medio para la emancipación de la población indígena y para lograr que abandonen la posición de atraso en la que se encuentra. De forma análoga, la educación es un instrumento de modernización. En ese sentido, Favre (1987: 111) apunta que la educación como política indigenista tiene una doble misión, "poner la cultura al alcance de todos, pero también dar a todos la misma cultura".

Así, en 1921, José Vasconcelos al frente de la de Educación Pública propone la incorporación de los indios a la cultura nacional-occidental a través del sistema educativo nacional. Dicha propuesta se encauzó en la creación de las "Casas del pueblo" y las "Misiones culturales". Particularmente estas últimas tenían como misión acceder a los lugares más apartados del país para difundir el castellano y alfabetizar a la población indígena (Oehmichen, 1999: 64). La educación para los indígenas orquestada desde el aparato estatal es un ejemplo de lo que Bonfil (1989: 169) señala, como reivindicaciones condicionadas, es decir, aquellos beneficios dirigidos a los indígenas que al mismo tiempo se constituían en los mecanismos para su integración. La educación posrevolucionaria se consideraba como un medio de emancipación social a través de la cual se generaría un proceso de movilidad social ascendente para los indios. No obstante, la cruzada educativa significaba al mismo tiempo el aprendizaje de la cultura dominante, esto es, la integración de los indios en ese campo cultural y el compartir dichas pautas culturales, pero sobretodo representaba el abandono de la cultura indígena.[44]

---

[44] Otro de los beneficios condicionados fue el reparto de tierras, lo cual marca un

El segundo momento de la política indigenista que destaca Oehmichen (1999: 57) se ubica en el periodo de 1934 a 1976 y continúa la misma línea del indigenismo antropológico. Empero, además de integrar a los grupos indígenas a la nación, postulaba que era necesario "incorporarlos al modelo económico de sustitución de importaciones ya sea bajo la forma de salario-trabajo o como productores agropecuarios (Oehmichen 1999: 57)". Durante la presidencia de Cárdenas (1934-1940) se lleva a cabo el mayor reparto de tierras en México, no obstante, "se devuelven las tierras que habían sido usurpadas a lo largo de cuatro siglos, pero con el propósito de que la agricultura tradicional se modernice y se ponga al servicio del programa de desarrollo económico que se adopta para el país (Bonfil, 1989:169)".

Es también durante este periodo, en 1940, que se lleva a cabo el Primer congreso Indigenista Interamericano en Pátzcuaro Michoacán, en el cual participaron 18 países, así como una serie de reconocidos antropólogos que se posicionaban desde el relativismo cultural. Para Oehmichen (1999: 64), el congreso Indigenista de Pátzcuaro marcaría la pauta sobre la políticas indigenistas de los años posteriores y que ciertamente se encontraban imbuidas del relativismo cultural antropológico. La autora señala que a grandes rasgos se desarrollaron tres líneas de acción: 1) se establecía que el problema indígena era de carácter público y por ello, los gobiernos tendrían que hacerse cargo, 2) en segundo el lugar, el problema indígena no era un problema racial sino cultural, social y económico, por ello resultaba imperioso la igualdad real de indígenas y no-indígenas, 3) por último, para lograr dicho objetivo era necesaria la protección y defensa de los derechos de los indígenas en el marco del sistema legal nacional (Oehmichen, 1999: 64). No hace falta señalar que de nueva cuenta en este periodo los indígenas no eran partícipes de las decisiones que se tomaban sobre ellos.

La creación del Instituto Indigenista en México (INI) en el año de 1948, es producto de las líneas señaladas en el congreso de Pátzcuaro. El INI se instituye como "la agencia del gobierno mexicano al servicio de las comunidades indígenas (Tresierra, 1995: 191)". Entre las funciones del instituto se encontraban tanto la investigación como la elaboración de propuestas derivadas de dichos estudios referentes a los indios. Oehmichen (1999: 66) apunta que, en el fondo, el INI reconocía el valor de las distintas culturas indígenas, sin embargo, nunca abandonó o puso en entredicho el objetivo integracional trazado desde los inicios de la política indigenista mexicana. De nueva cuenta, era latente una tensión irreconciliable en el propio INI, por una parte, se reconoce el valor del mundo indígena, por otro lado, los indios deben dejar de ser indios, el INI debe otorgar los herramientas necesarias para su integración al modelo cultural mexicano,

---

nuevo episodio en la política indigenista mexicana.

allende el valor que se reconoce en ellos.

Durante las tres décadas posteriores al cardenismo la política estatal en materia económica buscaba modernizar el agro mexicano, lo cual para Tresierra (1995: 195) tuvo consecuencias negativas para las población indígena del país, ya que "las comunidades campesina e indígenas sufrieron el hurto de sus tierras, las cuales fueron tomadas por los rancheros que participaron de la modernización de la agricultura y así contribuyeron a la miseria de los habitantes rurales". En relación a dicha situación el indianismo se radicaliza, enfocándose en demandas de tipo económicas con respecto a la tierra, a la par que se inicia la discusión sobre la autodeterminación de los indígenas. El mismo autor señala que en estos años, el movimiento indígena se relaciona con organizaciones más amplias como la Confederación Nacional Campesina (CNC) y la Confederación Nacional de Organizaciones populares (CNOP). Ambas confederaciones vinculadas al partido oficial de Estado, el Partido Revolucionario Institucional (PRI).

En síntesis, de nueva cuenta el proyecto de las elites políticas revolucionarias imprime al modelo cultural una serie de orientaciones que excluyen a los grupos indígenas, que los niegan en su especificidad. Al igual que en el periodo liberal mexicano la promesa de igualdad para todos es enunciada, sin embargo, los indios, los pueblos indígenas sólo podrán acceder a ella si dejan de ser lo que son, indios, y se integran a la mestiza nación mexicana

Varios autores (Oehmichen, 1999; Bonfil, 1989; Warman, 1987) coinciden en señalar el fin de la política indigenista integradora en la década de los setenta. En el momento en que son cuestionados los supuestos del indigenismo integrador o antropológico, paradójicamente desde la antropología, (la cual mantuvo siempre una íntima relación con la política indigenista y que de hecho la sustentaba). Pero sobretodo por la emergencia de grupos y organizaciones indígenas que no sólo cuestionaban las políticas del indigenismo integrador, sino además exigían autodeterminación y autonomía para los comunidades y pueblos indígenas. En ese sentido para Oehmichen (1999), la década de los setenta marca el tránsito del indigenismo antropológico al indigenismo de participación.

La característica principal del indigenismo de participación es que éste se declaraba pluralista, a saber, respetuoso de las diferencias culturales, sin embargo, en los hechos, en la acción práctica, no existió un punto de quiebre con el indigenismo antropológico. En efecto, la práctica del indigenismo de participación, "se orienta bajo criterios que representan la continuidad de las políticas previas de homogenización cultural (Oehmichen, 1999: 9)".

Voces al interior de la antropología—como la de Bonfil Batalla—exponían y denunciaba a la llamada antropología mexicana—fundada por Gamio—por estar al servicio del indigenismo y la política indigenista. Proponían en cambio políticas orientadas a la diversidad, la construcción de una nación plural, así como autonomía y autodeterminación para los pueblos indígenas (Oehmichen, 1999: 77).

Por otro lado, la década de los setenta es también testigo de un incremento sustancial en las luchas sociales, en las cuales participaban contingentes significativos de indígenas, particularmente en torno a la lucha por la tierra. Resulta paradójico que fuera el mismo Estado quien desde el Instituto Nacional Indigenista (INI) promoviera de alguna forma el incremento y la aglutinación de contingentes indígenas.

El INI convoca a tres Congresos Nacionales de Pueblos Indígenas, (1975, 1977, 1979) a través de los cuales "el gobierno buscó revivir los procesos de movilización llevados a cabo durante el cardenismo en un intento por encauzar las demandas indígenas y englobarlas en organizaciones oficiales para mantener el control político (Oehmichen, 1999: 82)". Si bien los congresos eran actos oficiales promovidos por el Estado, en ellos, se elevó una fuerte crítica hacia el aparato estatal. Producto del primer congreso es la constitución del Consejo Nacional de Pueblos Indígenas (CNPI). Asimismo, en los congresos se comienza a discutir, exigir y defender la autonomía y autodeterminación de los pueblos indígenas. Inclusive, en el tercer congreso (1979), se eleva la demanda al Estado Mexicano de reconocimiento de un Estado Pluriétnico (Oehmichen, 1999: 82). La irrupción del CNPI es uno de los momentos de respuesta radical del indianismo, en tanto se erigió como un lugar desde el que se cuestionó fuertemente la política indigenista orquestada por el Estado mexicano. Por consiguiente, el CNPI demandó al Estado mexicano el desmantelamiento del INI. Como respuesta a ello, el estado mexicano restringió los espacios para el desarrollo de un movimiento con ideología indianista, y el CNPI fue debilitado sistemáticamente por el Estado.

De esta forma, se pude afirmar que el indigenismo de participación emerge en un marco de crisis del Estado Mexicano, él cual se enfrenta a una creciente demanda indígena que además tendía hacia la radicalización. Lo anterior generó que el Estado cambiara su discurso y algunas prácticas políticas respecto a los indígenas (Oehmichen, 1999: 83). Posterior a este momento inician una serie de luchas indígenas que buscaban el control político de los municipios. Inclusive, cabe destacar que el primer municipio gobernado en el país por la izquierda durante la hegemonía unipartidista del PRI, fue un municipio del territorio zapoteco en Oaxaca. El municipio de Juchitán es conquistado electoralmente en 1980 por la Coalición Obrero Campesino Estudiantil del Istmo (COCEI), en alianza como el Partido Comunista Mexicano (PCM). La COCEI, "tuvo como elemento central de su desarrollo y fortalecimiento el apelar a la identidad étnica (Oehmichen, 1999: 84)", la identidad indígena zapoteca.

Mas aún, existe un antecedente sobre la lucha indígena por el control de los municipios en la Sierra Norte de Puebla, particularmente en el municipio de Ixtepec. En 1983 un grupo de cafeticultores totonacos decide competir en las elecciones municipales en alianza con el Partido Socialista Unificado de México (PSUM). El proceso electoral estuvo marcado por anomalías e irregularidades, al final el conteo tuvo que ser verificado por elementos del ejército mexicano, en él, el PRI obtuvo el triunfo aunque sólo por 141 votos (Oehmichen, 1999: 84).

La lucha política por los municipios vía elecciones puede ser interpretada como una forma de recuperación real y simbólica del territorio indígena. Y como parte de las manifestaciones de la irrupción de actores indígenas. En ese sentido, en la década de los ochenta se reagrupan y reorganizan distintas organizaciones y grupos en torno al movimiento social campesino, entre ellos, algunas organizaciones indígenas en relación a que "las reivindicaciones de tipo étnico del movimiento indígena convergieron con experiencias concretas de otros actores sociales, de tal forma que el énfasis puesto en la autogestión de los procesos productivos creó un campo propicio para la reivindicación de demandas étnicas (Oehmichen, 1999: 85)".

Regresando al tema de la política estatal hacia los indígenas, cabe señalar que el propósito del indigenismo de participación era lograr una mayor participación de la población indígena en la producción económica y en los beneficios del desarrollo nacional, ahora bien, dicha "participación" era "modulada y adaptada de acuerdo con las ofertas institucionales específicas de cada sexenio" (Oehmichen, 1999: 97). Si el lema del indigenismo antropológico podía resumirse en la frase "conocer para integrar", el del indigenismo participativo sería "participar para integrar" y es que si bien esta etapa del indigenismo tenía como sustento ideológico la naturaleza multiétnica y pluricultural de la nación mexicana, en la práctica no difería mucho de del indigenismo integracionista, en tanto lo que buscaba promover era: "una participación que busca interpelar e incorporara a los indígenas a la oferta pública diseñada unilateralmente desde el centro del país" (Oehmichen, 1999: 97). Y es que la defensa que postulaba el indigenismo de participación de la pluriculturalidad del país era exclusivamente discursiva.

En la práctica, "la acción indigenista subsumió la especificidad de lo étnico en el campo más amplio y homogeneizador del desarrollo económico. De hecho esto tuvo como consecuencia la reducción de lo indígena en lo marginal (Oehmichen, 1999: 97)". En el marco del discurso del desarrollo económico nacional, los indígenas comenzaron a ser construidos como los pobres, como los marginales. En este periodo, para el Estado Mexicano los indígenas son también pobres, un freno para el desarrollo económico.

En los siguientes años, el indigenismo de participación se concreta constitucionalmente. En 1989 durante el gobierno de Carlos Salinas de Gortari—1988-1994—se crea una comisión de justicia para los pueblos indígenas. Para conformar dicha comisión se invita a distinguidos antropólogos, abogados, indigenistas y burócratas. Es de nueva cuenta un grupo de no indígenas que discuten sobre indígenas. La comisión se instituye para enmendar el artículo cuarto de la Constitución Política de los Estados Unidos Mexicanos, enmienda que entra en vigor en el año de 1992. En el artículo se reconoce el carácter y composición multicultural de la nación mexicana, la cual tiene como base precisamente a las poblaciones indígenas. De igual forma, la enmienda estipulaba proteger y promover el desarrollo de las culturas indígenas, sus idiomas, usos y costumbres, así como sus formas de organización.

Al respecto, Oehmichen (1999: 151) señala que, son varios los factores que pueden explicar la enmienda constitucional. En primer término, la irrupción y ascenso de un movimiento indígena que venía desarrollándose desde mediados de la década de los setenta. En segundo término y en relación con las demandas organizadas indígenas, en 1989 entró en vigor el convenio 169 de la Organización Internacional del Trabajo (OIT), el cual es conocido también como "el Convenio sobre pueblos indígenas y tribales". México fue el segundo país en ratificar dicho convenio. De esta forma existían presiones tanto internas como externas hacia el Estado mexicano para que reconociera la diversidad cultural y étnica de la nación mexicana.[45]

Sin embargo, casi de forma paralela a la entrada en vigor de la enmienda al artículo cuarto, se modificaba "de una manera sorprendentemente rápida y sin mediar tantas consultas el artículo 27 constitucional (Oehmichen, 1999: 164)". La modificación al artículo se enmarcaba en la transformación del Estado Mexicano, en la privatización de su industria y finanzas, así como la modernización del campo mexicano. La enmienda al artículo 27 "creaba las condiciones jurídicas para la privatización de las tierras ejidales y comunales, base del sustento de los pueblos indígenas (Oehmichen, 1999: 115)". Del mismo modo, daba por terminado el reparto agrario.

De esta forma, mientras se reconocía la diversidad cultural y se negociaba la orientación cultural de la identidad mexicana, se asestaba un fuerte golpe al sustento material y simbólico de los pueblos indígenas, la

---

[45] "El Convenio 169 eliminó la orientación hacía la asimilación de los pueblos indígenas y se les reconoció el derecho de asumir el control de sus propias instituciones, formas de vida y desarrollo económico, así como el de mantener y fortalecer sus identidades, lenguas y religiones dentro del marco legal de los Estados en que viven. Asimismo, estableció el respeto de las culturas, formas de vida, de organización e instituciones tradicionales de los pueblos indígenas y tribales (Oehmichen, 1999: 159)"

tierra, al romperse los candados que protegían la propiedad ejidal y comunal. Mas aún, en relación a la reforma al artículo 27 (y muchas otras causas) es que en 1994 una irrupción indígena en el estado de Chiapas trastocará la relación del Estado con los indígenas, modificando el escenario político y social en los años venideros.

3.4. El levantamiento armado en Chiapas

La irrupción pública del Ejercito Zapatista de Liberación Nacional (EZLN) se efectúa en la fecha de ingreso formal de México al Tratado de Libre Comercio de América del Norte (TLCAN) con los Estados Unidos de Norteamérica y Canadá. El levantamiento zapatistas interpelaba directamente al Estado no sólo en cuestiones relativas a los derechos de los pueblos indios, sino además en relación a la democracia, el modelo económico, e inclusive a la configuración del mismo Estado nacional mexicano y la identidad nacional. Al respecto Le Bot apunta (2009: 155) que el desarrollo del EZLN se efectúa en la clandestinidad durante la década de los ochenta, en el momento del derrumbe del régimen nacional y popular en México y el giro hacia el neoliberalismo. Por lo que el levantamiento de los indígenas en Chipas es también una exigencia de "reformas económicas, sociales, políticas y culturales que ponen en peligro los intereses creados, las inercias y los programas de modernización excluyentes (Le Bot, 1997)" tales como el mismo TLCAN. Por otra parte, Oehmichen (1999: 15) destaca que, a partir de la irrupción armada del EZLN en Chiapas, "la lucha por los derechos indígenas adquirió una nueva dimensión".

Otro punto a destacar en relación al levantamiento zapatista es que (re) posicionó el tema indígena en el ámbito de lo político, esto es, colocó la cuestión indígena en el centro del conflicto y la negociación. Como se señalaba anteriormente, la tendencia hacia finales de la década de los ochenta y principio de los noventa era reducir el "problema indígena" a cuestiones económicas, equiparando, la marginalidad y la extrema pobreza con las poblaciones indígenas.[46]

Siguiendo a Le Bot (1997), el sentido del zapatismo como movimiento social radica en el actor social que encarna, a saber, la figura del indígena que proyectó en la escena política, regional, nacional e internacionalmente.

En relación a las causas o condiciones que propiciaron el levantamiento zapatista, Oehmichen (1999) señala que si bien las raíces del conflicto mantienen una estrecha relación con la situación de pobreza y explotación en la que se encuentran sometidos los pueblos indígenas, otros factores deben ser considerados. Entre éstos destacan las relaciones interétnicas de

---

[46] Inclusive autores como Le Bot (2009, 155-157) señala el levantamiento zapatista como la primera insurrección declarada contra la mundialización neoliberal

dominación entre mestizos e indígenas, a la par de las relaciones entre el Estado mexicano y los grupos indígenas. De forma adicional, un número creciente de actores sociales indígenas, movimientos y organizaciones consolidaban procesos organizativos.

En la misma línea, Arizpe (2004) señala que, en relación a las causas del levantamiento zapatista hay que distinguir tres dimensiones: los factores estructurales, los coyunturales y los detonantes. Sobre los primeros, destaca el hecho de que la Revolución Mexicana nunca llegó a Chiapas, "como tampoco llegó a otras regiones indias como la Huasteca o la montaña de Guerrero (Oehmichen, 1999: 170)" y si bien durante el cardenismo se realizó un reparto agrario importante, en el fondo la distribución del territorio de la tierra no se modificó significativamente[47].

De la misma forma, las relaciones entre mestizos e indígenas en el Estado chiapaneco se encuentran marcadas por dominación y racismo y sus distintas expresiones: discriminación, prejuicios, segregación e inclusive violencia. Procesos a través de los cuales se excluye en distintos ámbitos a los indígenas, negándoseles el ejercicio de sus derechos políticos o inclusive sus derechos humanos. [48]

Respecto a las causas coyunturales del levantamiento zapatista, Oehmichen (1999:173) señala que la desigualdad en el Estado desempeñó un rol significativo, aunado por supuesto a la situación de pobreza de la población indígena, "el Estado de Chiapas cuenta con enormes riquezas naturales, pero sólo han servido para enriquecer a unos cuantos". De la misma forma, otro de los factores coyunturales es la caída internacional de los precios del café en el año de 1989 y el desmantelamiento del INMECAFÉ, pues la actividad económica en torno al café es fundamental para la población indígena en Chipas, ya que ésta es "la principal fuente de ingresos monetarios de los indígenas, ya sea como pequeños productores o como trabajadores asalariados (Oehmichen, 1999:173).

Como detonante del conflicto se encuentra precisamente la reforma al artículo 27 de la constitución mexicana. La enmienda a dicho artículo finiquitaba el reparto agrario y permitía la enajenación de tierras ejidales. En ese sentido, para los zapatistas y para muchos indígenas sin tierras, significó

---

[47] Oehmichen (1999: 171) señala que para 1994, "veinte familias de Chiapas, la mayoría ligada al poder político monopolizado por el PRI, había acaparado las mejores tierras de la entidad, que contaban con un total de 7 millones y medio de hectáreas, mientras que más de un millón de indígenas poseían sólo 823 mil hectáreas".

[48] De acuerdo con información periodística sistematizada por Margarita Nolasco (1994:39) de 1974 a 1987 hubo 1982 indios asesinados. De 1980 a 1990 hubo 397 heridos, 505 secuestrados y torturados, 16 asesinatos frustrados, 38 indias violadas y 142 golpeadas." Citado en: Oehmichen, 1999: 171

dar por terminadas las expectativas sobre algún posible reparto de tierras. De forma paralela a las causas señaladas sobre el levantamiento armado del EZLN, cabe añadir y destacar la participación de una serie de actores sociales afines a la lucha indígena, como algunos miembros de la izquierda no partidista y miembros de la iglesia católica afines a la teología de la liberación.

De esta forma, el levantamiento armado zapatista se elevó como una fuerte crítica a la política social y económica del Estado Mexicano. De igual modo, enjuiciaba la relación del Estado con los pueblos indígenas. En ese sentido, existe un punto central a destacar de la lucha zapatista y es que en ningún momento el EZLN planteó un rompimiento con el marco nacional mexicano, incluso cuando por parte de éste hubo una respuesta armada inmediata. Mas aún, la lucha del EZLN puede ser leída como una pugna en búsqueda de la redefinición de la nación mexicana ahora en términos multiculturales y pluriétnicos. Así, como una lucha por democratizar la democracia mexicana, lo cual implicaba hacer efectivos los derechos de la población indígena y en ese sentido luchar por éstos y la extensión de los mismos en términos culturales.

En la lectura de Touraine (2003: 2005) sobre el levantamiento zapatista, destacan las aspiraciones democráticas del movimiento. Para dicho autor los zapatistas son unos revolucionarios demócratas y el zapatismo debe ser leído como una agente democratizador en el México contemporáneo, pues, en su lucha por hacer efectivos los derechos políticos de los indígenas, estaba luchando a la par por la creación de una democracia real y efectiva. En efecto, el EZLN representa un punto de quiebre importantísimo en la historia del país, en tanto cambia radicalmente el lugar de enunciación del proyecto nacional al trasladarlo desde las elites mestizas y el gobierno hacia los indígenas.

Por su parte, Pérez Ruiz (2005) señala que si bien el zapatismo es un momento clave de la lucha indígena, es su dimensión política de lucha, la que otorga gran trascendencia al movimiento, ya que sería un error considerar que el movimiento indígena emerge en 1994 con el levantamiento del EZLN. Sobre este punto, la autora señala que la identidad indígena se fue gestando a lo largo de todo el siglo XX, la cual fue el sustento "para la emergencia de los llamados indígenas como un nuevo sujeto político que desde diferentes posiciones (…) construye una gran diversidad de organizaciones y movimientos sociales (Pérez Ruiz, 2005: 25)".

Cabe añadir siguiendo a Le Bot (1997), que si bien la lucha del EZLN puede ser leída como una confrontación contra las políticas neoliberales o contra la mundialización, o bien en pugna por la democracia o el poder, no debemos dejar de lado el epicentro de la confrontación zapatista, y que para el autor es la identidad mexicana. Al respecto señala:

> Los zapatistas se reivindican resueltamente mexicanos, indígenas mexicanos, (…) buscan combinar, sin confundirlos, lo comunitario y lo nacional, la identidad étnica y la identidad nacional, la indigenidad y la mexicanidad. Su objetivo es traducir en hechos el reconocimiento del carácter multicultural de la nación; hacer que las minorías étnicas ya no sean obligadas a rechazar o a abandonar su identidad para ser iguales a los demás mexicanos (Le Bot, 1997: 87).

Efectivamente, la lucha del movimiento social indígena encarnada por el EZLN de ninguna manera representa el rompimiento de los grupos indígenas con el Estado Mexicano, mas aún, es un conflicto por la redefinición del mismo, por reescribir las orientaciones culturales ahora en términos del reconocimiento y respeto de la diferencia enmarcada en la igualdad. En ese sentido, el recorrido histórico que se ha realizado tenía como objetivo delinear las directrices de la historia de los indígenas y el Estado Mexicano. El levantamiento armado del EZLN fue precisamente un violento freno a esta histórica relación de subordinación. Sin embargo, en México no sólo el EZLN se organizaba y se disponía a luchar. En Huehuetla, municipio totonaco de la Sierra Norte de Puebla, un grupo de totonacos, también se organizaban y disponían a entrar en conflicto. La vía que tomaron fue ciertamente distinta a la del zapatismo, porque también las condiciones lo eran.

A continuación se busca precisamente dibujar esas condiciones, describir como eran las relaciones interétnicas de dominación entre mestizos e indígenas, y cómo se expresaban las orientaciones culturales del modelo nacional en la población totonaca, es decir, qué significados y consecuencias tenía en la vida cotidiana de los totonacos un modelo cultural que como se ha visto tiene como consecuencia "natural" subordinar al indio. Motivo por el cual en primera instancia es necesario hacer un rodeo y explorar las condiciones en las que emerge la OIT, lo cual implica examinar el campo cultural en conflicto, así como las orientaciones culturales y representaciones en torno a la figura del mestizo. Lo anterior implica asimismo analizar la experiencia y lucha de la OIT en el marco de un modelo cultural "nacional", "mestizo", condiciones que generan procesos de dominación sobre la población indígena. En otras palabras, el objetivo general de la siguiente sección es la exposición de la forma en como se materializaban las orientaciones culturales del modelo nacional, en una comunidad indígena particular, Huehuetla.

3.5 El modelo cultural en conflicto

Al respecto de la Organización Independiente Totonaca y su constante lucha durante los últimos veinte años, cabe preguntarse: ¿Porqué un grupo de indígenas totonacos en el municipio de Huehuetla, decide formar una Organización que tiene precisamente como estandarte de lucha la recuperación de un rostro dominado y devaluado, es decir, un rostro indígena? Dicho cuestionamiento debe vincularse con el examen de las razones o motivos que incidieron en que un veintidós de julio del año 1989, este grupo de indígenas fundara la Organización Independiente Totonaca, grupo que a la postre cambiaría no sólo la estructura de poder municipal y regional, sino inclusive la misma identidad que se erigía como su estandarte de lucha.

Como respuesta a los motivos de la irrupción totonaca, un buen número de agravios cometidos contra el pueblo totonaco pueden ser enlistados y dar cuenta de la razones de la conformación de la OIT, tales como la persistente violencia física contra hombres y mujeres totonacas relatada por cada uno de los informantes miembros de la Organización. Del mismo modo, pueden ser nombrados los intercambios económicos desiguales, la exclusión social y política, el arrebato de tierras, la constante discriminación e inclusive el racismo. Sin duda, un examen más minucioso arrojaría una lista más larga, no obstante, resulta relevante no sólo enumerar los agravios, sino además dirigir la mirada hacia el denominador común en estos fenómenos, hacia aquello que los interconecta, y es que, en todos ellos subyacen relaciones de dominación de lo mestizo por encima de lo indígena. Dichas relaciones de dominación se estructuran bajo las orientaciones de un modelo cultural de rostro mestizo que, como se ha señalado, desde el inicio de sus construcción ha ignorado y sometido a la población indígena, construyendo a los indios como figuras dependientes, sometidas, incapaces, ignorantes y apáticas por mencionar sólo algunas denominaciones.

Las orientaciones culturales del modelo subordinan la figura del indígena frente al mestizo, lo cual se expresa en distintas dimensiones, económica, política, social y que de hecho se concatenan con los problemas que aquejaban a los totonacos. En ese sentido, el conflicto en el cual se inscribe la lucha de la OIT será abordado como un conflicto de características culturales, a saber, una disputa en torno a las orientaciones y pautas de ese modelo cultural compartido por mestizos y totonacos y que genera una estructura de dominación que subordina a los indígenas, sobre la cual se erige la afrenta de la Organización Independiente Totonaca. La cual tiene como objetivo la promoción de un contraproyecto de la historicidad en el que las orientaciones del modelo cultural de la sociedad en la que habitan no subordinen más a los totonacos. En resumen, el conflicto en Huehuetla es una lucha en un campo cultural compartido, esto es, un modelo cultural que impone la subordinación de lo indígena frente a lo mestizo. En ese sentido la lucha se da en torno a las orientaciones de dicho modelo cultural y sus expresiones concretas.

Las identidades culturales, su valoración y posición relacional son componentes de las orientaciones del modelo cultural. La identidad social del modelo cultural mexicano es mestiza. Desde el periodo liberal mexicano se intentó imponer un rostro único a la identidad mexicana y proyectarlo a través de la apelación a un hibrido, el mestizo, el cual representa una síntesis de un pasado remoto mesoamericano y la conquista ibérica. El problema respecto a esta identidad única y homogeneizante es que implicaba que aquellas naciones y pueblos (los indios) al interior de la nueva nación mexicana abandonaran su identidad previa.

La preeminencia de la identidad mestiza tuvo como consecuencia que desde las elites gobernantes se impulsaran proyectos integracionistas que tenían como objetivo primordial asimilar la identidad indígena en una única identidad social nacional. Es por ello que el concepto de historicidad cobra relevancia, en relación al hecho de que el modelo cultural nacional mestizo es producto de la acción de un grupo sobre el funcionamiento de la sociedad. Es la sociedad producida y sus orientaciones sobre las cuales grupos dominados tratarán de impulsar o imponer mediante el conflicto su propia versión o modelo de historicidad. Por ejemplo, los grupos triunfantes de la Revolución Mexicana, (quienes posteriormente serían el grupo dominante), impulsaron un proyecto de la historicidad que si bien, como se ha expuesto, discursivamente reconocía el valor de las naciones mesoamericana previas, los indígenas, en la práctica dirigió una serie de esfuerzos concretados en instituciones, (INI, Educación pública, misiones culturales), para lograr que los indios dejaran de ser indios y se integraran como mestizos al proyecto nacional mexicano. Lo anterior tuvo como consecuencia la preeminencia de un modelo cultural que a lo largo del siglo XX buscaría ser impuesto por distintas vías.

La supremacía de este modelo cultural nacional-mestizo se traducía en la región Sierra Norte de Puebla y en torno hacia la población indígena totonaca, en procesos de discriminación y exclusión en distintas expresiones. En lo político a través de la ausencia del respeto y ejercicio de los derechos políticos que como ciudadanos mexicanos tienen los indígenas. Además existía una discriminación social en los beneficios de pertenencia a la nación, que se expresaba en Huehuetla a través de una estructura diferenciada de acceso a los beneficios sociales del Estado, tales como: agua potable, electricidad, servicios de salud, educación, en relación a una diferencia cultural expresada en la díada indígena/mestizo. También existía una discriminación económica, sustentada en el supuesto de la inferioridad natural de los indígenas "en su ignorancia" frente a las orientaciones del modelo cultural, que se traducía en "abusos" en los intercambios mercantiles entre ambos grupos.

Si bien cada uno de estos procesos se expresa en dimensiones analíticas diferenciadas, en el ámbito de lo político, de lo social, de lo económico, todas ellas convergen en un punto y es que devienen de la institucionalización de las orientaciones culturales que subordinan lo indígena frente a lo mestizo. Dichas orientaciones se erigen como el sustento ideológico de los distintos procesos discriminatorios y de exclusión en los que se encuentran los indígenas. A continuación se examina a detalle la forma en que se concretaban las orientaciones culturales del modelo mestizo en un comunidad particular, el municipio de Huehuetla. De hecho, en relación a la trayectoria histórica del tema de la igualdad para los indígenas, no resulta sorprendente, que a finales del siglo XX, un grupo de totonacos en Huehuetla, declare su igualdad efectiva frente a los mestizos y que esta declaración sea una afrenta contra las orientaciones culturales aún predominantes.

En el capítulo anterior se examinó cómo la experiencia organizativa y aprendizaje en los espacios libres en Huehuetla (*free spaces*), las Comunidades Eclesiales de Base (CEB's) y las Unidades Económicas de Producción y comercialización (UEPC), sentaron las bases organizativas para el surgimiento de la Organización, sin embargo, dicha exposición dirigía la mirada hacia el cómo, revisemos ahora el porqué.

El modelo cultural nacional-mestizo se expresaba en Huehuetla en una estructura de dominación cultural de los mestizos sobre los indígenas. Una primera característica del modelo cultural es la división cultural/racial en el municipio. La división entre los mestizos y los indígenas totonacos está en el origen de la formación de la OIT. Al respecto Bonifacio Gaona, segundo presidente municipal del gobierno indígena relata:

> Entonces todo ese tipo de cosas, pero era más acentuado la discriminación, podríamos decir racial, porque los que hablaban el español, o los que hablan totonaco, pues siempre como que había una diferencia y bueno ahorita un poquito ha cambiado y esa fue principalmente la inquietud de formar una Organización.

En el breve fragmento del relato del también profesor indígena se describe una tajante división entre indígenas y mestizos. Esta división encontraba su fundamento en el idioma cultural del grupo—el español y el totonaco—y a través del cual se jerarquizaban, (el primero por encima del segundo) las relaciones interétnicas en Huehuetla. Sobre este tema, cabe recordar que el idioma de la figura a través de la cual se proyecto la nación mexicana era precisamente el español y que desde el INI y la Secretaría de Educación Pública se implementaron programas para castellanizar a los indios y que éstos abandonaran sus "dialectos". Ahora bien, de vuelta al relato, resulta significativo que Bonifacio Gaona señale la diferenciación entre mestizos y totonacos como discriminación racial, pues si comparamos su narración con la definición de discriminación racial de Wieviorka (1992: 129), es decir, como "un trato diferenciado en diversos ámbitos de la vida social", como una acción-operación simultánea de separación y jerarquización, en la cual el otro discriminado es concebido como diferente e inferior en capacidades, cualidades, jerarquías y derechos", notaremos que el diagnóstico de nuestro informante confirma que sobre los totonacos existía un proceso de discriminación racial.

Los miembros de la OIT consideran que para los mestizos los totonacos son diferentes, esta diferencia jerarquiza a los mestizos por encima de los totonacos tanto en Huehuetla, como en el resto del país, pues corresponde a una orientación particular del modelo, la primacía de una identidad única. Por último para el informante, es precisamente esta división, a saber, la existencia de una discriminación racial, el motivo o la causa por la cual se forma la Organización. El profesor Antonio Méndez, actual director del CESIK, añade lo siguiente sobre la división entre mestizos e indígenas previo a la emergencia de la OIT en el municipio:

> Pues en ese entonces, lo único que hacia valer era como la cuestión esta de, se hablaba mucho de la gente con razón ¿No? En éste caso hacían referencia a la gente mestiza que vive o que vivía en el centro del municipio, entonces la gran mayoría de las veces pues, no se tenía como la libertad de, de expresarse, o sea, era como que existía una gran diferencia entre ser del centro, ser mestizo o ser de fuera, propiamente los que vivimos en las comunidades. (…) siempre a los totonacos se les decía que eran ignorantes, que eran tontos, que no sabían nada, que los únicos que sabían son los que hablaban español y así sucesivamente.

El relato del director del CESIK sigue la misma línea que el del profesor Bonifacio, es decir, explicita una clara división jerarquizada en el municipio entre indígenas y mestizos producto de la división racial/cultural. No obstante, añade cualidades y capacidades a ambos grupos culturales, por ejemplo, señala a los mestizos como *gente con razón*, como los únicos con *conocimiento* e *inteligencia* y las implicaciones de ello. Por otro lado, los totonacos en oposición a los mestizos son concebidos como *tontos*, *ignorantes* e *incapaces*. En efecto, estas dicotomías: mestizo-indígena, inteligente-tonto, capaz-incapaz, dependiente-independiente, del centro-de las comunidades se presentan constantemente en las narraciones de los entrevistados en referencia a las relaciones interétnicas en el municipio. Ahora bien, estas dicotomías expresan orientaciones culturales impuestas que justifican la subordinación y exclusión de los indios y por supuesto de los totonacos. Mas aún, en relación a esto, la OIT elevará una disputa simbólica en el ámbito discursivo, precisamente para reconstruir la identidad totonaca en términos positivos.

La división cultural tiene como expresión concreta el proceso de discriminación de lo mestizo hacia lo indígena, empero, ésta es sólo una expresión concreta—sobre la que se ahondará más adelante—mientras tanto, revisemos cómo el modelo cultural mestizo imponía una cierta lógica a los intercambios comerciales interétnicos entre los *del centro y los de las comunidades*. Cabe destacar que esta dicotomía también revela el proceso de segregación espacial imperante en el municipio.

Otra dimensión de los problemas que aquejaban al pueblo totonaco en Huehuetla remite a la esfera económica y su expresión a través de intercambios económicos desiguales. En el municipio existían los llamados "acaparadores", intermediarios comerciales que compraban la cosecha a la población indígena usualmente por debajo de su precio y a través de mecanismos considerados por los totonacos como deshonestos, lo cual se sustentaba en el uso diferenciado de elementos culturales del modelo cultural mestizo. El profesor Antonio Méndez relata a grandes rasgos el problema:

> De hecho, pues el único factor como de comercio que se tenía en ese sentido, pues eran precisamente personas del municipio, personas del centro los que acaparaban todos los productos y pues ahí se manejaban prácticamente como, pues esa injusticia en ese sentido como de comprar los productos a bajo precio o hacer como que te reciben un producto que vale tanto, pero te pagan con bajo precio o cosas así, entonces básicamente en ese sentido pues, se tenía como domesticado u oprimido al pueblo en ese sentido, no se tenía la libertad, porque no había otras posibilidades, las únicas posibilidades que alcanzaban eran ahí, no había una posibilidad de comercio exterior.

Los intercambios comerciales eran desiguales e injustos. El mecanismo de acaparación es una especie de monopolio comercial sustentado en la idea del uso diferenciado de ciertos patrones del modelo cultural mestizo, es decir, la lectura y escritura del idioma español, a partir de los cuales los acaparadores compraban la cosecha de los totonacos a bajos precios. En ocasiones ocultando el valor real de los productos o alterando las mediciones. Sobre este punto, Pablo Ramírez, también profesor del CESIK añade:

> Pues por ejemplo en la compra-venta de productos que es la miel, maíz, pimienta, café, les pagaban lo que querían ¿No? Y les robaban los kilos o les pagaban muy barato y no sabían, la gente no sabía cómo era ese proceso, simplemente la gente llegaba, vendía su café y los otros lo pagaban al precio que querían y así se quedó, ¿No?

La estructura de dominación cultural permitía a los mestizos recurrir a una serie de mecanismos a través de los cuales podían sacar ventaja y que tenían como trasfondo orientaciones del modelo nacional tales como la de indio-tonto e ignorante. Precisamente uno de estos mecanismo era la pesa "robana", medida utilizada por los mestizos para calcular la cantidad de café. Félix Cano, actual presidente de la OIT nos refiere su experiencia en relación a los dispositivos utilizados por los acaparadores y la razón de tan peculiar nombre para una pesa:

> Ya después surgió que van a ocupar una medida, llevaban un cajón en donde venía el jabón jobo, marca jobo, jabón verde, jabón blanco, pues ese cajón todavía era angosto, era chico, pero

le fueron buscando y hasta después mandaron a hacer su propio cajón grande y ancho y si estaba lloviendo había que echar el café, y sacudir la cereza y copeteado, es que cuando llueve, no tiene precio el café, después empezaron ya a surgir las pesas, con la romana, que un dicho vulgar aquí era la robana, porque si pesaba 30 kilos el café, le recorrían el piloncito y ya le bajan el café a 20 kilos o a 22, si y esa era la forma en que eran afectados.

El sacerdote de la cabecera municipal en Huehuetla, el párroco José Luis sigue la misma línea del relato anterior en relación a la compra del café de los totonacos. Narra lo siguiente:

El problema principal, pues además de lo económico y precisamente es por lo del café, los compradores de café cometían muchos abusos, no compraban por kilo sino había medidas, las cajas yo no las conozco, pero me platican que sobre eso medían y lógico algunos hacían sus cajas más grandes para que fuera más café, y pagaban lo que ellos querían, y empieza pues a estar mal el problema.

Finalmente, sobre este punto, Marcos Juárez de Gante, actual secretario de la Organización, señala claramente quiénes eran aquellos que cometían los abusos económicos contra los totonacos y como en su percepción estos intercambios eran injustos.

Entre otras injusticias que había, por ejemplo la gente indígena que vendía sus productos los tenía que vender aquí a las personas del centro y las personas del centro son gente de afuera nosotros les decimos mestizos y estas personas que compraban sus productos, les robaban a los indígenas, se aprovechaban de ellos, porque no sabían leer ni escribir, les daban a lo mejor una cantidad que no costeaba sus productos, les robaban en kilos y les robaban en dinero.

En el fragmento anterior resulta esclarecedor que nuestro informante relacione el uso de ciertas pautas de conocimiento en cierta forma "monopolizadas por los mestizos" como la lectura y la escritura en español, con la estructura de dominación económica sobre los totonacos A diferencia de otras regiones indígenas, en Huehuetla la aculturación forzada vía castellanización no se efectúo por completo, de hecho, como se ha señalado un porcentaje significativo de la población totonaca del municipio es monolingüe, además de presentar altas tasas de analfabetismo. Por consiguiente, los abusos de los acaparadores en cierta medida se podían realizar sustentados en la apropiación y uso diferenciado de conocimientos específicos. La narración continúa dando cuenta de porqué es un problema cultural, relacionado al uso diferenciado de conocimientos indígenas/occidentales: [49]

---

[49] Como se señalo anteriormente, las tasas de analfabetismo en Huehuetla para la población indígena aún después del gobierno indígena son muy altas.

Yo lo vi de esa manera por ejemplo cuando mis papás me decían oye: —tú vas a ir a la escuela para que no sufras lo que yo sufro—tal vez en ese momento se malinterpreta esa, esa frase ¿No?. Por ejemplo, es que ellos decían para que no nos roben, o sea lo que a ellos les roban por ejemplo por no saber contar le roban a uno, el no saber leer le dicen otras cosas.

El secretario de la OIT a través del relato de una experiencia personal nos permite indagar sobre las orientaciones que sustentan la dominación cultural y cómo la identidad indígena totonaca era subordinada y devaluada, en tanto ser totonaco era percibido como el fundamento del "sufrimiento", ya que como indios no poseían las herramientas culturales para defenderse. En la narración el sufrimiento se equipara con el robo, el cual a su vez se basa en el desconocimiento de la lectura y escritura. La exposición de Marcos Juárez es muy interesante, ya que también permite entrever las razones de por qué una vez conformada la Organización Independiente Totonaca, ésta abrirá un frente de lucha en torno a la educación a través del proyecto cultural de un bachillerato indígena, el Centro de Estudios Superiores Indígenas Koyom (CESIK).

Aunado al problema de las transacciones económicas entre mestizos e indígenas se añade la cuestión de los abusos en torno a la imposición del modelo cultural mestizo y el español como lenguaje único y valioso, así como a determinados saberes. Expresado en los engaños y arbitrariedades hacia los totonacos en relación a la compra-endeudamiento-venta de propiedades. El padre José Luis apunta al respecto:

Y lo otro pues el clásico prestamista, que presta, lógico el indígena no sabe leer, no sabe escribir, hay quienes seguían pagando, vamos, hay quienes yo creo que pagaron unas 4 o 5 veces la cantidad que pidieron, pero nunca se les devolvió sus documentos, solamente si algún hijo, o alguna hija que supiera leer y escribir se daba cuenta y entonces ya se reclamaba y se le daba, un ejemplo muy claro, la misma casa misión, eh, compraron entonces el comité que quedo a cargo estaba entregando el café, porque ese era el trato, iban pagando pero con el café que cosechaban, el caso es que ya habían pagado, vamos para entendernos como dos años todavía estuvieron entregando café, cuando ya la cantidad que habían pedido ya se había pagado, entonces así como esos fueron muchos abusos.

Sobre el mismo tópico, el profesor Antonio Méndez insiste sobre el uso de la lectura y la escritura por parte de los mestizos como mecanismo de dominación e injusticias, revisemos su relato:

Y también pues, se realizaban muchas injusticias en cuanto, ¿Cómo se puede decir? Mmm, o sea se aprovechaba de que en la

---

Aproximadamente un 27% de la población en el municipio no sabe leer ni escribir (CDI, 2005).

gente de las comunidades existía un analfabetismo, no conocían los números, no conocían las letras, entonces todas esas cosas, se aprovechaban para lograr un posicionamiento ya sea territorial o de otra índole, o sea muchas, muchas personas, por ejemplo anteriormente la gente de las comunidades, bueno la gente indígena vivía en el centro ¿No? Pero empezaron a llegar otras personas de fuera, comunidades o de Tepango, de Ahuacatlan, de Zacatlán y por esos lugares y empezaron a posicionarse, entonces este, a veces les quitaban los terrenos, porque solicitaron un préstamo de dinero los totonacos, ya no podían pagarlos y subían los intereses y cosas así, cosas que la comunidad totonaca no lo manejaba en ese sentido.

El primer presidente municipal del gobierno indígena Mateo Sánchez señala sobre los mestizos y la forma en que algunos de ellos se hicieron de propiedades en el centro, la cabecera municipal:

> Ahora, qué pasa después de que ya sienten poderosos, pues empezaron a quitar a los indígenas, no saben hablar, que no saben leer, pues, hasta los trataron como animal, los empezaron a sacar, empezaron a apropiar las propiedades en Huehuetla y si les dieron su propiedad a cambio de otras cosas lo echaron a otro lugar.

Cabe añadir que las relaciones de dominación en Huehuetla también se expresaban en una segregación espacial diferenciada entre totonacos y mestizos. Incluso la dicotomía los del centro-los de las comunidades remite precisamente a esta expresión del racismo. Wieviorka (1992: 129), señala que la segregación es precisamente una expresión concreta del racismo, la cual, "mantiene al grupo racializado a distancia y le reserva espacios propios, que únicamente puede abandonar en determinadas condiciones, más o menos restrictivas". El municipio de Huehuetla presenta una estructura espacial diferenciada en relación a las diferencias culturales/raciales, y que divide entre la cabecera municipal ubicada en el centro del pueblo, donde se encuentra físicamente el gobierno y los mestizos y doce comunidades parcialmente aisladas en donde habitan los indígenas totonacos. Mas aún, siguiendo la noción de Wieviorka, los totonacos sólo podían ingresar a la cabecera municipal en ocasiones particulares, por ejemplo, en la venta del café.

A través de los relatos anteriores es posible recrear el contexto económico en el municipio. Una estructura de comercio desigual basada en el uso diferenciado de saberes y la valoración en torno a los mismos, a saber, la valoración positiva del idioma español expresado en un sistema educativo en ese idioma, el cual ni siquiera llegaba a las comunidades del municipio de Huehuetla y por ende a los indígenas totonacos. De la misma manera, esta estructura de valoración diferenciada permitía a los mestizos incurrir en una serie de mecanismos a su favor y en detrimento de los totonacos, tales como la compra de terrenos vía endeudamiento.

Conjuntamente, en los relatos es frecuente la irrupción de valoraciones referentes a los totonacos y los mestizos, sobre lo cual se ahondará en las siguientes páginas. Revisemos ahora otro problema que aquejaba cruenta y apremiantemente a los totonacos, la violencia.

Los procesos de dominación cultural sobre los indígenas se expresaban también en violencia física contra los totonacos y la falta de justicia al respecto. Dos procesos vinculados estrechamente con la presencia intermitente del Estado en Huehuetla y su colusión con las elites mestizas. Revisemos en primera instancia el fenómeno de la violencia. Don Aurelio, fundador de la Organización, también profesor del CESIK y médico tradicional señala lo siguiente en relación a la violencia contra los totonacos y el surgimiento de la OIT:

> La organización surge a partir de tantos problemas que había también en el municipio, que las personas no eran libres de andar, las asaltaban, las violaban, o sea, pues era un desastre en es tiempo, entonces, ya no había libertad para uno, para poder andar tranquilo.

En el relato de Don Aurelio, la violencia que afectaba a los totonacos se expresaba en asaltos y violaciones, que si bien no pueden ser considerados como actos sistemáticamente organizados contra la población totonaca, sí eran frecuentes y constantes. La situación de violencia y sus expresiones son en el relato de nuestro informante, un factor clave para que los totonacos decidieran organizarse y conformar la OIT. Tocante al mismo aspecto, el secretario de la OIT, Marcos Juárez apunta:

> Bueno dentro de lo que hemos aprendido, e igual hemos escuchado que son experiencias yo digo que muy tristes, por ejemplo familias enteras que vivían en miedo, familias enteras que no podían caminar tranquilamente, no podían trabajar tranquilamente. Le hablaba hace un rato yo de las injusticias, o sea las personas que sufrían una injusticia, que les robaban, que los asaltaban, que los amenazaban, se venían grupos grandes de gente, comunidades enteras de gente venia a refugiarse en la parroquia, la gente ya no podía vivir tranquila en su casa, no podían dormir tranquila en su casa. (…) Creo que hasta mi propia familia a lo mejor la vivió, pero como nosotros éramos muy niños para entender y ver las cosas a lo mejor no nos tocó vivirlo así al cien por ciento, pero lo que hemos escuchado es que pues habían grupos de personas que se dedicaban a robar, a asaltar, a violar e incluso a matar.

Los relatos confluyen en un punto, bosquejan un clima de violencia e inseguridad contra los totonacos en el municipio, proceso que se traducía en miedo y zozobra entre el pueblo totonaco. De acuerdo con Wieviorka (1996:161), la violencia nunca es "totalmente independiente del contexto político en que se produce", razón por la cual hay que distinguir entre distintos planos o niveles de violencia. En relación a Huehuetla, el plano en que se efectuaba la violencia contra los totonacos es el infrapolítico (Wieviorka, 1996:161), un tipo de violencia fragmentaria, no-programada, la cual "hace acto de presencia en circunstancias particulares de relajamiento de los controles sociales y políticos: Allí donde el orden del Estado es lejano, ausente (Wieviorka,1996:162)", como en las comunidades serranas de Huehuetla, en donde a finales de la década de los ochenta la presencia del Estado era intermitente, no sólo en relación a los beneficios sociales, sino inclusive en el monopolio de la violencia, ya que los actos violentos no eran según los informantes, cometidos por policías o agentes estatales, sino por grupos delictivos de rostro mestizo. Félix Cano, presidente de la OIT señala respecto al tema de la violencia: [50]

> Hubo crímenes, hubo muchos asaltos, muchos robos (…) porque pues estos asesinatos que estaban surgiendo, no podían ver a una persona que viene a vender su café o su pimienta por ejemplo en esa actualidad, porque ya sabían que los esperaban en el camino y nada más los robaban o de plano les daban cuello, o si venían con mujeres pues eran violadas.

A través de las narraciones de los miembros de la Organización es posible revisar el contexto de violencia que se vivía en Huehuetla. El cual se traducía en episodios fragmentados pero frecuentes en los que se atentaba contra la existencia física y social de los miembros del pueblo totonaca. Siguiendo de nueva cuenta a Wieviorka (1992: 167-168), la violencia nunca emerge de la nada, por lo tanto, es el resultado de cambios en relaciones sociales, como las de dominación, es decir, que un examen de la violencia no puede dejar de lado las relaciones de dominación imperantes. Continuando con esta argumentación, la violencia en Huehuetla podría remitir a la estructura de dominación de los mestizos sobre los indígenas, incluso el flujo de violencia seguía esa vía, era ejercida de los mestizos hacia los totonacos. El problema se veía agravado por la falta de impartición de justicia hacia los indígenas. Revisemos ahora ese tema.

Resulta significativo que, sin excepción en cada una de la entrevistas se mencionó la palabra *injusticia*. El tema emergía reiteradamente siempre en relación a las relaciones interétnicas entre mestizos e indígenas. No es sorprendente entonces que la Organización abriera un frente de lucha respecto a la justicia, (como lo hiciera en relación a la educación) con la gestión y puesta en marcha de un juzgado indígena. De ese modo, la idea de

---

[50] Sin lugar a duda, el tema de la violencia es de gran complejidad e interés sociológico, sin embargo, su análisis teórico y práctico escapa de los objetivos de la presente investigación, no obstante la relevancia del tema expresada en las narraciones de los informantes impedía dejar fuera dicha discusión. Para una amplia discusión sobre el tema de la violencia cercana a la perspectiva del sujeto y movimientos sociales de Touraine Cf. Michel Wieviorka, (2009), Violence, a New Approach, Londres, Sage Publications

juzgado indígena de alguna forma puede leerse como el reconocimiento de un modelo cultural distinto al del modelo cultural nacional y la inscripción de una especificidad cultural —indígena— en el modelo mestizo. Cabe señalar que la lucha por la justicia no ha sido de ninguna forma un proceso sencillo. La existencia del juzgado indígena se inscribe en un proceso conflictivo, marcado por la disputa y la violencia. A continuación se examina precisamente las percepciones de los totonacos respecto a injusticias que se vivían en Huehuetla hasta antes de la formación de la Organización. Don Mateo Sánchez relata a detalle el problema de la injusticia contra los totonacos, señala:

> Porque había muchas cosas, había mucha injusticia, podemos mencionar que tan sólo en la comunidad de Xonalpu, donde vivían un grupo de gente que hacían injusticia, si la gente de Xonalpu o la gente de otros pueblos que pasaban por ese camino, los atajaban y los quitaban lo poquito que traían, si traían dinero lo quitaban, si traían mercancía lo quitaban. Si no entregaban su dinero, entregaban su vida y mejor entregaban su dinero, para que llegará a su hogar con su familia y así estaban las cosas y si esas gentes llegaban a una casa que si hay un marranito, que si hay tres o cuatro guajolotes, esas personas ratas: —usted no protesta, usted diga ¿Cuántos guajolotes tienes? ¿Cuántos marranos tienes? Tú tienes que entregar lo que tienes—pero no, usted no dice que no puedes entregar, tienes que entregar porque sino entregas te matan.

El relato de Don Mateo al igual que los anteriores dibuja un clima de violencia e inseguridad contra los totonacos en el municipio, los asaltos y asesinatos son otra constante en las narraciones de los miembros de la Organización. Aunado a ello, la noción de impunidad e injusticia puede entreverse en el párrafo anterior. El relato prosigue:

> Y si va usted a Huehuetla, llevas tus dos muchachas, tú eres un padre llevas a estas dos muchachas y caramba, si esas personas mano, te encuentran y te agarran y te dicen: —mira me gusta tu hija— y caramba y: —me quiero pasar a relacionar un ratito—y si usted no acepta pues te matan, así pasaban las cosas y la gente se callaba, no se decía no se acusaban, no ponían demandas, porque le decían si usted pone una demanda, pasado mañana te mueres, y así pasó esa historia, y si usted tiene o siembra una hectárea por ahí y pues ya llegó la hora de pichicar o de cosechar, si te dicen: —mira le llevo, sabes que nosotros vamos a pichicar tu siembra, nosotros vamos a pichicar—y la persona si se oponía, el dueño de la siembra lo mataban, mejor entregaba su siembra ahí que lo pichaque el que no lo sembró, así hacían esas cosas esas personas.

La narración de Don Mateo hace también referencia a las agresiones sexuales en contra de mujeres totonacas. Es importante recalcar que no es el único que lo menciona. Del mismo modo, su exposición alude al problema de los abusos en relación a la cosecha. Además otro punto es significativo y es que para los totonacos el costo de exigir justicia era muy alto, las amenazas en conexión a ello y la estructura de poder político generaban un clima de injusticia y de impunidad en contra del pueblo totonaco. Revisemos otro fragmento de la entrevista con Don Mateo en la que se ahonda sobre este tema:

> La autoridad municipal que estaba anteriormente porque los estaba relacionando con las autoridades municipales y por eso no tenían miedo, no esperaban—ah y voy a tener ese castigo— porque el mismo presidente los apoyaba, a lo mejor todo lo que robaban esas persona, le daban un parte a la autoridad.

El primer presidente del gobierno indígena deduce que el problema de la injusticia contra los totonacos se vinculaba con la colusión entre los grupos delictivos y el gobierno municipal, por lo tanto, interponer demandas o quejarse en el ayuntamiento resultaba inútil y hasta perjudicial para los indígenas. Por ende, los totonacos comenzaron a buscar otras estrategias para hacer frente a la situación, una de ellas fue el ampararse en la iglesia. Ya Marcos Juárez en la sección anterior daba cuenta de ello. Grupos de totonacos de las comunidades se dirigían a la Iglesia de San Salvador en la cabecera municipal, descansaban y se resguardaban en ese lugar. De la misma forma, era frecuente que solicitaron misas al párroco para que la violencia y las injusticias cesaran. Don Félix Cano comparte su experiencia:

> Por ejemplo en esa actualidad, porque ya sabían que los esperaban en el camino y nada más los robaban o de plano les daban cuello, o si venían con mujeres pues eran violadas y ya la gente pues empezaba a platicar con el sacerdote: —¿Qué se puede hacer? Mira ¿Unas misas? —Bueno pues tal vez si ustedes lo piden, yo no sé qué está pasando allá, pero pues platiquen y ¿Porqué no se reúnen? y ya fue como pues reuniéndose la gente dice: —hay que mandar a hacer misas.

Solicitar mismas fue una estrategia de los totonacos que los acercó con la Iglesia en la cabecera municipal. El conjunto de todos los relatos que se han examinado pretende dar cuenta de las condiciones y del contexto de dominación cultural expresado en múltiples dimensiones y expresiones concretas. Sin embargo, en relación al relato de los miembros de la OIT, la violencia y la injusticia fueron procesos detonadores para que los totonacos decidieran organizarse y afrentar la dominación cultural y sus expresiones. Pedro Valencia, socio de la Organización y secretario de acuerdos del Juzgado indígena, explica cómo se relaciona la OIT y la justicia: "Lo que le puedo decir es que había un factor miedo, un fenómeno de un grupo delictivo que este grupo tenía aterrorizado a la gente indígena, y es por ello que vieron la manera de acabar con este miedo, y por eso se formó la OIT".

El miedo, la inseguridad y la injusticia, fueron factores detonantes para que los totonacos comenzaran a organizarse. El juez indígena Manuel Aquino añade al respecto:

> Así surgió la OIT, porque casi no había justicia, siempre la gente lo asesinaban en el camino, lo asaltaban, hasta a veces entraban en las casas, si una persona vende su café o su animal que tienen, pues en la tarde ya le quitan su dinero. empezaron a pensar que van a hacer, aunque cada rato vienen a la presidencia a: —me pasó eso, entraron a mi casa—pero el presidente pues nunca se preocupaba lo que les pasa.

Hasta aquí, la intención era bosquejar la forma en cómo se materializaban las orientaciones culturales del modelo nacional mestizo en una comunidad indígena particular. Este modelo se expresaba por medio de una identidad social única, la mestiza, la cual debía expandirse hacia los indios y producir su desaparición como diferentes para posteriormente integrarse como mestizos mexicanos. El examen particular de una comunidad particular, a través de los relatos de los totonacos da cuenta de la forma en que se reproducía en modelo cultural nacional en una comunidad india específica. La estructura del modelo mestizo en Huehuetla tenía como consecuencia "natural", la subordinación de los totonacos y la construcción de su identidad en términos del falso reconocimiento (Taylor, 1993). En un ámbito social más restringido, el modelo se traslapaba hacia los totonacos y generaba una estructura de dominación que cómo se ha señalado se expresaba en distintas dimensiones de la vida social.

En efecto, las orientaciones culturales del modelo subordinaba y sustentaban ideológicamente las relaciones de dominación de los mestizos sobre los indígenas. Dichas relaciones de dominación se expresaban en Huehuetla en una economía de acaparadores, episodios de violencia frecuentes, injusticia, discriminación y segregación espacial.

Ahora bien, este era el contexto particular del pueblo totonaco en Huehuetla, de alguna forma todos estos problemas se convirtieron en ejes de lucha contra los cuales un grupo de totonacos decide organizarse, formar alianzas y combatir, con el objetivo de transformar las relaciones de dominación cultural y con ello tratar de incidir en las orientaciones culturales del modelo. Sin embargo, resulta obligado revisar una serie de procesos en torno a la identidad totonaca que se gestaban en los *espacios libres* en Huehuetla que detonarían transformaciones no sólo en la estructura de poder del municipio, sino inclusive en la misma identidad totonaca.

4. LA IDENTIDAD TOTONACA EN EL CONFLICTO

> Esta Organización la constituimos nosotros los indígenas totonacos, que como pueblo queremos la libre autodeterminación de nuestro destino al cual tenemos derecho.
>
> **Artículo 1**, *Principios Constitutivos de la OIT*, 1992

Es 1992, transcurre el primer periodo del Gobierno indígena en Huehuetla encabezado por Don Mateo Sánchez, indígena totonaco originario de la comunidad de Leacaman. Entretanto se redactan los principios constitutivos de la Organización Independiente Totonaca fundada unos años atrás. En el documento se explicita aquello que Touraine (1995a) define como *el principio de identidad*. En otras palabras, la definición de un nosotros colectivo por los mismos miembros de la Organización. Dicha definición se constituye y organiza relacionalmente frente a un adversario y mediante el conflicto con éste, por medio de la promoción de un contraproyecto de la historicidad en la que la identidad india tiene el mismo valor que la mestiza.

En el artículo primero de los principios constitutivos de la OIT ese nosotros colectivo se define a través de la afirmación de una identidad cultural—*indígena totonaca*—esta definición a su vez señala y nombra al adversario que es para los totonacos, *el mestizo*. De igual forma, identidad y conflicto se entrelazan, delimitando el campo cultural compartido por totonacos y mestizos en la pugna por imprimir orientaciones particulares al modelo nacional-mestizo. La afirmación de la identidad indígena totonaca se encamina a la lucha por un objetivo—*la autodeterminación*—lo cual se sustenta en que dicho objetivo es propiamente un derecho de ese nosotros colectivo totonaco. Conjuntamente en el contenido del artículo puede interpretarse el sentido de un principio de acción encaminado hacia la autoproducción de la experiencia, es decir, el principio de acción de un sujeto. Sin embargo, respecto a la OIT y el principio de identidad, cabe preguntarse ¿Cómo se efectúo la definición de ese nosotros colectivo indígena? La pertinencia de dicha pregunta se justifica en relación a los prejuicios, devaluación y dominación cultural de los elementos identitarios indígenas y de los propios indígenas frente a los mestizos que fueron descritos en el capítulo anterior, aunado al problema que representa para la afirmación de una identidad devaluada la interiorización de los esquemas de dominación por parte del dominado, (Le Bot, 1998: 202) y las consecuencias del falso o nulo reconocimiento de la identidad (Taylor, 1993). Estos procesos tienen precisamente como efecto la naturalización de la dominación y la aceptación de la misma, lo cual sustenta precisamente la justificación de la pregunta, ¿Cómo definir un nosotros? Si ese nosotros no tiene valor.[51]

Es precisamente en este conflicto que se enmarca el eje central de la presente investigación: explorar y analizar los distintos procesos conexos a la identidad totonaca en el surgimiento de la OIT, en el marco más amplio de la discusión sobre la conformación de un sujeto político. Por lo tanto, en estricto sentido cabe distinguir dos niveles de análisis: el primero vinculado a los diferentes procesos en torno a la identidad totonaca y el surgimiento de una Organización del movimiento social indígena en el municipio de Huehuetla y sobre el cual versa el presente capítulo. El segundo nivel de análisis enmarca la discusión respecto a los procesos identitarios y la OIT en la reflexión sobre la conformación de un sujeto político, tema que será examinado en su extensión en el siguiente capítulo.

De esta forma se delimita el objetivo del presente apartado, esto es, analizar y discutir los distintos procesos generados por la OIT vinculados a la identidad totonaca en conexión con el surgimiento, desarrollo y lucha de la Organización Independiente Totonaca y sus distintos frentes de oposición. En relación a ello se examina la forma en que la identidad indígena totonaca de los miembros de la Organización se enlazó con distintas acciones y estrategias efectuadas por miembros del pueblo totonaco de Huehuetla para hacer frente a los procesos de dominación cultural y sus expresiones concretas: intercambios económicos desiguales, violencia física, exclusión social, segregación espacial y marginación política. A propósito de este tema se analiza el concepto de *revaloración identitaria*, sus distintas dimensiones y expresiones concretas. Subsiguientemente, se

---

[51] En relación al tipo de dominación al que se ve sometido el indígena, deviene el proceso de interiorización de dominación por parte del mismo indígena, "es un proceso de racismo contra sí mismo, el indio interioriza y redobla el proceso de objetivación (Le Bot, 1998:202)".

examinan los procesos identitarios en relación a la lucha de la OIT, lo que desde ahora se denomina: *actualización identitaria*, categoría analítica asociada con acciones prácticas realizadas por los totonacos que reafirmaron la revaloración identitaria e incorporaron nuevos esquemas culturales a las orientaciones y prácticas de los miembros de la Organización. Del mismo modo, se indaga y explora el proceso de *reconfiguración identitaria*, vinculado estrechamente con los dos anteriores, una especie de proceso de síntesis de ambos y que tiene como consecuencia la construcción de nuevos significados en la identidad totonaca. Finalmente se analiza cómo la acción y lucha de la OIT generó cambios en las orientaciones del modelo cultural y como se expresan éstos en la identidad totonaca y en las relaciones interétnicas en el municipio.

Desde ahora se anticipa que la conformación de la OIT encuentra su fundamento en el proceso de revaloración identitaria, el cual sentó las bases para el desarrollo tanto de la actualización y reconfiguración identitaria, los cuales a su vez incidieron en los distintos frente de lucha impulsados por la Organización. Por otra parte, se argumenta que estos microprocesos sociales en torno a la identidad totonaca no sólo sustentaron la conformación de la OIT, sino del mismo modo, se erigieron como proyectos contestatarios de la historicidad frente al modelo cultural nacional-mestizo y la imposición de una única identidad social. En relación a lo anterior es necesario tener presente que los procesos de revaloración, actualización y reconfiguración identitarias tiene como base un identidad cultural, la totonaca, la cual no debe ser conceptualizada o entendida como una entidad fija e inamovible con respecto al tiempo o sus contenidos y significados. Si bien como se analizó en el segundo capítulo existe un conjunto de elementos culturales que concretan y delimitan el ser totonaca, éstos no lo circunscriben y están sujetos a cambios, permutaciones y resignificaciones, lo cual se expondrá en las siguientes páginas. Al respecto también seguimos el concepto de Stavenhagen (2006: 219) sobre identidades culturales entendiéndolas como construcciones sociales. Al decir de dicho autor: "se trata más bien de artefactos, de construcciones, de inventos, de discursos, de comportamientos y de mundos simbólicos". Pensar la identidad totonaca como un proceso construido y en construcción permite dar cuenta de los distintos matices e interrelaciones entre el conflicto y la configuración de una identidad totonaca serrana, así como de la capacidad de autoproducción de un grupo de indígenas totonacos en la Sierra Norte de Puebla luchando por convertirse en sujetos de derechos y en ciudadanos plenos de la nación mexicana. El mismo principio de acción del sujeto como autoproducción es aplicable a la identidad cultural. La OIT auto produjo la identidad totonaca revalorándola, incorporando, recuperando y apropiando pautas y orientaciones culturales del pasado y del presente, así como dotando de nuevos significados al ser totonaco. Se sostiene que, una dimensión central de los procesos identitarios y la OIT es la reconstrucción de la identidad totonaca enarbolada en el discurso de los derechos humanos.

4.1 El proceso de revaloración identitaria

Recuperando el esquema analítico de Touraine (1995a) sobre la conformación de un movimiento social y la combinación de los tres principios: *conflicto, totalidad e identidad,* centremos nuestra atención en este último—si bien los tres se interrelacionan mutuamente. Ahora bien, el principio de identidad es el momento en el cual el actor se define a sí mismo. Es el momento de construcción de un *"nosotros colectivo"* en el conflicto. Sin embargo, ¿Qué sucede en torno al principio de identidad, cuando la definición de ese "si mismos" está cargada de valoraciones sociales negativas? En otras palabras, ¿Cómo puede fundarse una afirmación positiva de la identidad, cuando las orientaciones culturales del modelo subordinan esa identidad y la construyen a partir de elementos y cualidades negativas, cuando esa identidad colectiva socialmente está racialmente estigmatizada y ha sido depreciada sistemáticamente, cuando para el lenguaje social común esa identidad es sinónimo de atraso, ignorancia, fracaso, dependencia e incapacidad? Es decir ¿Cómo fundar un nosotros colectivo en una identidad socialmente subordinada, estigmatizada y devaluada?

En el capítulo anterior, fue posible entrever a través del relato de algunos miembros de la OIT la estructura de dominación cultural expresada en las relaciones interétnicas entre mestizos e indígenas, así como las distintas dimensiones en que se expresaba: política, económica, social. De forma análoga, se distinguieron las orientaciones del modelo cultural en torno a la valoración de lo indígena, de la identidad totonaca y como ésta ha sido sistemática e históricamente devaluada. En buena medida, las relaciones de dominación interétnicas y la sistemática devaluación tienen como consecuencias un falso reconocimiento (Taylor, 1993: 45), a saber, una forma de opresión que encuadra las identidades en modos de ser mutilados, deformados e inferiorizados, lo cual inclusive puede llegar a generar en la identidad odio contra sí misma. La noción de falso reconocimiento se vincula estrechamente con lo que Touraine (2003) y Le Bot (1998) denominan el principio de doble racismo, esto es, la interiorización de los esquemas y orientaciones del dominador por parte del dominado. En efecto, sobre la identidad totonaca históricamente ha recaído un falso reconocimiento que ha llegado hasta la interiorización del mismo, produciendo una identidad devaluada, rechazada y negada, carente de cualquier valor social o utilidad. Se puede afirmar que los indígenas y en este caso, los indígenas totonacos han sido históricamente inferiorizados, construidos como inferiores, este proceso sustenta simbólicamente y "legítima" la exclusión política y social de los indios, en términos de Alexander (1992) se erige en el sustento simbólico de su exclusión.

En el capítulo anterior se expuso cómo las orientaciones valorativas del modelo cultural nacional-mestizo subordinaban lo indígena a lo mestizo, haciendo recaer sobre dicha identidad una serie de prejuicios y valoraciones negativas, lo cual tenía como consecuencia la devaluación de los elementos identitarios propios de los totonacos. Si idealmente logramos situarnos en el municipio de Huehuetla al tiempo previo de la OIT, sin duda no sería difícil escuchar relatos como el que a continuación narra el profesor Pablo Ramírez:

> En un principio a la gente de las comunidades, les decían así con mal nombre, peoncitos, o los huarachudos, o los sombrerudos, (...) la figura que juega el indígena ¿No? Esa, ese racismo, clasismo, por ser indígena, tu eres tontito, tu eres peoncito, tu eres criadito, eres sirvientito y tu no puedes aspirar a más pues, porque eso eres, como que, o sea, como que ser indígena era sinónimo de fracaso ¿No?

El profesor Pablo, sitúa el momento más arduo de las relaciones de dominación interétnicas como el *principio*, momento en el cual a los indios se les mal-nombraba, a través de la identificación de ciertos elementos de la vestimenta totonaca cargados peyorativamente como el huarache o el sombrero. De forma análoga, el profesor enuncia una serie de orientaciones culturales que asocian la figura del indígena con un destino predeterminado, el de la subordinación representado en la noción de sirviente y criado. El fin del relato es significativo, señala directamente que ser indígena era sinónimo de fracaso. En la misma línea, el segundo presidente municipal, Bonifacio de Gaona comenta sobre la autopercepción de algunos totonacos:

> Mucha gente como que está como que muy ¿Cómo le puedo decir? Con una autoestima muy baja, que hasta se dicen—no es que yo soy una gente muy tonta, que yo soy gente muy pobre— es algo así como que tiene una idea de, esa idea de que no valen nada, entonces como que su autoestima está muy bajo.

A través de estos testimonios es posible problematizar el hecho de que sobre la figura del indígena y en el caso de Huehuetla sobre la figura del indígena totonaco recaen una serie de prejuicios y valoraciones negativas producto de la imposición del modelo cultural; ser totonaco carece de valor en Huehuetla o no es tan valioso como ser mestizo. Por otra parte, el relato anterior exhibe que la orientación sobre el valor de la identidad totonaca no es exclusiva de los mestizos hacia los indígenas, ya que en algunos casos los esquemas de devaluación hacia lo indígena han sido interiorizados por los propios totonacos en un proceso de racismo sobre sí mismos y como una muestra de cómo se expresa el falso reconocimiento.

De tal forma que en la antesala de la afirmación de la identidad indígena totonaca como nosotros colectivo acaeció un fenómeno en torno a la misma que se denomina *revaloración identitaria*. Éste, se define como un proceso reflexivo y relacional en los miembros de la OIT en torno a la apreciación y valoración de un conjunto de elementos culturales del pueblo totonaco, orientado a dotar de valía a la identidad y ser totonaco frente a la identidad social mestiza. La revaloración es un proceso de construcción del valor social de la identidad totonaca, de la producción del valor de ser indio y de identificarse como tal. Este proceso de reflexión y diálogo tuvo como consecuencia la afirmación y valoración positiva de la identidad totonaca precisamente en relación a la identidad social mestiza. Antes de proseguir, cabe destacar que los procesos que se examinarán a continuación, tales como la revaloración, la actualización y la reconfiguración identitaria se insertan en un proceso más amplio, la reconstrucción simbólica de un grupo excluido. Como veremos en el siguiente capítulo, la lucha de la Organización independiente Totonaca produjo la redefinición simbólica de la identidad totonaca particularmente en dos dimensiones: la primera es una redefinición de las orientaciones culturales ligada al valor de la identidad totonaca y sobre la cual versa el presente capítulo. La segunda dimensión refiere a la redefinición de los totonaco en términos del código democrático. Esta discusión será abordada en el siguiente capítulo, no obstante ambas dimensiones tienen como objetivo reconstruir a grupos excluidos y devaluados y denunciar la justificación ideológica y legitimación política de dicha exclusión y por ende son también luchas por la inclusión. Resulta notable que para el caso de la OIT, fueran los mismo miembros de la Organización quienes produjeran estos procesos, lo cual sin duda lleva la marca del sujeto.

De forma preliminar se señalan las dimensiones del concepto de revaloración identitaria, cabe destacar que a continuación cada una se examinará con mayor detalle. La revaloración tiene como dimensiones de análisis: a)la reflexión y difusión de la noción de igualdad; b)la reflexión sobre la posición de subordinación del totonaco; c)la afirmación de la identidad; d)la reflexión sobre los elementos culturales totonacos; e)la autovaloración; f)la reconstrucción de la identidad totonaca enarbolada al discurso de los derechos humanos.

Recobrando el concepto de Johnston (2005) sobre espacios libre, las comunidades Eclesiales de Base se convirtieron en ese lugar remoto, "libre" de la dominación mestiza en el cual los totonacos podían reunirse y discutir sobre asuntos de su interés. Mas aún, como acertadamente señala Reyes (2005), las CEB's fueron espacios que paulatinamente fueron apropiándose los indígenas totonacos, imprimiendo en éstos ciertas pautas culturales propias e inclusive incorporando la estructura de sus asambleas comunitarias.

Si volvemos al tema de las Comunidades Eclesiales de Base es en razón del tema de la revaloración identitaria. Las CEB's fueron precisamente el lugar en el cual se empezó a discutir y reflexionar sobre la identidad totonaca y su valor, es decir, fueron el espacio en donde se inició el proceso de revaloración identitaria. Durante esta etapa en la historia previa a la conformación de la OIT la iglesia católica en su vertiente de teología de la liberación desempeña un papel activo, al ser el agente que impulsó la discusión, además de proveer un espacio para el diálogo entre los totonacos, que éstos ciertamente no poseían. No obstante, lo significativo respecto al proceso de revaloración identitaria y las CEB's, es la apropiación y uso de cierto espacios y pautas culturales por parte de los totonacos para a partir de ellos, comenzar un largo camino en la revaloración de los elementos identitarios totonacos. Por ejemplo, revisemos el relato del juez indígena Manuel Aquino, miembro activo de las CEB's sobre la reflexión en el marco de estos espacios libres:

> Hay un sacerdote el que empezó a explicarnos bien, pero el primero de los derechos humanos, para que así también podemos gobernar—porque no es cierto ah, mestizos que conocen muchas leyes, no nada mas porque ellos tienen billete pueden trabajar en la presidencia, pero ustedes también pueden, pueden ganar, pero organizarse primero—pues él nos empezó a explicar y si, empezaron a organizar a la gente en cada comunidad, donde empezó esta organización, empezamos a hacer grupos que le llaman comunidad eclesial de base, ahí empezamos a despertarlos a la gente de la comunidad y cuando ya se despertaron pues este, empezaron a organizarse, entonces cuando ya bien organizado, porque ya nació la OIT, entonces sólo lo mandaron a registrarse y entonces ya, ya tiene fuerza.

En el relato anterior es posible entrever el comienzo del proceso de revaloración identitaria y el lugar en el que se efectuaba, así como la forma en que se vinculaba el proceso organizativo con la revaloración y la (re)construcción de una identidad colectiva que desde ese momento se enarboló con el discurso de los derechos humanos. Por otra parte, una constante presente en dicho proceso identitario es la referencia al "otro", al mestizo, identidad social frente a la cual los indígenas eran comparados para ser menospreciados.

El proceso de revaloración identitaria totonaca tiene como una de sus dimensiones justamente la reflexión y difusión de la noción de igualdad entre mestizos e indígenas, lo cual se expresaba en la equiparación de capacidades y de valía entre ambos grupos. El juez Aquino señala que tanto los totonacos como los mestizos tiene la capacidad de gobernar, es decir, ambos pueden ser gobierno allende su conocimiento sobre leyes o los recursos económicos de los mestizos. En esa expresión hay una primera construcción discursiva sobre la igualdad de los totonacos y los mestizos que se enuncia en la noción de que ambos pueden gobernar, y es que, la subordinación y devaluación de lo totonaco se efectuó siempre en relación a la figura del mestizo, por consiguiente, el proceso opuesto, la revaloración, debía poner en conflicto dicha orientación, esto se efectúo ideológicamente a través de la producción de la igualdad interétnica.

Vinculada directamente con la noción de igualdad entre totonacos y mestizos, se encuentra otra dimensión del proceso de revaloración, la reflexión en torno a la posición del totonaco respecto al mestizo y la consecuente negación tanto de la subordinación "natural" del totonaco frente a los mestizos, como de la *"incapacidad"* de los indígenas para realizar distintas acciones. En el siguiente relato del profesor Antonio Méndez es posible interpretar cómo se efectúo el proceso de revaloración y las dimensiones que hasta ahora se han señalado:

> Entonces, en aquel entonces pues no se tenían esos espacios, la gente de todas las comunidades, este, vivían en una opresión total ¿No? Entonces al inicio de los grupos que se fueron armando, el empezar a reflexionar pues, de que también los totonacos tenemos como esa capacidad de decidir, esa capacidad de trabajar de lograr cosas nuevas por nosotros mismos, eso es lo que impulsa a que la gente de las comunidades se fueran organizando poco a poco ¿No? que su propia gente, que su propia, que el propio pueblo pues sienta esa confianza, sienta ese valor y esa como se podría decir ese pensamiento de decir: —yo soy de este pueblo, yo pertenezco ahí y yo debo y yo puedo hacer las cosas.

Hay un punto clave en el párrafo anterior para comprender el proceso de revaloración de la identidad totonaca, se relaciona con una de las díadas opuestas que construyen al mestizo y al indígena—*capacidad-incapacidad*—esta oposición remite directamente a las orientaciones del modelo cultural y al trabajo de los totonacos al respecto, esto es, reflexionando, discutiendo y afirmando la igualdad entre indígenas y mestizos sobre sus capacidades, su acción y su decisión. Este proceso se vinculaba también con la reflexión en torno a la posición de subordinación del indígena frente al mestizo. Resulta notable en el relato del director del CESIK, la forma en que se enlazan varios procesos, el primero que venimos analizando sobre la reflexión de la igualdad entre mestizos y totonacos y su equiparación en capacidades, articulado con el impulso de los totonacos de las comunidades a organizarse, lo cual se engarza con el sentimiento de confianza y valor de pertenencia al pueblo, en este caso al pueblo totonaco. Es decir, en el relato se encuentran indicios de cómo un proceso reflexivo de equiparación de capacidades e igualdad mantiene una estrecha relación con la formación de una organización y el reconocimiento del valor de ser totonaco, de identificarse como un indígena totonaco.

Sobre el mismo tópico, en el siguiente relato Don Mateo Sánchez narra cómo ciertos elementos culturales de los totonacos son percibidos como características de la imposibilidad de actuar y de la incapacidad totonaca para accionar:

> Quizá a mi me rebajaban por mi vestimenta, quizá a mi me rebajaban por mi calzado, que yo calzó con guarache, quizá me rebajaban por mi lengua, porque habló yo totonaco, pero eso no quiere decir que no tenga experiencia, eso no quiere decir que no pueda hacer las cosas, eso no quiere decir que no puedo hacer gestiones, eso no quiere decir que no puedo ver las necesidades que tienen en las comunidades o en el pueblo, en este municipio.

Cuando los mestizos rebajaban a Don Mateo pretendían ligar su identidad totonaca a la inexperiencia e incapacidad. En relación a ello se hace explícita otra de la dimensiones de la revaloración identitaria, la afirmación de la identidad totonaca, expresada en la percepción de los propios indígenas como personas capaces en distintos ámbitos, por ejemplo, en el trabajo y en el gobierno. Es posible identificar en el relato un tránsito de la reflexión de la igualdad a la afirmación de la misma. Mas aún, el relato de Don Mateo contradice una por una las orientaciones culturales del modelo, al tiempo que afirma lo contrario, su capacidad de acción como indio totonaco. Por ello, se puede sostener que el proceso de revaloración identitaria está marcado por la percepción de la capacidad de acción indígena. La revaloración identitaria se expresa en que los totonacos afirmen, como Don Mateo, que no es necesario dejar de ser totonaco, abandonar los huaraches, el sombrero de paja y la ropa de manta para hacer cosas. Es decir, la revaloración tuvo como consecuencia la producción de lo siguiente orientación cultural: *no tengo que dejar de ser totonaco para ser valioso, para ser capaz y para producir mi experiencia.*

Los indígenas tienen capacidad de acción y en relación a ello no es necesario dejar de ser totonaco, tampoco abandonar su identidad. Respecto a este tópico resulta clave retomar el fragmento del relato del profesor Antonio, pues en el marco de las CEB's se discutían orientaciones culturales que no estaba sujetas a discusión, a saber, la capacidad de acción de los indios totonacos. El mismo proceso organizativo en las CEB's y en las comunidades era ya una muestra de la capacidad de acción de los totonacos, por la cual las personas de las comunidades comenzaban a organizarse. Además, en la narración del profesor Antonio se destaca que en el marco de la reflexiones previas a la OIT, los individuos miembros del pueblo totonaco, sintieran valor y confianza del hecho de ser totonacos, de pertenecer a un lugar, Huehuetla, otrora Koyom, parte del territorio cultural denominado Totonacapan. Pero sobretodo, reflexionen sobre la capacidad de los totonacos, su capacidad de autoproducción sin dejar de ser totonacos, es decir, de la autoproducción de ellos mismos como sujetos desde la totonaqueidad.

De la misma forma, es presumible que durante el proceso de revaloración identitaria de los totonacos en Huehuetla transcurriera lo que McAdam (1987) denomina *liberación cognitiva* y que hace referencia a la conjunción de sentimientos de injusticia y eficacia, en otras palabras, la liberación cognitiva es un proceso en el que se vincula el sentimiento de injusticia o ilegitimidad con el sentimiento de que esto puede ser cambiado para mejorar. Lo cual en cierta forma sucedió a finales de la de década de los ochenta en Huehuetla y que es relatado por los miembros de la OIT. Un creciente sentimiento de injusticia entre los totonacos que se vinculaba con la reflexión en torno a su capacidad de acción. En el siguiente relato del secretario de la Organización, Marcos Juárez de Gante, es posible entrever indicios de los procesos antes señalados, o sea, la percepción de injusticia, la valoración de lo devaluado en conjunción con la capacidad de acción en la fundación de la Organización Independiente Totonaca:

> Entonces desde la iglesia empiezan a concienciar a la gente de que bueno, eso que son ello pues tiene valor, igual para poder enfrentar las injusticias tienes que organizarse, a ellos los empiezan a concientizar y entonces por ello es que ser arma, se funda esta organización.

¿Si ser totonaco tiene valor? ¿Porqué no defenderlo? ¿Porqué no afirmar esa identidad frente a aquellos que le han negado el valor? Sostengo que entre el proceso reflexivo previo a la fundación de la OIT existe una afirmación positiva de la identidad totonaca, a través de la cual se comienza a construir *el nosotros colectivo denominado Organización Independiente Totonaca*. Pero que requiere no sólo la equiparación de los totonacos frente a los mestizos sino un rescate valorativo de aquellos elemento propios que históricamente fueron devaluados tanto por lo otros, como por ellos mismos.

Por último, existe otro punto que conviene destacar sobre la revaloración identitaria, su carácter performativo. Dicho carácter se refiere a que la misma reflexión en torno al valor de la identidad totonaca ya dotaba de valor a los elementos culturales del ser totonaco, es decir, el hecho de reflexionar sobre el valor de lo totonaco, en sí mismo ya dotaba de valor a ese ser, y constituía además, una afrenta directa a las orientaciones culturales que subordinaban lo totonaco[52]

El proceso de revaloración identitaria es un principio de acción dirigido a imprimir valor social al ser totonaco. Por lo demás, el *ser totonaco* es la disposición de un conjunto de elementos culturales interrelacionados entre si que a su vez determinan un cierto tipo de orientaciones culturales, sin ser éstos de ninguna forma construcciones fijas, perfectamente delimitadas e inamovibles. En ese sentido se examina a continuación algunos relatos

---

[52] Recuperando, la noción de los actos de habla performativos, es decir, aquellos actos de habla que en su enunciación implican la simultaneidad de la realización de una acción, Arditi (2009: 11) señala que la política posee en sí misma una dimensión performativa, ésta, hace referencia, a los cambios "que ya están empezando a ocurrir mientras la gente lucha por hacerlos realidad".

sobre la revaloración de elementos identitarios de los totonacos, tales como la relación del pueblo totonaco con la tierra, el idioma totonaco, las danzas y el servicio comunitario.

En el marco de la reflexión en los espacios libres, el proceso de revaloración identitaria se funda en el recuperación de elementos identitarios del pueblo totonaco y la apreciación de los mismos. Por ejemplo, la orientación cultural sobre la relación del pueblo totonaco con la tierra. Como se señaló anteriormente, en los relatos de los miembros de la Organización se describe un vínculo especial de los totonacos con la tierra, simbolizado en la forma en que los totonacos la denominan, "madre tierra". Lo cual se relaciona con la agricultura, la forma de vida y producción de los totonacos. Precisamente, en la discusiones y reflexiones en el marco de las CEB's, se platicaba sobre el valor de la agricultura y del vínculo de los totonacos con la tierra. El juez Manuel Aquino reconstruye una de esas narraciones en el marco de los espacios libres:

> Entonces lo mandaron a ese licenciado para capacitarnos, pues ahí donde este licenciado como que nos dio esa fuerza, porque siempre nos explicaba bien, aunque decía él: —ustedes si van a ir a la ciudad, pues allí no falta nada, hay naranjas, plátanos, hay piña, manzana, todo lo que hay, pero de la ciudad no saben cómo siembran esos frutos, hay muchos frutos pero no saben si es de árbol o crece alto, o de un …., no saben, pero nada más que están probando muy sabrosos, pero todo es su sufrimiento de un campesino, no porque él sembraron ese sandia melón, sembraron porque tienen mucho estudio, no, pues es igual como ustedes, no conoce nada, pero si saben qué tiempo van a sembrar para que den fruto, por ejemplo la piña, no saben que mes siembran, qué mes cosechan pero siempre en la ciudad no está faltando, entonces no es cierto que no valen los indígenas, más vales el que sabe mas, pero no es cierto, porque todos somos iguales.

El tema de la igualdad en la diferencia emerge en la narración, al postular que saberes distintos, como el del campo y la ciudad poseen el mismo valor, es decir, son iguales en valor, si bien sus características son diferentes. Cabe añadir que en la reconstrucción del diálogo es notable la valoración en torno al saber que implica el trabajo con la tierra, la agricultura, y que por el relato puede deducirse su devaluación sobretodo en relación a que quienes practican dicha actividad son indígenas. De igual forma resulta notable que la igualdad es un trabajo de producción de los totonacos. Mediante la revaloración de la identidad se construyó la igualdad entre mestizos e indígenas. El trabajo de producción de la igualdad se dirige a romper con los esquemas generados por el falso reconocimiento que históricamente situaban a los totonacos por debajo y en subordinación a los mestizos y en ese sentido, la construcción de la igualdad representa una disputa interpuesta por la OIT sobre las orientaciones culturales del modelo en torno al valor de las distintas actividades productivas de los grupos. El juez Manuel Aquino continúa con su relato sobre el trabajo de los indígenas y su valor:

> Entonces ahí esta el problema, aunque mucha gente no nos respetan, o no respetamos una persona que no conoce nada, pero tiene su pensamiento, sabe trabajar, entonces hay casas en la ciudad, de muchos pisos, pero están trabajando los indígenas, aunque no tienen preparación pero su trabajo, bien, bien que están haciendo, pues, eso es lo que debemos aprender, que somos iguales, no debemos de ofendernos, ni pelearnos, porque somos iguales, donde dice la ley, hay que respetarnos porque ante la ley todos somos iguales.

En la sección anterior del relato destaca de nueva cuenta el tema de la igualdad. Se señaló que una dimensión central del proceso de revaloración era precisamente la construcción simbólica de la igualdad entre totonacos y mestizos. Ahora bien, la noción de igualdad se trasladó también hacia la valoración de los elementos que constituyen las identidades sociales y entre los cuales destaca para los totonacos, el trabajo con la tierra. Por ello, vemos en el relato del juez Manuel Aquino una constante equiparación de saberes, diferentes pero igualmente valiosos. Revisemos la conclusión de su relato:

> Nosotros aunque no estudiamos no tenemos mucha preparación, pero si también sabemos trabajar al campo, todo lo que necesitamos, entonces aunque uno no tiene estudio, pero sabe producir la tierra, si, entonces no es cierto que uno el que sabe más vale más, no, sino que son iguales, si, si. (…) sino que tenemos que valorar lo que es nuestro, por ejemplo la vestimenta, la lengua, pues todos valen, un muchacho que se preparo, pues puede hablar dos o tres lenguas, si se preparo, no va decir que no está bien.

El Juez Manuel Aquino, reconoce las diferencias entre mestizos y totonacos, afirmando la igualdad en el valor y destacando la importancia del conocimiento sobre el trabajo y producción de la tierra, punto que podemos afirmar es parte de las orientaciones culturales que promovía el contraproyecto de la OIT. En la narración se añaden otros elementos identitarios tales como la vestimenta y el idioma totonaco, revisemos éste último

Quizá uno de los proyectos de mayor envergadura con respecto a la construcción de la identidad social nacional en México fue el esfuerzo por castellanizar a las distintas poblaciones indígenas a través del sistema educativo. Por supuesto, dicho proceso tuvo consecuencias para los totonacos y su idioma, pues, como se señaló anteriormente, un porcentaje significativo de totonacos, (alrededor de un 29%) no habla el idioma aún cuando siguen identificándose como totonacos. Por ejemplo Marcos Juárez comenta lo siguiente con respecto a su experiencia escolar: "por ejemplo cuando nosotros íbamos a la escuela nos decían que no habláramos la lengua". Pablo Ramírez, comenta sobre el mismo tema: "en el ámbito de educación pues era difícil, porque prácticamente era castellanizar y con esa visión de "disque civilizar" pues a los compañeros indígenas, a los hermanos indígenas, pues ahí, era prácticamente muy racista".

El idioma totonaco es parte de los elementos constitutivos de la identidad totonaca. En ese sentido es de esperarse que sobre él recaigan también una serie de valoraciones negativas que tuvieron como consecuencia la devaluación del mismo. El mismo Marcos Juárez comenta sobre el uso del idioma totonaco: "yo he visto por ejemplo que a veces cuando ven una persona hablando totonaco, lo ven mal a uno, la gente del centro, ellos dicen: —no pues nosotros no hablamos, no lo entendemos, no saben ni lo que están diciendo".

Ya en el relato de la sección anterior del Juez Manuel Aquino era posible entrever la valoración positiva en torno al uso del idioma totonaco y la capacidad de los totonacos de hablar dos lenguas, (español, totonaco). El idioma totonaco como elemento identitario fue valorado como parte del proceso de revaloración de los elementos identitarios totonacos. Marcos Juárez apunta al respecto: "yo creo que este, la organización tiene ese proyecto, tiene esa idea de conserva esa idea de recuperar la costumbre, recuperar la lengua, recuperar la vestimenta, prueba de ello es que se tiene una escuela donde se trata de inculcar precisamente los valores".

En el fragmento de la entrevista, Marcos destaca que la recuperación de distintos elementos identitarios, entre ellos, el rescate de la lengua totonaca se erige como un proyecto de gran relevancia para la Organización, porque en ella residen los valores del ser totonaco. Mas aún, el idioma totonaco es parte constitutiva de las orientaciones culturales totonacas. Por ejemplo, el profesor Pablo Ramírez señala con respecto al trabajo de recuperación de la lengua totonaca: "otro gesto es recuperar, por ejemplo el idioma ¿No? Porque también eso es importante, si una cultura pierde su idioma pues pierde prácticamente una buena parte de lo que es".

Para nuestro informante el idioma resulta parte constitutiva de una cultura. Hay que tener presente que la pérdida del idioma totonaco—entre otras causas—encuentra su origen en la implementación del sistema educativo mexicano y la escuela rural. Por ello no resulta sorprendente, que recuperar la lengua sea percibido como todo un proyecto de la Organización. El argumento es que en relación al falso reconocimiento y las relaciones de dominación para los totonacos no sólo es necesario recuperar el uso del idioma, además de ello resulta vital que sea revalorado.

En ese sentido, el proyecto de la Organización por recuperar el uso del idioma se inscribe en la línea de la revaloración identitaria. Mas aún, en los principios constitutivos de la Organización se hace explícita esta afirmación: "Artículo 4. En nuestra Organización se dará preferencia a todo lo que sea

Totonaco, y a todo aquello que ayude a dar plenitud y madurez a lo totonaco, por ejemplo: el idioma totonaco.". En efecto, el idioma se reconoce como algo valioso y por consiguiente digno de ser recuperado y puesto en práctica por los totonacos.

Hasta aquí se ha tratado mostrar las relaciones de dominación existentes entre mestizos y totonacas sus distintas expresiones y la forma en que la OIT reaccionó y luchó frente al proceso de dominación que subordinaba lo indígena. También señalábamos que las relaciones de dominación que aquejan a la población indígena, suelen generar un proceso de interiorización de las orientaciones culturales dominantes, que derivan en un racismo del indígena contra sí mismo. Centremos nuestra atención en éste último punto, y analicemos como el proceso de revaloración identitaria incidió al respecto.

Se definió la revaloración identitaria como un proceso reflexivo de los miembros de la OIT en relación a la identidad social mestiza. Ahora bien, la revaloración se dirigió a la valoración y apreciación positiva de un conjunto de elementos culturales encauzados a dotar de valía a la identidad y ser totonaco frente a la identidad mestiza. En este punto es necesario agregar una dimensión más y es que la revaloración identitaria es un proceso de autovaloración, es decir, que se efectúa al interior del mismo pueblo totonaco, o al menos, de los totonacos miembros de la organización. Lo cual implica que la revaloración no sólo se dirige a la afirmación positiva frente al mestizo, sino también a una aseveración en cada uno de los totonacos y entre los totonacos. En otras palabras, es un combate directo contra el falso reconocimiento y sus consecuencias. De acuerdo con Taylor (1993: 96) la dominación sobre grupos y la idea de falso reconocimiento provoca que dichos grupos e individuos, reciban, "sea directamente o por omisión , una visión humillante de sí mismos". Ya en la sección anterior se esquematizaron todas las formas y expresiones en que los totonacos y su identidad fueron menoscabados. De ese modo, el proceso de valoración se erige como una acción contestataria precisamente contra las secuelas de un visión denigrante de los totonacos por ellos mismos.

La revaloración identitaria totonaca puede entonces conceptualizarse como un proceso de auto valoración, de apreciar uno mismo aquello que fue despreciado, menoscabado y sistemáticamente humillado, es decir, la revaloración es la antesala a la afirmación identitaria, sin embargo es un proceso orgánico, en el sentido de que se da al interior del pueblo totonaco. Es un combate que libra cada individuo miembro del grupo, apoyado precisamente en la acción del grupo. Por ejemplo, el profesor Pablo Ramírez comenta al respecto:

> Pues yo veo que muy en el fondo tiene que la gente o que nosotros los que simpatizamos con estos proceso, pues reconozcamos que es valido esta forma de vida, de los pueblos,

> en este caso del pueblo totonaco y las formas de organización, porque básicamente es lo que hace la OIT, retomar estos valores y tal vez darle mas fuerza y como reafirmarlos, entonces, el pues el que luego se conformara como Organización Independiente Totonaca, yo creo que es fruto de todo una reflexión que hubo antes y que fue un proceso muy interesante, entonces para mi, es un proyecto así, es un proyecto de pueblo.

En este primer párrafo Pablo señala que un primer nivel de reconocimiento de lo totonaco pasa por la autovaloración, por que cada integrante de la comunidad totonaca reconozca que las orientaciones culturales del pueblo son válidas y valiosas. Al mismo tiempo da cuenta de cómo la OIT recupera esas orientaciones culturales, lo cual es una acción que reafirma y como consecuencia, *revalora* los elementos culturales, transfiriendo al presente elementos culturales que conforman el pasado totonaco, actualizándolo.

En el relato del profesor Pablo también es posible interpretar la relación entre la recuperación y reafirmación de los valores totonacos por parte de la OIT y la conformación de un "proyecto de pueblo", que es representado precisamente en la Organización Independiente Totonaca. Siguiendo con la discusión en torno a la revaloración de la identidad totonaca como un proceso de autovaloración, revisemos el relato del director del CESIK, el profesor Antonio Méndez, el cual señala:

> El que también como totonacos se sientan, que se sientan como parte de, creo que en ese sentido es importante que la Organización luche por eso, que su propia gente que su propia, que el propio pueblo pues sienta esa confianza, sienta ese valor y esa como se podría decir ese pensamiento de decir: —yo soy de este pueblo, yo pertenezco ahí y yo debo y yo puedo hacer las cosas— en ese sentido.

El relato anterior hace hincapié en la idea de que los totonacos sientan valor de sentirse y afirmarse como totonacos, que sientan valor de su territorio y de la pertenencia a una comunidad, a un pueblo específico. De la misma manera, insiste sobre la idea de la "capacidad", la valoración de los totonacos como individuos competentes, capaces de acción. Además, en este párrafo se articula el proceso de revaloración con la lucha de la OIT, es decir, la Organización como un ejemplo de totonacos en acción, los cuales logran cambiar situaciones problemáticas para el pueblo y sus integrantes. En ese sentido, la OIT se erige como una organización ejemplar de totonacos capaces de lograr lo que se proponen. Sobre el mismo punto el padre José Luis añade:

> Parte de las bases, las bases están puestas en la misma cultura, creo que el éxito, vamos a decirlo así, mucho o poco que tenido la organización, ha sido por eso, porque ha partido de la cultura es rescatar, valorar lo que se tiene, es recuperar su identidad.

Hasta ahora se han venido hilando algunos procesos y dimensiones de la lucha de la OIT con cuestiones relativas a cambios y permanencias en la identidad indígena totonaca, particularmente sobre el proceso de revaloración. Ahora bien, en relación a dicho proceso existe una dimensión que aún no sido examinada y que resulta central tanto en la lucha de la Organización como en los cambios señalados, ésta hace referencia a la noción de derechos humanos. Como veremos más adelante, la noción de derechos humanos estará presente en múltiples frentes de la pugna de la OIT, así como en los procesos de actualización y reconfiguración.[53] No obstante, el énfasis en esta sección reside en subrayar el nexo entre el proceso de revaloración y el discurso de los derechos humanos en la reconstrucción de la identidad indígena totonaca.

En la antesala de la formación de la OIT, los totonacos generaron un trabajo de producción del valor de su identidad y de ciertos elementos culturales compartidos como pueblo. Efectivamente, se ha señalado que el reconocimiento de ese valor les había sido históricamente negado. Siguiendo a Stammers (2005) tanto los derechos como la ciudadanía pueden llegar a ser excluyentes, en razón de la construcción de la identidad colectiva en la cual subyacen dimensiones esencialistas y excluyentes. El mismo autor señala:

> Fue por esto que los pueblos indígenas, los esclavos y las mujeres se excluyeron de los derechos naturales supuestamente universales. Aunque físicamente dentro de una jurisdicción legal, no se consideraban parte del 'nosotros el pueblo' institucionalizado. Se convirtieron en otro y fueron ubicados fuera de las fronteras de la ciudadanía (Stammers, 2005: 72).

Como se señaló en el capítulo anterior, la construcción de la de la identidad colectiva mexicana se erigió sustentada en la noción de mestizo. El nosotros mexicano sería entonces un nosotros mestizo y por lo tanto, la identidad de los ciudadanos mexicanos sería mestiza. La consecuencia directa de este proceso fue la exclusión de los indígenas como ciudadanos y la negación de sus derechos.

Ahora bien, regresando al proceso de revaloración, éste, puede ser

---

[53] Respecto a los derechos humanos y la lucha de los movimientos sociales, Nyamu-Musembi (2005) señala que precisamente la afrenta colectiva interpuesta por los movimientos sociales ha sido crucial para "que el discurso y práctica de los derechos humanos vaya más allá del impasse de los debates convencionales, y dé forma a las perspectivas orientadas a los actores. Estas luchas han transformado los parámetros normativos predefinidos de los derechos humanos, cuestionando categorías establecidas, ampliando la gama de reclamos que pueden caracterizarse como derechos, y en algunos casos han modificado estructuras institucionales (2005: 53). El argumento anterior apunta hacia la forma en que la acción de los movimientos sociales respecto al tema de los derechos humanos ha incidido en la discusión sobre los mismos.

leído también como un proceso de re-construcción del valor social de la totonaqueidad que se articula desde su origen en las CEB's con la noción de derechos humanos, anclándose en ellos. Siguiendo la idea de Taylor (1993) sobre el reconocimiento del "otro" como parte sustancial de la construcción de la propia identidad, los derechos humanos se erigieron idealmente como esa figura de la otredad, del no-indígena que reconocía lo indígena. En efecto, existe una primera dimensión simbólica sobre la lucha de la OIT y los derechos humanos, éstos, se presentan en la reconstrucción de la identidad india como un producto cultural occidental que hace la figura del otro y reconoce a los indígenas como "humanos" e iguales, es decir, la noción de derechos humanos constituyó para la organización el sustento simbólica del reconocimiento negado por los otros. En la sección anterior el Juez Manuel Aquino narraba la forma en cómo las primeras reuniones en las CEB's, el párroco de Huehuetla les explicaba la idea de derechos humanos. Don Félix presidente de la Organización confirma lo anterior en su relato:

> Pues, en las reuniones se mencionaba mucho del tema de estar defendiendo los derechos, como derechos humanos, como garantías individuales, hoy ya como derechos indígenas, hasta sobre su territorio, en el mismo territorio que existe, pero también fue a raíz de que CENAMI estuvo apoyando para dar esos talleres de garantías individuales, venía un Licenciado Manuel Soto Luna, era del pacífico, venía para dar esos talleres de derechos humanos, de garantías individuales, pues ahí aprendimos un poquito, un poquito, no digamos el 100%, pero si al menos un poquito ya nos defendimos y colaboramos desde un principio.

En el inicio del proceso de revaloración de la identidad totonaca la noción de derechos humanos fue un elemento ideológico de suma importancia convirtiéndose en una constante en la lucha de la Organización a lo largo de su historia. En la exposición de Félix Cano se distingue un componente defensivo en la noción de derechos humanos, éstos, son una herramienta a través de la cual los totonacos pueden defenderse de las distintas expresiones de las relaciones de dominación interétnicas.

La narraciones tanto del presidente de la OIT como del Juez Indígena, despliegan un componente defensivo y disruptivo subyacente a la noción de derechos humanos. Siguiendo a Lefort (1990: 9), en los derechos humanos existe una dimensión política sobre el derecho a tener derechos, los cuales pueden llegar a establecerse como un fundamento contra la opresión y la dominación. De esta forma, "Esos derechos ya no parecen puramente formales ni destinados a disimular un sistema de dominación: vemos invertirse en ellos una lucha real contra la opresión (Lefort, 1999: 9)". De esa forma, los derechos humanos se erigen como un componente ideológico que permite sustentar la construcción de igualdad al tiempo en que el discurso se constituye como un elemento defensivo con el cual afrontar las relaciones de dominación interétnicas. Nyamu-Musembi (2005: 38) apunta en la misma dirección y añade que, la acción de los movimientos sociales respecto a los derechos humanos ha permitido explicitar las diferencias de poder y jerarquías entre grupos.

La lucha de la OIT a través de la revaloración puede ser leída bajo este esquema. En un primer momento los derechos humanos instauraron una base ideológica para la valoración positiva de la identidad totonaca y en ello ya se encontraba una primera dimensión disruptiva de los derechos humanos, al poner en el conflicto las orientaciones culturales de la estructura de dominación. En un segundo momento emerge otra dimensión contestataria, pues el discurso de los derechos humanos forma una escudo ideológico contra las relaciones de dominación. Siguiendo a Nyamu-Musembi (2005: 38), "Usan un discurso sobre los derechos (...) de una manera transformadora que lo torna en un desafío efectivo a las desigualdades del poder. Desplazan los parámetros del discurso y expanden las posibilidades de acción".

En ese sentido, en el relato de Don Félix es posible entrever indicios de lo disruptivo de los derechos humanos en contra de la dominación cultural mestiza, esto es, en contra de la opresión que aquejaba a los totonacos.

Estrictamente el contenido de los derechos humanos es un producto cultural de la civilización occidental, es un contenido ajeno a las orientaciones culturales de la población indígena y del pueblo totonaco. De lo anterior, se aduce que sea un contenido aprendido por los totonacos, que fue discutido, reflexionado y enseñado por medio de talleres, cavilaciones y pláticas y que paulatinamente fue puesto en práctica. A partir de dicho aprendizaje es que el tema de los derechos humanos se erige en un trinchera a partir de la cual la OIT y sus miembros combaten contra los distintos procesos de dominación cultural.

El discurso de los derechos humanos tiene un rol central en el proceso de actualización identitaria, no obstante, por ahora cabe mencionar que el discurso de los derechos humanos es apropiado e incorporado al esquema cultural totonaco de la Organización. Del igual modo, el concepto de derechos humanos permitió a los individuos totonacos reafirmar su identidad en un marco social más amplio que el de la comunidad, el de la nación mexicana.[54]

En algunos de los relatos de miembros de la Organización es posible

---

[54] Nyamu-Musembi (2005: 43) señala respecto a las luchas en sociedades no occidentales y los derechos humanos acaecen interpretaciones locales de los derechos. En estas luchas, "utilizan el discurso para enmarcar sus demandas, el concepto se reinterpreta y transforma. Esta transformación va en dos direcciones: incorpora las interpretaciones locales y suma los discursos globales".

entrever la forma en que los totonacos se han apropiado del discurso de los derechos humanos. La manera en que se enuncia y como en la enunciación es puesto al servicio de la acción totonaca, especialmente como un componente defensivo que sustenta la protección de los totonacos en el marco de las relaciones interétnicas de dominación imperantes en Huehuetla. Por ejemplo, revisemos la narración del secretario de la OIT Marcos Juárez, ya que en ella se da cuenta del proceso de apropiación de los derechos humanos en el pueblo totonaco aún después de haber perdido la presidencia municipal.

> Ahora, que no se tiene poder político, pero la gente actualmente ya está despierta, ya se puede defender. La Organización planteó muchos talleres llevó a cabo muchos talleres de concientización, por ejemplo en lo que son derechos humanos, este, talleres de salud, talleres de por ejemplo de lo que es conservación de suelos y agua, o sea, todo eso. Finalmente a lo mejor ahora la gente que se ha separado, la gente que se ha ido a hacer otra vida en otra parte sigue con esa misma idea, lleva ese conocimiento, ahorita difícilmente, la gente ya no es, se puede defender ya con más facilidad, ya tiene ese conocimiento, tiene el conocimiento básico que la Organización le dejó, finalmente si no se tiene ahora la autoridad dentro del ayuntamiento si se tiene esa fortaleza, de que la Organización hizo algo por ellas, y esa gente ya está más despierta.

El despertar de la gente al cual alude el secretario de la OIT es una derivación del proceso de liberación cultural engarzado con la reflexión en torno al valor de ser e identificarse como totonacos con derecho a tener derechos. Asimismo destaca el hecho de que la OIT organizara talleres en distintos temas—entre ellos los derechos humanos. En ese sentido, el discurso de los derechos humanos no sólo fue apropiado e incorporado a las orientaciones culturales de los miembros de la Organización, al mismo tiempo, fue expandido y transmitido al grueso de la población totonaca por la misma OIT, lo cual en opinión de Marcos Juárez ha persistido pese a la derrota electoral de la Organización y ha permitido a los totonacos defenderse, en sus palabras "estar más despiertos". De esta forma, la apropiación, uso y difusión de la noción de derechos humanos es también un conflicto en torno a las orientaciones culturales de la sociedad mexicana, representa la invocación de elementos culturales compartidos con la sociedad en su conjunto y puestos al servicio de la construcción del valor de ser y sentirse totonacos.

Al respecto del caso de la OIT, resulta significativo que en el relato de Marcos Juárez se establezca un vínculo entre la concientización sobre los derechos humanos y el hecho de que la gente puede defenderse con mayor facilidad. Hay otro punto relevante en el relato, a saber, la idea de que está concientización/apropiación no necesita estar amparada en el marco del gobierno indígena, o inclusive en el marco de la Organización Independiente Totonaca, en tanto es un proceso incorporado a las orientaciones culturales de los totonacos. Por consiguiente, este proceso actualizó los contenidos de dicha identidad y modificó la actitud pasiva frente a los abusos mestizos, a la par de proporcionar las herramientas de defensa contra la dominación cultural.

Siguiendo la conceptualización de Cohen & Arato (2002) es posible leer en esta dimensión de lucha de la OIT tanto aspectos ofensivos como defensivos. Por una parte, el discurso de los derechos humanos puede erigirse como una entramado ideológico que sustente la defensa de los totonacos frente a expresiones de la dominación cultural, tales como la violencia, la segregación o el racismo. En ese sentido hay un esfuerzo por volver a entender la identidad totonaca, por "reinterpretar las normas y desarrollar formas asociativas igualitarias y democráticas (Cohen & Arato, 2002: 593)", aspectos que constituyen el accionar defensivo. Por otro lado, a través de los distintos proyectos y frentes de lucha se buscó la institucionalización de la incorporación de los derechos humanos en las orientaciones culturales de los totonacos, por ejemplo, a través del bachillerato indígena en el cuál se trata de enseñar a los jóvenes totonacos el contenido de los derechos humanos. El caso del juzgado indígena permite de la misma forma arrojar luz sobre este tema. Por ejemplo, en el siguiente relato el juez Manuel Aquino expone cómo personas de distintos municipios, acuden al juzgado indígena de Huehuetla, aún cuando no pertenece a su jurisdicción[55]:

> Por eso siempre así, les digo a la gente, cuando vienen, ¿Porqué vienen de tan lejos? Porque hay autoridad allá, hay agente subalterno, hay juez menor, todos eso es lo que tiene que ver problemas, ¿No? (...) Por eso así, siempre así yo lo platico— pero sabemos que aquí dicen que hay derechos humanos, por eso venimos acá, para que nos apoyes si—pues gracias, así mucha gente hemos ayudado de otros municipios.

Indígenas de otros municipios acuden al juzgado indígena de Huehuetla buscando dar solución a sus problemas. El juez Manuel Aquino comenta que cuando éstos vienen de otros municipios él les pregunta las razones de su visita, ya que en sus municipios existe una estructura de justicia. La respuesta que obtiene se relaciona con la apropiación del discurso de los derechos humanos, pues en la percepción de aquéllos que acuden al Juzgado indígena de Huehuetla, es que es ahí donde se protegen sus derechos humanos. Así, la OIT se erigió como una organización ejemplar

---

[55] En conversaciones informales con miembros de la Organización, éstos me comentaban que en el CESIK se busca que los jóvenes totonacos que asisten a la institución conozcan y aprendan el tema de los derechos humanos.

en la zona, la cual lucha y defiende los derechos humanos de lo indios, lo cual otorga confiabilidad e inclusive notoriedad a sus instituciones, como el caso relatado del juzgado indígena. Siguiendo con el tema, revisemos ahora el relato del profesor Pablo Ramírez:

> Eso es algo bien bonito de la OIT, por ejemplo eso es lo que yo veo, la OIT logró sembrar la conciencia en la gente de defender sus derechos (…) Otra cosa que aporto es que la gente desde el punto donde esté ya hace valer más su palabra, ya exige sus derechos y eso es importante.

El relato ahonda sobre la misma cuestión, a saber, la forma en que ciertas acciones de la OIT se encaminaron a sembrar en el pueblo totonaco y en general entre los indígenas el discurso de los derechos humanos y su carácter defensivo. El relato también aporta sobre la manera en que la Organización se apropió del contenido disruptivo de la noción de derechos y logró incorporarlos a las orientaciones culturales totonacas y en consecuencia actualizó la misma identidad totonaca con contenidos nuevos. En ese sentido, el proceso de apropiación del discurso de los derechos humanos empatado con el proceso de revaloración tuvo como consecuencia la construcción de una identidad con derechos, es decir, la OIT generó un trabajo de producción relativa a la identidad indígena revalorada y con derechos. Revisemos un último relato al respecto, en el cual también se hace alusión a la formación de un nosotros colectivo. El profesor Antonio Méndez comenta sobre su percepción respecto a la Organización Independiente Totonaca:

> Bueno en mi punto de vista personal obviamente, para mi la Organización mas que en si como una organización legalmente constituida es también como un movimiento social indígena. o sea nace principalmente como una forma del despertar del pueblo, entonces yo podría manifestar en ese sentido de que los totonacos empiezan a tener un cambio de mentalidad, podría decir una conciencia ¿No? Como con las personas del decir, del apropiarse tal vez de su palabra y de su pueblo, el hacer valer sus derechos el arrancarlos de donde están y hacerlo más propio, entonces para mi pues eso es un movimiento social, pero en el ámbito indígena.

En relación al tema de los derechos humanos la última parte del relato es de suma importancia en tanto da cuenta del proceso que se viene describiendo, "el hacer valer sus derechos, el arrancarlos de donde están" hace referencia a la disputa en torno a las orientaciones culturales concernientes a los derechos humanos en un campo cultural compartido. Arrancarlos, es, en cierto sentido apropiarse del contenido de los derechos incrustado en los mestizos y negado históricamente a los indios. Ahora bien, de esta forma la OIT invoca este contenido en el llamado a los derechos humanos y la reconstrucción de su identidad.

Se señaló en el capítulo anterior, la forma en que las orientaciones del modelo cultural impuesto sobre los indios, subordinaba a éstos. Del mismo modo, construía a los indígenas como dependientes, dúctiles, incapaces e ignorantes. En estas orientaciones se sustentaba ideológicamente la exclusión y la negación de los indígenas y de sus derechos, pues los indios, al requerir una tutela no necesitaba sus derechos, el Estado, la sociedad, el INI se encargarían del "problema indígena". No obstante, movimiento social y contramovimiento comparten un campo cultural compartido, el principio de totalidad (Touraine, 1995a), y aunque algunos elementos del campo sean desconocidos ya sea por el movimiento o su adversario, esto, no implica que esos elementos no puedan ser invocados o aprendidos, por alguno de los contrincantes en el conflicto. Precisamente este proceso aconteció con el tema de los derechos humanos, pues si bien para los totonacos el discurso de los derechos humanos no formaba parte de sus elementos culturales propios, si lo era del campo cultural compartido con los mestizos, y desde ese lugar generó un llamado de los mismos para sustentar la (re)construcción de su identidad.

La narración del profesor Antonio Méndez no sólo es ilustrativa en relación a la apropiación de las orientaciones culturales y la actualización identitaria totonaca, de igual forma da cuenta de la conformación de un nosotros colectivo totonaco, tema que se ha postergado hasta ahora. Para el director del CESIK, la OIT se define en términos de un despertar del pueblo totonaco y en un cambio de mentalidad. Se sostiene que ese cambio de mentalidad se relaciona con los procesos de revaloración y actualización identitaria. Asimismo el profesor señala la apropiación por parte de los totonacos del pueblo y de la palabra, es decir, ese despertar, esa concientización se relacionó con la voluntad de autoproducir la experiencia del pueblo totonaco, de apropiarse y modificar el modelo cultural nacional y promocionar un contraproyecto de la historicidad, a la par de construir un vínculo entre la afirmación de una identidad indígena con la intervención activa en la política nacional.

En síntesis, el rol de los derechos humanos en la lucha de la Organización ha sido central y de gran trascendencia. En un primer momento sentó las bases ideológicas para la construcción/reconstrucción de una identidad social enarbolada en el discurso de los derechos humanos, lo cual requirió de una momento de apropiación e incorporación de este discurso a las orientaciones culturales de los totonacos miembros de la organización. En un segundo momento, el discurso de los derechos humanos adquirió un carácter disruptivo al erigirse como una componente defensivo de la lucha de la Organización. Además, éste fue traslapado también por la OIT al grueso de la población totonaca. En el proceso de revaloración de la identidad totonaca se construye un nexo con la noción de derechos humanos, la OIT tiende una puente entre su identidad cultural y marco de referencia más amplio sobre el cual se puede sustentar la reconstrucción de una identidad devaluada.

Por otro lado, la incorporación del discurso de los derecho humanos a las orientaciones culturales de lo totonacos y su accionar, puede ser leído bajo la óptica de otro proceso identitario, la actualización de la identidad totonaca, analicemos, en qué consiste y cuáles son sus dimensiones.

4.2 La actualización identitaria totonaca

> No hay ninguna razón para concebir el mundo del
> mañana estructurado de la misma forma que el de ayer
> Michel Wieviorka, *Otro mundo es posible*, 2009

La revaloración identitaria puede ser conceptualizada como un proceso de carácter reflexivo, de constante diálogo y deliberación entre los totonacos sobre el valor de su cultura e identidad. Por otro lado, el proceso de actualización identitaria puede ser definido en términos prácticos. La actualización identitaria totonaca es un conjunto de cambios y permutaciones en las prácticas y acciones de los miembros de la Organización Independiente Totonaca. La naturaleza de estos cambios reside en primer lugar en la vinculación con la revaloración de la identidad totonaca y su posterior afirmación. En segundo lugar la modificación en las prácticas de la OIT responde a dos lecturas distintas: a la recuperación de elementos culturales del pasado remoto totonaco y su reafirmación en el presente, así como a la incorporación de componentes culturales del modelo mestizo. Ambos se incorporan a las orientaciones culturales de los totonacas y son contrapuestas en el conflicto con los mestizos. El proceso de actualización identitaria incide a su vez en la percepción de los totonacos sobre ellos mismos, ratifica, reafirma y actualiza el proceso de revaloración identitaria a través de la acción práctica de aquellos elementos que en la reflexión se valoraron, es precisamente en este punto que la actualización se engarza con el proceso de revaloración identitaria.

Antes de examinar con mayor detalle este proceso, es importante analizar cómo se relacionan los procesos identitarios, es decir, explorar la forma en qué se interrelacionan entre si. Para dicho objetivo la evocación de un recurso metafórico puede incidir en una mayor comprensión. La revaloración, la actualización y la reconfiguración identitaria[56], pueden ser pensadas como episodios de un mismo proceso que tiene precisamente la forma de una espiral ascendente, es decir, los tres procesos no son una sucesión lineal en el tiempo en la cual un proceso antecede y se concatena al otro. Ciertamente la espiral comienza con el proceso de revaloración, mediante éste, se construye y reconstruye la identidad totonaca reflexivamente, particularmente por medio del diálogo y la reflexión, lo cual

---

[56] Sobre ésta véase la siguiente sección.

sienta las bases para la acción indígena, esto es, para la realización por parte de los totonacos de una serie de proyectos concretos prácticos: como votar, ganar las elecciones, construir escuelas, caminos, electrificar las comunidades y ser gobierno. De esta forma estas acciones prácticas regresan simbólicamente hacia la revaloración, reafirmándola, concretándola, en otras palabras, actualizando la identidad totonaca. Sin embargo, este regreso simbólico no llega al punto de partida en donde inició la revaloración, sino que se sitúa en un nuevo nivel, ha ascendido a un nivel en el cual las orientaciones sobre el valor y la capacidad de los totonacos ya han sido incorporadas e interiorizadas en la identidad totonaca. Razón por la cual, en sentido estricto se puede hablar de nuevos significados en torno a esa identidad. En este proceso el valor y la capacidad de acción están dados, se encuentra de antemano. Los nuevos significados son puestos de nueva cuenta en la práctica generando precisamente un nuevo movimiento en la espiral. Así, la revaloración es la base de la espiral, la actualización el impulso, el movimiento ascendente hacia un nuevo nivel, representado por la reconfiguración identitaria.

Regresando a la noción de actualización, cabe destacar que al igual que en el proceso de revaloración, en la actualización identitaria la noción de derechos humanos desempeña un rol central. Sin embargo, lo hace como un componente disruptivo de lucha.

El periodo de la historia de Huehuetla conocido como Gobierno indígena fue también central, no sólo modificando la estructura de poder en el municipio sino incidiendo de forma análoga en la actualización de la identidad totonaca, actualizando la autopercepción que los totonacos tenían de sí mismos y de su capacidad de acción.

De igual forma que en el proceso identitario anterior se anticipan las dimensiones del concepto, mismas que se examinarán en el texto. Por ahora cabe destacar que la actualización: a)recupera y trae al presente elementos del pasado totonaco; b)reafirma el ser totonaco; y c)genera expresiones concretas de la capacidad de acción de los totonacos.

De forma preliminar argumentamos que la actualización identitaria sentó las bases para la formación de ese principio de acción dirigido hacia la autoproducción. Sin embargo, esa discusión será abordada más adelante. Iniciemos revisando la recuperación de un elemento cultural del pasado totonaco, el centro ceremonial del Tajín—capital de los Totonaco precolombinos. Para ello revisemos un fragmento de la entrevista con el profesor Pablo, en la cual nuestro informante relata la historia de cómo se logro incluir una reconstrucción del Tajín en el retablo de la iglesia de San Salvador en Huehuetla:

> Un gesto, una anécdota que nos platicaron bien bonita, por ejemplo del retablo de la iglesia, que es cuando van al Tajín y los sacerdotes les empiezan a platicar que pues es un centro

ceremonial el Tajín ¿No? y dicen y la gente misma dice: —si es un centro ceremonial el Tajín porqué nuestra iglesia no puede estar así—¿Porqué el altar de nuestro patrón no va a estar así? si se supone que es un centro ceremonial ¿No?— (...) Hay muchas reuniones donde la gente platica y a fin de cuentas la gente se une y logran hacer esa, esa expresión por ejemplo, que es un gesto que ya quedo ahí para la historia y donde si se demuestra que esto ¿No? que ser totonaco si es valioso, que la palabra de todos si importa y que juntos como pueblo se pueden hacer muchas cosas, entonces yo por eso veo en esa reflexión que hacen como que reafirman mas su ser, ¿No? como que se reconocen más como miembros de su pueblo y ya no como solamente parte de ciertas, de ciertas dinámicas.

El episodio del retablo de la Iglesia y el Tajín es interesante en la reflexión de la actualización identitaria por varias razones. En un primer momento se puede leer en él la recuperación y apropiación de un pasado remoto de orientación cultural totonaca (el centro ceremonial del Tajín), recuperación simbólica que a la postre es puesta al servicio de la revaloración identitaria, sin embargo, existe un segundo momento de acción práctica en el que los totonacos, *platican, se unen y lo logran,* esto es, un grupo de totonacos reflexiona sobre el valor del centro ceremonial, a la par deciden organizarse para crear un altar con una representación del Tajín y colocarla en la iglesia de la cabecera municipal, lo significativo del episodio es que lo logran. Este grupo de totonacos se planteó un objetivo y lo logró, sentando un precedente ejemplar sobre la capacidad de acción de los indios, construidos como incapaces. Ahora una reconstrucción del Tajín, recuerda cada domingo a los totonacos que son capaces reflexiva y prácticamente. En un tercer momento del relato, el profesor Pablo da cuenta de cómo esta acción por parte de lo totonacos demuestra la valía de la identidad totonaca y no sólo eso, además subraya la capacidad de acción de lo indígenas. Lo cual incide directamente en el resquebrajamiento de la noción de la paridad entre indígena/incapaz.

La acción práctica de los totonacos en la construcción del retablo de la Iglesia incorpora precisamente una dimensión de la actualización identitaria, la recuperación de elementos del pasado para a través de éstos, accionar y modificar la experiencia de vida totonaca y asimismo la identidad totonaca. De esta forma, en el episodio del Tajín puede leerse también una actualización en el sentido de la acción totonaca, del cambio de patrón de acción indígena, es decir, en la percepción sobre la capacidad de acción resumida en la frase: "que ser totonaco si es valioso, que la palabra de todos si importa y que juntos como pueblo se pueden hacer muchas cosas". Al respecto se observa una concatenación de eventos: en primer lugar el que los totonacos lograran que se colocara una replica del Tajín en el retablo de la iglesia otorgó valor a ese pasado que ellos mismos se autoadscriben y que es parte de sus elementos identitarios, lo cual se vincula, con la afirmación positiva de la identidad totonaca, y con el hecho de que la voz totonaca importa, lo que a su vez se vincula con la percepción de que como totonacos son capaces de lograr cosas, de proponerse objetivos y alcanzarlos, lo cual cambia la valoración en torno al indígena totonaco, como incapaz de lograr algo.

Imagen 5: Retablo de la Iglesia de San Salvador Huehuetla, Puebla
Foto tomada durante el trabajo de campo

Otro elemento del pasado totonaco recuperado por los miembros de la Organización, fueron las danzas, de forma más específica la danza de los voladores, la cual es parte de la herencia cultural de los totonacos. En una platica informal, uno de los miembros de la Organización comentaba que hasta antes de la Organización la danza de los voladores fue prohibida por los mestizos, en relación a un accidente, (al parecer mortal) que sufrió uno de los danzantes en la ejecución de la misma un par de décadas atrás. Posteriormente en una entrevista con José Luis el párroco de la Iglesia, éste ratificaba el episodio y la recuperación de la danza por parte del CESIK:

> Se han esforzado porque se mantengan algunas cosas propias del pueblo totonaco, se da medicina tradicional, se dan en fin algunas cosas, si ha ayudado, se han rescatado algunas cosas como las danzas, las danzas de los voladores fue cuestión de ellos.

De acuerdo con la voz de los informantes, la danza de los voladores fue prohibida durante dieciocho años hasta que en el marco del gobierno indígena un grupo de jóvenes buscaron recuperar la tradición y poder bailar de nueva cuenta. La ejecución de la danza en sí misma es ya una muestra de un cambio en las prácticas mediante la recuperación e incorporación de elementos culturales totonacos que ya no eran parte de la vida cotidiana de los indígenas en Huehuetla—producto de una prohibición dirigida desde los mestizos. Se señaló cómo, durante el proceso de revaloración, por medio de la reflexión se construía el valor de determinados elementos culturales, entre ellos, precisamente las danzas. La ejecución de las mismas es la reafirmación práctica del valor de las danzas, éste, ya no es sólo una reflexión, se cristaliza cada vez que los totonacos vuelan por los cuatro puntos cardinales. Al igual que con el episodio del Tajín, en este suceso se encuentran indicios de la capacidad de autodeterminación de los totonacos, de su capacidad de acción. Marcos Juárez añade sobre la práctica de las danzas y su valor:

> Tratar de darle valor a lo que es la cultura por ejemplo, está también lo que es la medicina tradicional, esa es parte de la cultural, el practicar la danza, y no sólo de practicarlo, sino de poder interpretarlo, conocer la historia, porque una cosa es ir a ver la danza y no sabe uno qué quiere decir, qué significa, una danza igual tiene su significado.

En el relato del secretario de la Organización se puede entrever cómo los procesos de revaloración y actualización identitaria se encuentran estrechamente vinculados y que de hecho, la distinción entre ambas es estrictamente analítica, el dotar de valor a las danzas se engarza con la práctica misma de danzar y no sólo eso, sino de dotar e interpretar los significados en torno a la danza y su valor. Revisemos a continuación cómo se relacionan la actualización identitaria con el periodo del gobierno indígena.

Imagen 6: "Dios también es totonaco", Iglesia de San Salvador

Como señalábamos anteriormente, en las entrevistas con miembros de la OIT constantemente se equipara mestizo con gobierno. Durante las conversaciones ambos términos se usaban indistintamente. La identificación de los mestizos con el gobierno es el resultado de un largo proceso de exclusión política hacia los totonacos, los cuales, permanecieron durante mucho tiempo al margen de las decisiones político-gubernamentales, cabe recordar que el gobierno municipal fue ocupado siempre y hasta antes de la OIT por mestizos. Sobre este tema se ahondara en el siguiente capítulo, no obstante, lo que se pretende señalar aquí es que los totonacos percibían que un elemento constitutivo de la identidad mestiza era precisamente el poder municipal, a saber, la posición de mando en el ayuntamiento y en el municipio, como lo atestigua el relato de Don Mateo Sánchez:

> Entonces así fue (…), Huehuetla y siempre ellos mandan, y siempre ellos saben lo que quieren hacer, pero después de allí se pasaron de listos, se pasaron de todas las cosas que ya no tomaron en cuenta a la gente indígena, sino que ellos empezaron a buscar a gobernar a la presidencia, porque ellos decían que saben hacer las cosas y la gente indígena pues no saben hacer las cosas.

De nueva cuenta la dicotomía que opone lo mestizo y lo indígena en relación a sus capacidades está presente. Es precisamente en este marco político que adquiere mayor relevancia el hecho de que una organización *indígena*, la OIT, y que una persona indígena ocupara el lugar histórico de mando, monopolizado otrora por los mestizos.

Que los indígenas totonacos ocuparan la presidencia municipal en Huehuetla es sin duda producto de la acción organizada de la OIT. Durante este proceso cabe destacar de igual forma la estrecha interrelación entre revaloración y actualización, en tanto el primero de los procesos sentó las bases subjetivas en los totonacos para su capacidad de acción, la cual fue ejercida de forma práctica en las elecciones de 1989. El triunfo electoral reafirmó en la experiencia vívida de los totonacos el conjunto de reflexiones respecto a su identidad, esto es, que como indígenas no eran ni dependientes, ni apáticos ni incapaces. El proceso descrito desembocó en una de la dimensiones de la actualización identitaria, la reafirmación del ser totonaco, es decir, una reafirmación del valor de ser y sentirse totonacos.

En ese sentido, es común en los relatos de los miembros de la OIT que se destaque el hecho de que una persona indígena ocupara la presidencia municipal, un lugar reservado históricamente para los mestizos. Por ejemplo, Marcos Juárez relata un episodio reflexivo entre integrantes de la Organización en la que se toca el tema del gobierno indígena

> Analizando, digamos las debilidades, las fortalezas de la organización y entre ellas nosotros veíamos que bueno, de lo que hace fortalecer mucho a esta Organización pues son los trabajos, por ejemplo, el hecho de haber gobernado una persona indígena por tres trienios y haber hechos grandes trabajos como es las escuelas, las clínicas, los servicios públicos, luz, agua, teléfono, clínicas, pues, habla mucho de que, de que pues es una Organización que bueno tuvo un proyecto bien cimentado.

El gobierno indígena es, en la opinión de Marcos Juárez, una de las grandes fortalezas de la OIT, ya que en ese periodo y a través de la presidencia municipal se hizo factible la realización de un buen número de proyectos en beneficio de la comunidades. Además, resulta significativo que señale que fue precisamente una persona indígena la que logró la realización de dichos trabajos, lo cual contradecía o ponía en disputa la orientación cultural del modelo sobre las capacidades y cualidades de los totonacos. Durante el gobierno indígena se ejerció precisamente la capacidad de acción indígena, incidiendo en la percepción de los totonacos sobre ellos mismos, reafirmando su percepción sobre su capacidad de gobernar, de trabajar y de hacer cosas, percepciones que encuentran su origen en el proceso de revaloración.

En la sección anterior se examinó un fragmento de la entrevista con Don Mateo Sánchez, primer presidente del gobierno indígena, en la cual relataba que él era rebajado por su vestimenta y por su idioma. Es decir, era reducido y humillado por los aspectos visibles de su identidad totonaca. Al mismo tiempo, Don Mateo afirmaba que identificarse como totonaco no significaba de ninguna manera que él no tuviera experiencia o no supiera cómo gobernar. Si ese mismo relato es examinado bajo el lente de la actualización identitaria será posible entrever como la revaloración identitaria se articula con el proceso de actualización de la identidad totonaca. La afirmación de las capacidades personales de gestión, de experiencia y de comprensión de los problemas de la comunidad se funda en una afirmación positiva de la identidad totonaca frente a la discriminación y prejuicios que sobre la figura del indígena totonaco y sus orientaciones culturales recaían. Mas aun, entrelineas se puede leer que Don Mateo Sánchez sostiene que el ser totonaco no significa aquello que históricamente se le ha imputado, esto es, ignorancia, fracaso e incapacidad. Prueba de ello es la propia experiencia del gobierno indígena, experiencia de que manera implícita implicaba que los totonacos son capaces, tienen experiencia, pero sobretodo pueden gobernar. La narración de Don Mateo continúa con su trabajo en el ayuntamiento y la apreciación del pueblo sobre el primer trienio del gobierno indígena:

> Casi no descansaba yo, por lograr las cosas que tenía demanda mi pueblo, y por eso Huehuetla vio las cosas o vieron las cosas de la gente, que si una autoridad trabajo mucho, una autoridad que si logró mucho, una autoridad que, caramba, mencionaban que no iba a servir y sin embargo sirvió mucho, lo que nadie había demostrado.

La expectativa "social" sería el fracaso del gobierno indígena. Al ser un periodo gobernado por indígenas sobre los cuales está encarnada la idea del fracaso, la consecuencia lógica de un mando indígena sería el fracaso. Sin embargo, no fue así. El gobierno indígena logró realizar un gran número de trabajos, especialmente en beneficio de las comunidades. Lo relevante en torno al gobierno indígena es que incorporó a las orientaciones culturales de los totonacos la capacidad de mando, inclusive sobre los mestizos y modificó las relaciones históricas de poder, la estructura de poder municipal. La identidad totonaca se actualizó como una identidad capaz de gobernar y de trabajar con el objetivo de mejorar la situación de las comunidades y los indígenas en ella. Don Mateo prosigue con su relato sobre la experiencia del primer gobierno indígena en Huehuetla y la forma en que se interrelacionó con otros niveles de gobierno:

> Al final de cuenta cuando recibí todos los proyectos del gobierno federal, saliendo Salinas de Gortari me dijo: —Señor presidente Mateo Sánchez Espinosa, no te fijes por tu persona, vea usted por su pueblo y por su gente, lo que me hablas ahorita de la marginación de tú pueblo, no ir adelante, vamos a combatir toda esa marginación—y si es cierto, Salinas de Gortari si no me cumplió en cien por ciento, si me cumplió en setenta por ciento, y por eso logré meter los caminos en las comunidades, metí electrificaciones, en Xonalpu, Lipuntahuaca, Xilocoytl de Guadalupe, Xilocoytl del Carmen y Leacaman, Leacaman tiene una clínica que es de IMSS.

La experiencia del gobierno indígena implicó para algunos totonacos miembros de la OIT la articulación con otros niveles de gobierno y por lo tanto el aprendizaje e incorporación en temas de gestión y negociación de recursos. Se puede interpretar que el periodo del gobierno indígena significó un cambio en la estructura de poder y la percepción sobre ello. Los indígenas ocuparon la posición de mando de los mestizos, lo cual implicó incorporar a la identidad totonaca de los miembros de la OIT, la capacidad de gobernar, de regir el municipio y en cierta forma decidir la distribución de los recursos destinados a éste. De esta forma se actualizaron algunos componentes identitarios del ser totonaco.

De la misma manera, como se señaló anteriormente, en el discurso de los miembros de la OIT se equipara frecuentemente a los mestizos con el gobierno y viceversa. En ese sentido, una organización indígena al apropiarse del lugar, de la posición de los mestizos se está apropiando también de la posición que el modelo cultural le asigna a la figura del mestizo y a través de dicha apropiación está modificando las orientaciones del mismo modelo cultural, lo cual da cuenta de la historicidad generada por la OIT y la capacidad de autoproducción. Ahora bien, al respecto, hay que distinguir una dimensión de lucha simbólica sobre la posición de los grupos culturales. El ayuntamiento no es sólo el lugar desde el que se administra el municipio, es también la representación simbólica e institucional del poder mestizo y la dominación cultural. Así que, el hecho de que los indios totonacos ocuparan esa posición sin duda se erigió como un evento precisamente contra esa representación simbólica y sentó un precedente ejemplar sobre los totonacos.

Además el proceso de revaloración y actualización identitaria pueden ser interpretados como aquello que Wieviorka (2009: 33) denomina, "una mirada contestataria", es decir, la promoción de un contraproyecto de la historicidad, esto es, "otra concepción de lo que podrían ser las formas principales de la vida colectiva". En Huehuetla, el gobierno indígena produjo formas de vida colectiva distintas a las imperantes hasta antes de este periodo. En ese sentido, la OIT, a través de todos sus frente de lucha y del gobierno indígena, promovió para el pueblo totonaco y para los indígenas de Huehuetla en general otra concepción de las formas de vida en el municipio, otra forma de valorar e interpretar el identificarse como totonaco. Esa mirada contestataria totonaca luchó por la apropiación de valoraciones positivas en torno a un rostro indígena. La OIT promocionó otro proyecto en el que como mencionaba el profesor Pablo: "ser totonaco también es válido".

No obstante, antes de seguir, cabe señalar que la estructura de dominación cultural sobre los totonacos seguía presente durante el gobierno indígena, de hecho, adquirió una nueva modalidad enunciada en lo que el profesor Pablo Ramírez denomina "doble desprecio", expresado en la reacción de los mestizos frente al gobierno indígena.

En la entrevista con Pablo Ramírez al inquirirle sobre qué pasó con los mestizos durante el gobierno indígena, esto es, sobre cómo percibían los mestizos a los totonacos en el ayuntamiento, nuestro informante respondió lo siguiente: "Yo creo que si era como pues una actitud así como de envidia, algo así yo creo y de *doble desprecio* no, lo que decían: —*como un indio me va a enseñar a gobernar.*" En un primer momento pensé que la idea de doble desprecio era parte de las orientaciones culturales dominantes expresadas en la cotidiana humillación de los mestizos hacia los indígenas, sin embargo, ¿Qué lo hacia doble? La reflexión en torno a ello señalaba que no era el desprecio común hacia lo indígena, había un componente más. Un primer desprecio, el histórico por ser indígena, un segundo desprecio, "nuevo", por ser un indígena en una posición de mando y de poder. Pablo Ramírez continua: "entonces yo creo que si era una actitud como de desprecio y bueno también lo manifiestan que muchos de aquí se iban a quejar por lo mismo: —*es que cómo un indio nos va a decir, esto, esto y lo otro*". El periodo del gobierno indígena no sólo modificó la forma en que los totonacos se percibían a sí mismos. De forma análoga incidió en la forma en que los mestizos percibían y se relacionaban con los totonacos dando lugar al principio de doble desprecio hacia los totonacos miembros de la Organización. Don Aurelio, médico tradicional señala con respecto a la percepción de los mestizos frente al gobierno indígena: "aquí mismo en el centro, luego los comerciantes decían, luego bueno, decían de los ayuntamientos anteriores, decían: —*no, pues pinches nacos, ¿Qué hacen?*" Lo que hacían los "nacos" era ocupar la posición de mando a la cual también tenían derecho de acceso, debilitar las relaciones de dominación y disputar las orientaciones culturales del modelo, eso hacían.

4.3 Reconfiguración Identitaria

> Los pueblos del México profundo crean y recrean continuamente su cultura, la ajustan a presiones cambiantes, refuerzan sus ámbitos propios y privados, hacen suyos elementos culturales ajenos parar ponerlos a su servicio, reiteran cíclicamente los actos colectivos que son una manera de expresar y renoval su identidad propia; callan o se rebelan, según, una estrategia afinada por siglos de resistencia
> Bonfil Batalla, *México Profundo*, 1989

El proceso de reconfiguración identitaria totonaca se define en relación a los dos procesos anteriormente descritos; la revaloración como proceso reflexivo y la actualización como proceso práctico. De forma tal que la reconfiguración es una síntesis de ambos. Retomando la metáfora de la espiral, mientras que la revaloración es la reflexión del valor y la capacidad de acción de los totonacos, durante la actualización esa capacidad de acción es puesta en práctica reafirmando lo revalorado, produciendo nuevos significados que se convierten ya en una parte constitutiva de la identidad totonaca, a esta última etapa la denominamos de resignificación identitaria.

De esta forma, la resignificación expresa nuevos significados de la identidad totonaca, en estricto sentido, la reconfiguración es la expresión de nuevos significados respecto a ser e identificarse como totonaco.

Sobre el proceso de reconfiguración identitaria totonaca cabe añadir además, el peso de los distintos frentes de lucha de la Organización, particularmente el bachillerato indígena CESIK y el proyecto de justicia que representa el Juzgado indígena que opera en Huehuetla desde el año de 2004. Ambas instituciones son producto de la reflexión y acción práctica de los totonacos y han logrado catalizar la experiencia de lucha de OIT hacia el grueso de la población totonaca, en el caso del CESIK particularmente hacia la población joven del municipio, en la cual la resignificación identitaria se presenta de forma más nítida. Pablo Ramírez, profesor del bachillerato indígena, comenta precisamente sobre los cambios que él percibe respecto a la identidad totonaca, producto de la existencia de la Organización en Huehuetla:

> Si se ha modificado, a mi juicio veo que por lo menos, yo puedo hablar de por lo menos los jóvenes que veo aquí en el CESIK y tal vez un prejuicio que yo pueda hacer, pero si he visto que se ha modificado porque ahora los jóvenes también ya buscan la forma de seguir siendo totonacos desde este tiempo y compaginado con esta otra cultura occidental, es innegable, pretender olvidarla o negarla es imposible es algo que está.

La presencia de la OIT en el municipio de Huehuetla marca un antes y un después respecto a la valoración de la identidad totonaca. Recordemos que la identidad totonaca se encontraba profundamente devaluada y que la constante lucha de la organización en torno a las orientaciones sobre el valor de la identidad social tuvieron como consecuencia que, en la actualidad, sean los mismos jóvenes quienes busquen seguir siendo totonacos. A diferencia de sus padres, ellos no necesitan generar el proceso reflexivo de revaloración, esto es, no necesitan pasar por él para darse cuenta de que ser totonaco es valioso y sobretodo es válido. Este noción es precisamente la reconfiguración de la identidad totonaca en términos valorativos positivos. En el relato de Pablo es significativo también que estas modificaciones en la identidad totonaca implican un acoplamiento con la cultural y mundo occidental, el cual es un proceso que la OIT viene construyendo desde su origen, coligando la identidad india con los derechos humanos, el sistema electoral y la democracia. El relato de Pablo sobre los cambios en la identidad totonaca continúa:

> Por ejemplo te puedo decir, por ejemplo la música, ya los huapangüeros crean canciones, trovan, gente joven totonacos, trovan en totonaco a su forma, entonces eso es bueno y tu dices pues si, no se sienten ajenos a, las danzas tu ves chavos jóvenes, relajientos y todo, con aretes, sus piercings y todo eso, pero al fin de cuentas están en una danzas y quieras o no como que si se

sienten parte de.

Esta segunda parte del relato trata sobre cómo, al darse por sentado el valor de la totonaqueidad, ciertos jóvenes buscan expresarse artísticamente desde su identidad totonaca. Sigue destacando el hecho de que sean los jóvenes totonacos quienes realizan estas expresiones, que sean ellos quienes buscan ser y expresarse como totonacos, a través de sus orientaciones y elementos culturales y al mismo tiempo conjugar pautas ajenas a su cultural como los aretes y las perforaciones. Del mismo modo, Pablo destaca que "se sienten parte de", es decir, el sentido de la acción en estas expresiones remite a una pertenencia cultural identitaria, la totonaca, de la cual los jóvenes son partícipes y sobretodo no se avergüenzan de serlo. Ciertamente esta situación lleva la marca de la lucha de la OIT y los procesos de revaloración y actualización identitaria. El profesor del CESIK prosigue respecto al tema:

> Jóvenes que se siguen vistiendo, jóvenes que hablan su idioma, jóvenes que expresan de ciertas forma sus puntos de vista y también jóvenes, esa es otra cosa interesante, jóvenes que si lo queremos catalogar como mestizos de aquí centro, o sea que no hablan pero que si se sienten parte de, se visten y todo y tu dices orales, como que si está presente, luego que habría como que profundizar a nosotros los que nos toca la educación profundizar en eso, para darles más herramientas que nos permitan ir haciendo esos cambios más llevaderos.

La resignificación produce que algunos jóvenes totonacos del municipio den por sentado el valor de la identidad totonaca y por consiguiente puedan vestirse con el traje tradicional, hablar en totonaco y expresar sus puntos de vista sin avergonzarse de ello. Acciones que hasta antes de la formación de la Organización no hubiesen sido posibles. Una frase como la que enuncia el profesor Pablo: "jóvenes que expresan de ciertas forma sus puntos de vista", puede revelar indicios de cambios en las orientaciones culturales una comunidad muy particular, Huehuetla. [57]

Regresando al tema de la reconfiguración, cabe destacar el aspecto generacional. La resignificación se expresa con mayor amplitud en los

---

[57] La segunda parte de la narración, invita a reflexionar sobre el proceso de *desindianización*, Bonfil (1989), señala que la historia de dominación sobre los indios tiene como una de sus consecuencias la pérdida de la identidad originaria, lo cual, "no implica necesariamente la pérdida de la cultura india, como lo prueba la realidad de las comunidades campesinas tradicionales que se identifican como mestizas" (Bonfil, 1989: 13). Pablo comenta que actualmente algunos mestizos comienzan a sentirse como parte del pueblo totonaco e inclusive se visten como tales. Lo cual podría ser resultado de un proceso contrario a la desindianización, es decir, al debilitarse la dominación sobre lo indio, algunos grupos o individuos que habían perdido su identidad original deciden recuperar esos elementos, en un proceso que podría llamarse *indianización*. Sin embargo, esa discusión escapa de los límites de la presente investigación.

jóvenes. Bajo ésta óptica el CESIK puede ser entendido como una institución en la que confluyen revaloración y actualización concretando la resignificación identitaria, porque para el bachillerato indígena como institución educativa el valor de la identidad totonaca ya está dado, parten de él para generar el proceso educativo. Desde ese lugar de enunciación se ha tratado de expandir estos nuevos significados de la identidad indígena hacia las nuevas generaciones de totonacos. El director del bachillerato indígena comenta:

> Bueno, básicamente, el CESIK, este bueno, nace del departamento de la Organización en el ámbito educativo, esto pues con la idea de atender a la juventud totonaca, para darle una educación de nivel medio superior, pero que tenga que ver con el rescate de la cultura, que tenga que ver con el pensamiento del pueblo, entonces básicamente el CESIK se podría resumir en ese sentido, esta para cumplir esa misión de formar esos jóvenes que están en la comunidad ¿No? O en otros municipios, que quisieran tener esa formación, para que en lo posterior pues, después de haber terminado la preparatoria o en su caso la universidad regresen a sus comunidades a reintegrarse para ser agentes de transformación, que su accionar siempre sea crear una sociedad comunitaria, que es la visión de nuestros abuelos básicamente.

El testimonio de Antonio Méndez confirma que la institución educativa de la OIT tiene como sustento el valor de la identidad totonaca, "del pensamiento del pueblo" y tiene precisamente como objetivo formar a los jóvenes bajo este esquema. Por lo demás, asocia la formación en el CESIK con la producción de agentes de cambio que sirvan a la comunidad. Por último, Antonio Méndez afirma que el bachillerato indígena como institución educativa encuentra su origen en la Organización Independiente Totonaca.

En el capítulo anterior se describió que una consecuencia concreta de las relaciones de dominación en Huehuetla era la segregación espacial, el cual era un proceso que reservaba espacios para los mestizos y para los indígenas. Precisamente en el siguiente relato, Bonifacio Gaona narra cómo los jóvenes totonacos contemporáneos se han apropiado de espacios que hasta antes de la OIT eran exclusivos de los mestizos:

> Los jóvenes de las comunidades, aunque ya en aquel tiempo estaba reciente la construcción del auditorio, casi nadie se atrevía a venir a jugar y ahora últimamente muchos jóvenes vienen a jugar los domingos en las tardes en el auditorio, no sé ahora, pero los seis, nueve años que estuvimos en la presidencia, si ya venían los jóvenes a jugar, ya había como un poquito más de relación, especialmente las reuniones de partido luego se veía que eran todos los de las comunidades y eran muy poquitos de la cabecera municipal.

El auditorio al que hace referencia Don Bonifacio se localiza a un costado de la presidencia municipal—la cual de nueva cuenta es gobernada por el PRI—lo cual no es un impedimento para que jóvenes de las comunidades asistan los domingos a jugar fútbol en ese espacio, sobre él cual otrora recaía una prohibición de acceso para los indios. Félix Cano ya señalaba que ellos ni siquiera conocían el interior de la presidencia municipal. El hecho de que los jóvenes totonacos usen el espacio municipal para su recreación, es un cambio en las pautas de acción con respecto al periodo anterior a la Organización, denota seguridad y voluntad, en este caso, de jugar, que si bien puede parece un ejemplo fútil no lo es. En la acción hay una apropiación temporal del espacio simbólico de los mestizos, ahora los totonacos pueden utilizar al *igual* que los mestizos la cancha. Este episodio, puede ser leído como una consecuencia de la resignificación identitaria, en la cual la igualdad construida en la revaloración se ejerce de facto. En un simple partido de futbol, las orientaciones de los jóvenes totonacos asumen que, la presidencia municipal no es un espacio exclusivo para los mestizos ya que crecieron viendo totonacos regir desde ella. Continuando con el tema, revisemos el siguiente relato del mismo Bonifacio Gaona:

> En ese tiempo, todos los diez años, si se veía un poquito más de movimiento cultural, porque se hacían en algunas ocasiones concursos de guapango, se hicieron demostraciones de danzas, y en las escuela realmente se hicieron también reuniones con los escritores totonacos, vinieron algunos de Veracruz y aquí convivieron algunas veces, aunque fueron poquitos, pero hubo relace en la cultura totonaca.

El relato del segundo presidente municipal da cuenta de un clima cultural favorable a los totonacos, en el cual se recreaban elementos y orientaciones culturales de los indígenas, y que ciertamente favorecía el valor de la totonaqueidad, a reafirmarla. Al menos durante los nueve años del periodo gobierno indígena, el contexto municipal permitía la expresión de distintas manifestaciones culturales totonacas, lo cual ciertamente significó un cambio dramático respecto a los años anteriores a la formación de la OIT. Este clima municipal permitió que niños y jóvenes totonacos, crecieran en un contexto que no negaba su identidad indígena y que de hecho la promovía y valoraba. Evidentemente, se distinguen dos contextos: uno previó a la formación de la Organización marcado por relaciones de dominación violentas y excesivas y otro representado en el gobierno indígena, en el cual la posición de poder la ocupan los indígenas, la dominación se ha debilitado y en el cual ser totonacos no significa ser dependiente e incapaz.

Por otro lado, cabe señalar que si bien durante los veinte años de lucha de la OIT se lograron llevar a cabo un buen número de proyectos dirigidos hacia la comunidad, no se puede dejar de lado al adversario, los mestizos y su regreso a la estructura de poder municipal después del año de 1999, lo cual trajo consigo nuevas imposiciones y problemas para los totonacos y las instituciones que crearon durante el gobierno indígena, por ejemplo el CESIK. Revisemos el relato precisamente del director de la institución Antonio Méndez, en él cual se exponen los problemas que enfrenta un proyecto educativo de carácter indígena y la incidencia de la organización en cambios en la identidad totonaca:

> Que sigan como teniendo esa mentalidad de que la cultura, de que la lengua, que las costumbre y tradiciones son como elementos que le permiten a un ser pues identificarse como tal entonces en ese sentido yo considero que pues todos los proyectos que se fueron haciendo como Organización y como gobierno municipal pues tienen sus pros y contras entonces de que se ha modificado como tal la identidad cultural, pues si, demasiado.

La narración del director del CESIK da cuenta de la imposibilidad del bachillerato para desarrollar un currículo educativo propiamente indígena. Del mismo modo añade que los distintos proyectos de la Organización incidieron en la modificación de la identidad cultural totonaca. Precisamente esa modificación de la que habla el profesor Antonio es lo que aquí se ha denominado reconfiguración identitaria.

La reconfiguración se plasma particularmente en la resignificación de elementos culturales de los totonacos. Estos nuevos significados se imprimen en una nueva configuración de la identidad totonaca. Como se ha señalado, los cambio en la identidad cultural totonaca son sobre todo visibles en los jóvenes, particularmente en relación a algunos referentes tales como la vestimenta tradicional y el idioma totonaco, así como la percepción del valor de ser totonacos. De la misma forma la visibilidad de los cambio en los jóvenes puede presumirse que mantiene una relación con el bachillerato indígena CESIK. En ese sentido, un rasgo práctico de la reconfiguración de la identidad indígena en los jóvenes es el abandono del traje tradicional, una breve visita al CESIK lo confirmaría, la mayoría de los jóvenes totonacos de la institución no visten el traje tradicional, lo cual de ninguna forma significa que no dejen de identificarse como totonacos, pero si marca una distancia con los miembros de mayor edad en la OIT, quienes portan el traje tradicional. Al respecto, revisemos dos relatos el del Profesor Pablo Ramírez y el secretario de la OIT Marcos Juárez, ambos informantes se formaron en el CESIK y ahora ejercen cargos en el bachillerato y en el juzgado indígena respectivamente. El profesor Pablo señala:

> Bueno nosotros como jóvenes, como jóvenes totonacos, ciertamente que hemos, físicamente a lo mejor hemos perdido nuestras raíces, a lo mejor, no portamos una vestimenta tradicional, este, pero yo siento que una conservamos las costumbres, yo siento que aun conservamos las ideas y lo que es

importante es el ser y sentirse orgulloso de ser un totonaco.

Pablo reconoce que él y algunos otros jóvenes han dejado de vestir el traje tradicional No obstante, según Pablo, dicho elemento cultural no es lo más importante en referencia a la identidad totonaca, mas aún en su opinión, es, *el ser y sentirse orgulloso de ser totonaco* lo que realmente es fundamental para la identidad totonaca. Sin embargo, ese *ser y sentirse orgulloso de ser totonaco* es producto de la constante lucha y reflexión de la OIT. Ese ser y sentirse orgullosos condensa los procesos de revaloración, actualización y reconfiguración de la identidad totonaca. De igual forma, es una clara expresión de los nuevos significados en torno a la identidad totonaca, pues ahora ser totonaco es un *orgullo.* De ese modo, es posible entrever cómo la revaloración y actualización identitaria se encuentran implícitas en una nueva reconfiguración identitaria de lo totonaca, en la cual se puede presumir que el valor de lo totonaco ya está dado e inclusive es algo por lo que se puede sentir orgullo.

Respecto al abandono de la vestimenta tradicional por parte de los jóvenes totonacos cabe destacar el papel que desempeñó el sistema educativo nacional, y el uso del uniforme en las escuelas. Por ejemplo, Marcos Juárez relata su experiencia y la razones por la cuáles él no viste el traje tradicional:

> Desgraciadamente yo no visto como aquí los compañeros, pero yo no culpo a nadie, no culpo a mi familia, a mi papá y mi mamá, simplemente que ellos vieron una preocupación, vieron ellos una preocupación por la humillación precisamente que se vivía, por ejemplo cuando nosotros íbamos a la escuela nos decían que no habláramos la lengua, cuando fuimos a la escuela nos dijeron que teníamos que usar un uniforme, un zapatito, una camisita diferente a la que portan aquí nuestros papas, pero bueno, igual a lo mejor nuestros papas, no vieron ese momento en el que la escuela pide un uniforme, (…) finalmente ya desde lo personal, no lo practicamos físicamente, no nos vemos ya como totonacos, pero finalmente lo llevamos en el corazón, lo llevamos en la sangre.

En el relato es notable la forma en que nuestro informante describe los factores que incidieron en que él abandonara el uso del traje tradicional, la escuela y el contexto familiar. Asimismo, cabe añadir que aún después de veinte años de lucha siguen existiendo prejuicios y valoraciones negativas en relación a la identidad cultural totonaca y que se expresan en el relato del secretario de la OIT, si bien de manera inmediata existe una afrenta y afirmación identitaria las consecuencias de la dominación cultural en Huehuetla siguen estando presentes. Por lo demás, es explícito que para Marcos su identidad totonaca traspasa el traje tradicional y se ancla es sus orientaciones culturales, lo que él llama "llevarlo en la sangre y el corazón".

Existe otra dimensión de análisis que hasta ahora ha sido dejada de lado, en relación a que será abordada en el siguiente capítulo, no obstante, resulta significativa su discusión en la reflexión en torno a la reconfiguración de la identidad totonaca. Dicho tema refiere a los cambios en los esquemas de participación política de los totonacos en el municipio. Revisemos el relato de Bonifacio, segundo presidente municipal del gobierno indígena en relación a su percepción los cambios en la identidad totonaca acaecidos por la lucha de la OIT:

> Yo digo que se ha modificado bastante porque ahora mucha gente participa ya en la política, este, ya con cualquier partido político hay movimiento, se hace movimiento y luego también mucha gente ya a sus hijos los manda a la escuela, como que hay algo así como un cambio, como que esa idea de que si tienen que ir la escuela, si tienen que participar en la vida política, estatal, nacional, municipal, pero también, como le puedo llamar, como que es necesario aprender el español para poder comunicarse o sea que se ha ido modificando poquito, no ha habido mucho avance pero yo siento que este corto tiempo ha habido un cambio.

En el relato, no sólo se describen cambios en la pautas de participación política, de igual forma, nuestro informante señala permutaciones en la percepción de los totonacos sobre el aprendizaje del español y del sistema educativo. Bonifacio Gaona percibe un cambio notable relacionado en el hecho de que los totonacos se involucren en actividades políticas, participando con partidos políticos, en el proceso electoral o en las discusiones en sus comunidades respecto a temas de interés para la misma. Y es que no debemos olvidar que la lucha de la OIT desde sus inicios contenía un fuerte contenido político de inclusión y apertura de espacios para los indígenas, así como de reconstrucción de los indios como dignos de inclusión. Además, la lucha de la Organización buscaba hacer efectiva una democracia que se presentaba ante ellos como formal y ficticia.

Para efectuar esa lucha fue necesario un proceso de incorporación de elementos culturales ajenos a los totonacos y que hoy son parte de la identidad totonaca. Uno de estos nuevos significados de la identidad totonaca es la reconstrucción de los indios como independientes, participativos y capaces de gobernar, pero sobretodo como indígenas con derechos, ciudadanos con un rostro diferente, totonaco. A continuación, se discute precisamente, ¿Cómo la OIT se erigió como un sujeto político? Y ¿cuáles son las dimensiones que tornan político a ese sujeto?

5. LA OIT Y LA CONFORMACIÓN DE UN SUJETO POLÍTICO

Si saben que organizándose y buscando juntarse
más con los hermanos cercanos si puedes cambiar
circunstancias
Profesor Pablo Ramírez

La cuestión es clara. Los indígenas existen en
América Latina y tienen derechos. Más bien, los van
adquiriendo o conquistando poco a poco.
Asistimos hoy a una suerte de Conquista al revés
José Bengoa, *La emergencia Indígena*, 2000

El objetivo de este último capítulo pretende enmarcar los procesos
referidos anteriormente sobre la identidad totonaca, a saber, *la revaloración,
actualización y reconfiguración* identitaria, en la discusión sobre la conformación
de un sujeto político. En otras palabras, se busca examinar la forma en
cómo los distintos procesos en correlación a la identidad totonaca sentaron
las bases para el principio de acción encaminado hacia la autoproducción de
los totonacos como sujetos de derecho. En concordancia con las relaciones
de dominación que recaen sobre los indígenas, el principio de
autoproducción de la experiencia indígena contiene en sí mismo un sentido
político, en tanto es una expresión contestataria y conflictiva sobre la
estructura de poder y las relaciones de dominación. En efecto, como se ha
señalado, las relaciones interétnicas en Huehuetla son relaciones de
dominación que subordinan a lo indígena en distintas dimensiones. En ese
sentido y en relación al control político del municipio por parte de los
mestizos, el hecho de que un grupo de totonacos, subordinados
históricamente, con una identidad estigmatizada y devaluada, decidieran
modificar esas relaciones, así como la distribución de poder es ya una

acción política de denuncia y promoción de un cambio social. Sin embargo y como se tratará de examinar a lo largo de este capítulo, además del elemento político contestatario de la OIT, existen otras dimensiones que tornan política la lucha de la Organización Independiente Totonaca tales como cambios en los patrones de participación indígena, la apertura de espacios políticos, así como la reconstrucción de la identidad totonaca bajo el código democrático. De forma análoga, la pugna de la OIT se entrelaza con hacer efectiva la democracia para los indígenas, lo cual requirió que los totonacos se erigieran en primer término como sujetos que lucharan por hacer efectivos precisamente sus derechos. Otra de las consecuencias de la lucha política fue la apertura de espacios públicos para los indígenas y su inclusión en el ámbito municipal, así como la disputa por el reconocimiento social en el marco del Estado Mexicano y de la sociedad civil. Del mismo modo y en relación a esta óptica de análisis se examina la construcción de la identidad indígena totonaca enarbolada en la dimensión del discurso de los derechos humanos.

Por lo demás, en la primera sección del apartado se analizan las categorías identitarias previamente señaladas a la luz del concepto de sujeto. Posteriormente se examina la dimensión de lucha política de la Organización y el significado de la misma, lo cual se vincula directamente con la reflexión en torno a la democracia y la presentación del mestizo en relación al contra-código democrático. En esta sección se estudia la forma en qué los procesos identitarios se construyeron en términos de un código democrático. De la misma forma, se recuperan los conceptos de actualización y reconfiguración identitaria en el marco de cambios en las pautas de participación política de los totonacos y de sus instituciones. Para concluir se explora un frente más de lucha, aquél relativo al reconocimiento de lo indígena, de lo totonaco y cómo se expresa en la pugna por la creación de un bachillerato y un juzgado indígena. Finalmente se reflexiona en torno a los elementos constitutivos de un sujeto político.

5.1 La identidad totonaca, rostro del sujeto
Un aspecto que resulta significativo es que la denominación indio otrora cargada de desprecio, se constituyera como un nexo al servicio de la acción de los totonacos, es decir, la palabra indio se convirtió en un elemento de integración y a través del cual fue posible organizarse. Lo cual precisamente señala cómo una organización del movimiento social se sustenta en una identidad, que es para la OIT una identidad indígena. Como se señaló en el capítulo anterior, esa identidad ha experimentado una serie de permutaciones, cambios y permanencias en el marco de lucha organizada de la OIT y que se expresan en los procesos de revaloración actualización y resignificación identitaria.[58]

Al examinar los proceso de revaloración, actualización y reconfiguración en el capítulo anterior se daba cuenta precisamente de la acción reflexiva y práctica de los totonacos en torno a las orientaciones y significados correspondientes a dicha identidad. En ese punto, es posible leer una primera dimensión del sujeto, de la capacidad de autoproducción.

Ciertamente el proceso de revaloración identitaria totonaca sentó las bases para el desarrollo de la actualización y la reconfiguración. En ella, los totonacos a través de la reflexión y el diálogo construyeron una base identitaria positiva para la acción, la cual posteriormente se expresó de forma práctica en la actualización identitaria y en la reconfiguración identitaria como una reconstrucción sintética de ambos procesos y de la misma identidad totonaca.

El proceso de revaloración identitaria se inserta en el conflicto por las orientaciones del modelo cultural nacional, entre las que encuentran el valor y apreciación de las identidades. Derivado de lo anterior es posible interpretar la revaloración identitaria como el principio de producción del valor social de la identidad totonaca, esto es, como ese principio de autoproducción de la experiencia totonaca y del valor de ser totonaco.

Las discusiones iniciadas en las CEB's, sobre el rescate y valor de algunos elementos culturales tales como la relación con la tierra, el idioma totonaco, el servicio comunitario o las danzas totonacas, pueden ser examinadas como el trabajo de construcción del valor social de aquellos componentes que delimitan el ser totonaco. Del proceso de revaloración deriva una afirmación positiva de la identidad totonaca que es a su vez una afirmación de libertad de los totonacos para discutir y poner en disputa las orientaciones culturales sobre al valor de la identidad totonaca y de la identidad mestiza. La revaloración es trabajo de producción del valor social de ser totonaco. Este proceso dirige la atención sobre la figura del sujeto en tanto la revaloración como principio de acción pone en discusión aquello que por la dominación no lo estaba, es decir, el valor construido de la identidad social mestiza y totonaca. Al respecto, cabe destacar la primera dimensión política del sujeto encarnado por la OIT. La revaloración de la identidad totonaca es un reclamo interpuesto a los mestizos, al Estado Mexicano y a la sociedad en general, sobre el valor de la identidad indígena. El sentido político de esta denuncia reside en que en el momento de su

---

[58] De hecho, en un segundo momento, el vocablo indio, indígena permitió la regionalización de la lucha de la Organización, en tanto se convirtió en el común denominador de pueblos con identidades distintas—nahuas y totonacos—en la organización regional UNITONA, en ésta, el común denominador no es sólo las relaciones de dominación sobre ambos grupos, la posición de subordinación, sino el ser indígenas y luchar por el derecho a ser indígenas como iguales y en ello reside la confluencia de ambas.

enunciación es incompatible con las orientaciones culturales del modelo nacional mexicano, ideado como homogéneo y mestizo. Las relaciones de dominación están marcadas por dichas orientaciones y bajo ese modelo el reconocimiento del valor de la totonaqueidad es inconciliable. Así que, al enunciar y reclamar el valor de la identidad indígena totonaca se está apelando implícitamente por otra concepción de sociedad, esto es, por un modelo que reconozca por igual el valor de las identidades indígena y mestiza. En ese sentido, la revaloración identitaria es política y sitúa a la OIT en el nivel de la historicidad, al promocionar un contraproyecto en el cual ser indígena es valioso. Es un principio de autoproducción de los indígenas por el derecho a que su identidad tenga el mismo valor.

Cada una de las dimensiones de la noción de revaloración identitaria y sus expresiones pueden ser interpretadas bajo el principio de acción dirigido a la producción de sí mismos como totonacos. Por ejemplo, la discusión y reflexión en torno a la posición de los totonacos frente a los mestizos era, en un primer momento, una acción que denunciaba las relaciones de dominación interétnicas. En un segundo momento fue que a partir de esta noción se construyó y produjo la igualdad discursiva entre ambos grupos. Así, los totonacos pudieron afirmar la igualdad entre ellos y los mestizos, lo cual representaba una afrenta directa contra la naturalización de la subordinación de los indios y, al mismo tiempo un trabajo de producción de la noción de igualdad. Porque en sentido estricto, la igualdad entre totonacos y mestizos en Huehuetla no existía, ni en el discurso ni en la práctica, al contrario, fue un trabajo de creación y producción de los miembros de la OIT y como tales se convirtieron en productores de su propia experiencia, lo que imprimió el sello del sujeto a esta Organización de totonacos independientes.

De la misma forma, en la construcción de la igualdad entre indios y mestizos emerge la dimensión política del sujeto, en tanto ésta nunca existió para los indígenas. Históricamente los indios fueron subordinados y ocuparon una posición inferior frente a peninsulares, criollos, mestizos y mexicanos sucesivamente. Cada etapa de la construcción del modelo cultural mexicano, en sus orientaciones sometía a los indígenas a una posición inferior. De esta forma, cuando al interior de la OIT comienza a construirse la noción de ellos como iguales al resto de la sociedad, existe un reclamo para garantizar esta igualdad e inscribirla en un modelo que reconozca la igualdad de la identidades.

El mismo tipo de lectura puede aplicarse a la recuperación de los elementos identitarios totonacos. Este proceso es una reconstrucción de la experiencia cultural totonaca que se edifica en términos valorativos positivos. Por ejemplo, la particular relación que mantienen los totonacos con la tierra, en vez de ser despreciada[59] se reconstruye en términos positivos, el valor del vínculo es lo que cambia. Ahora bien, el tránsito de una valoración a otra es el resultado del trabajo de autoproducción. En efecto, cada uno de los elementos culturales de los totonacos siguió un camino similar, sin ser por supuesto lineal, es decir, hay un momento de denuncia, de reclamo sobre aquello que los totonacos perciben como injusto o indeseable, tal como la dominación que los aqueja. Del mismo modo también hay un momento de restitución del valor social, como en el caso de prácticas e instituciones culturales, tales como el sistema de cargos comunitarios o el uso del idioma totonaco. Cabe distinguir un doble movimiento analítico en la revaloración: la denuncia y la producción del valor. En relación a lo anterior es que Touraine (2003: 67) señala que, el sujeto sólo puede existir "al combatir, indignarse, esperar, inscribir su libertad personal en las batallas sociales y liberaciones culturales." Y es que esta primera fase de lucha de la OIT fue precisamente un proceso de liberación cultural, a saber, la revaloración como principio de acción se dirigía a romper con los esquemas culturales valorativos que devaluaban lo totonaco tanto frente a los mestizos como al interior del mismo pueblo totonaco y en cada uno de sus integrantes ya que relaciones de dominación como las que imperaban en Huehuetla tuvieron como consecuencia un falso reconocimiento de la identidad totonaca por parte de los mismos totonacos (Taylor, 1993).

En las relaciones interétnicas en el municipio era latente una imposición cultural sobre qué identidad era más valiosa, más capaz, más productiva e inclusive más bella. Sobre los totonacos recaía una coacción sobre la valía de su identidad. Por ende, la revaloración identitaria es también una lucha por la liberación cultural y como tal es la encarnación de una figura del sujeto impulsada por una organización del movimiento social indígena, la OIT.

Por otra parte, previamente se señaló como una propiedad central del proceso de actualización identitaria su carácter práctico, y su expresión en pautas de acción de los totonacos, como la revaloración de la danza y su actualización por los integrantes jóvenes de la Organización. Subyacente al proceso de actualización identitaria se encuentra asimismo el principio de autoproducción del sujeto.

Las danzas tradicionales son un buen ejemplo al respecto. En el capítulo anterior se examinó la forma en que la danza de los voladores después de ser prohibida por los mestizos durante dieciocho años, fue recuperada, revalorada e institucionalizada de nueva cuenta por miembros de la organización en el marco del gobierno indígena. Ahora bien, esta recuperación precisamente deja ver un trabajo de producción del valor de la

---

[59] En el segundo capítulo se examinó cómo la agricultura indígena era calificada como tradicional y atrasada en contraposición a lo moderno.

danza que se traduce en prácticas que a la postre son re-institucionalizadas, porque ahora, la danza de los voladores vuelve a ser una práctica de la cotidianidad totonaca, expresión de fiestas y celebraciones. Cabe recordar que el modelo cultural mestizo posrevolucionario, recuperaba elementos del mundo indígena, fragmentos del pasado para la elaboración del presente. Sin embargo, dicha recuperación siempre estuvo a cargo de la acción indigenista, lo que era valioso de los indígenas era decisión de los no-indígenas. Esta idea se expresó durante casi todo el siglo XX en varios aspectos de dicha política. En este marco, la decisión de los totonacos es una afrenta sobre quién debe decidir el valor de qué elementos y orientaciones culturales. De igual forma, es una afirmación de la libertad de decisión y producción de sus propias orientaciones culturales lo cual de nueva cuenta deja ver el rostro del sujeto en la Organización.

Siguiendo esta misma línea de pensamiento, puede argumentarse algo muy similar en relación al sistema de cargos, empero, éste será analizado bajo la dimensión de lucha política de la Organización y su relación con la democracia. En ese sentido, otro de los argumentos que tornan político al sujeto encarnado en la OIT es el proceso de redefinición simbólica de la identidad totonaca en términos del código democrático. A continuación se examina este punto.

Imagen 7: Danza de los voladores, ejecutada por integrantes del CESIK, Huehuetla 2009
Foto tomada durante el trabajo de campo

5.2 Democracia radical totonaca/antidemocracia mestiza

La Organización Independiente Totonaca a través de sus distintos frentes de lucha contribuyó de facto a la redefinición simbólica de la identidad de los totonacos, particularmente en dos dimensiones. La primera se esquematizó en el capítulo anterior y hace referencia al valor de las orientaciones culturales de los totonacos, es decir, la OIT redefinió simbólicamente el valor de ser y sentirse totonaco, reconstruyó el valor social de la identidad indígena. En concordancia a esta dimensión de la redefinición simbólica de la identidad se examinaron los procesos de revaloración, reconfiguración y actualización identitaria. La segunda dimensión de la redefinición simbólica hace alusión al proceso generado por la OIT por reconstruir la identidad totonaca en términos del código democrático de la sociedad civil (Alexander,1998). Lo cual de forma paralela significó para la lucha de la OIT reconstruir a su adversario—el mestizo—en representaciones del contra-código democrático.

Al respecto, Alexander (1998) señala que, aquéllos grupos sociales o individuos segregados o excluidos deben ser reconstruidos en términos de las cualidades asociadas al código democrático con el objetivo de ser incluidos en la sociedad civil, esta reconstrucción tiene como repercusión hacer ilegitima la exclusión. Siguiendo el mismo argumento, Tavera (1999: 131) añade que los movimientos sociales contribuyen a dicha redefinición simbólica. A partir del accionar de los movimientos sociales se crean discursos contestatarios que cuestionan la exclusión. En ese sentido, la inclusión tiene un sustento simbólico que implica que los individuos o grupos segregados y excluidos deban ser construidos o reconstruidos del lado del código democrático. Ahora bien, cabe destacar que la lucha de la OIT desde sus inicios se relaciona con una lucha por hacer efectiva la democracia para los indígenas, es decir, por hacer efectivos los derechos políticos de los indios y crear espacios de inclusión para éstos. La Organización generó procesos a través del conflicto para redefinir en términos democráticos a los totonacos. En efecto, la OIT como organización del movimiento social indígena edificó un discurso en el cual reconstruyó a los totonacos y sus cualidades del lado del código democrático y de forma paralela creó un discurso en el cual los mestizos son reconstruidos bajo un contra código democrático.

Prosiguiendo a Tavera (1999:132) y la idea de los movimientos sociales como vehículos de creación de discursos contestatarios y su contribución a la redefinición de los grupos excluidos, se puede afirmar que la OIT precisamente se erigió como ese vehículo. En un primer momento, por medio de la reconstrucción del valor de ser totonaco, a través de la *revaloración, actualización* y *reconfiguración* de la identidad totonaca, procesos que irrumpían contra las relaciones de dominación sobre los totonacos. En un segundo momento, la OIT canalizó un discurso contestatario sobre la exclusión política de los totonacos y sus derechos políticos, lo cual tuvo como consecuencia la redefinición de éstos en términos democráticos e incidió en la creación de un nuevo discurso sobre la participación política de los indígenas y sus derechos políticos. Un discurso que reconstruía a los totonacos propiamente como ciudadanos y que contradecía aquellas orientaciones culturales que construían al indio como incapaz, apático, desinteresado, tonto y dúctil. Los totonacos al poseer virtudes cívicas deslegitimaban su exclusión, reconstruyéndose como dignos de ser parte de la sociedad civil y política. Revisemos a continuación cómo se efectuó precisamente la reconstrucción de los indígenas totonacos en términos del código democrático, lo cual obliga en primer término a revisar la resignificación de su adversario bajo el código opuesto.

En las entrevistas con miembros de la Organización al preguntar sobre la lucha de la OIT y su relación con la democracia las respuestas siempre fueron ambivalentes, es decir, por un lado, los miembros de la Organización afirmaban que la OIT poco o nada tenía que ver con la democracia, que ellos como organización tenían otros proyectos tales como el bachillerato indígena, el acopio de café, o el mismo juzgado. Aunque, por otro lado, manifestaban que era necesario que el pueblo eligiera a sus propios representantes, que éstos fuesen controlados por el pueblo totonaco, y que el gobierno debería tener como principal tarea servir precisamente al pueblo, asimismo, elogiaban que las decisiones fuesen tomadas por el pueblo en su conjunto a través del diálogo y la deliberación. Por lo demás, cabe destacar que la existencia del código democrático de la sociedad civil no presupone que éste sea apropiado por la sociedad en su conjunto, lo cual es probablemente el motivo de las respuestas ambivalente de los totonacos respecto a la democracia.

Por otro lado, cabe destacar que la OIT llegó a la presidencia municipal a través de elecciones, exigiendo ante el tribunal electoral en Puebla que se respetaran los votos de los totonacos. De esta forma, en torno a la democracia giraban una serie de significados contradictorios: se declaraba la nula relación de la OIT y la democracia, mientras que acciones prácticas de los totonacos generaban un proceso democrático efectivo. Revisemos por ejemplo la respuesta de Don Aurelio, profesor del CESIK y médico tradicional, al preguntarle sobre la importancia de la democracia en la lucha de la Organización:

> Pues creo que no tanto, porque aunque se diga que esta controlado no, o sea, para nosotros no es tan importante, para nosotros lo importante es que cada comunidad busque a sus servidores, por el respeto, por la capacidad que tiene por la experiencia, por los servicios que ha dado y no porque pues, sean mi compadrito, él se vaya como candidato, sino que sean elegidos directamente por la comunidad, que creo que yo que esa es la mejor forma de elegir las autoridades, porque no hay

equivocación, entons yo creo que esto no, no es una real democracia, aquí todavía sigue la heredocracia como se dice no, si nosotros vemos a hoy, hoy en la actualidad, cuantos jóvenes ahorita se están proponiendo para ser candidato a presidentes municipales y andan visitando las casa, yo creo que no es así, pues yo quiero ser presidente, me busco dos o tres amigo por ahí y ya vamos a empezar la promoción, porque entonces ya no es democrático, democrático es aquel van a hacer una reunión y de ahí van a ver quien puede ser un posible candidato.

Respuestas como la de Don Aurelio fueron constantes en los diálogos sostenidos con miembros de la Organización. Lo cual de ninguna forma implicaba que la lucha de la OIT fuese de carácter antidemocrático, por el contrario, después de revisar en su conjunto los datos, resultó que los totonacos miembros de la OIT asocian la palabra democracia con el sistema de control político mestizo de simulación democrática y cooptación compadral y en consecuencia no pueden asociar su lucha con tales significados. A continuación se examina en qué consistía dicho sistema de control político.

En Huehuetla hasta antes de la lucha política organizada de la OIT, si bien se realizaban elecciones periódicas, difícilmente podría afirmarse la existencia de una democracia real en el municipio y que los indígenas fueran parte de ella. La forma en que se elegían el gobierno en Huehuetla remite a una democracia estrictamente procedimental controlada por la elites mestizas De acuerdo con nuestros informantes, la decisión sobre quien ocuparía la presidencia municipal se decidía en una cantina y no propiamente en la urnas. Pedro Valencia narra al respecto:

Mencionan que pues prácticamente si, no... bueno, sí había una participación pero era disfrazada, es quiero decir que bueno, la gente mestiza que tenía el control político así en grupito, ellos mismos los mestizos que estaban en el poder, en grupito, ellos mismos seleccionaban al candidato, a puro dedazo "no, éste va a ser", "que porque mi compadre ya no sabe cómo sobrevivir, bueno pues la manera de que sobreviva es que llegue a la presidencia", y bueno, a dedazo ponían a un candidato y ese candidato era obvio que iba a ganar.

En términos estrictos en Huehuetla existía una democracia procedimental. Hasta antes de la OIT, para los totonacos la experiencia democrática representaba una farsa. Como se señaló en el capítulo anterior, una expresión de las relaciones de dominación entre indígenas y mestizos era precisamente la exclusión política de los indios, en concordancia con las orientaciones del modelo cultural nacional. La noción traslapada de los indígenas como menores de edad, como inmaduros, apáticos, dependientes e incapaces de hacerse cargo de sus propios asuntos incluía por supuesto el ámbito de lo político, cabe recordar al respecto la entrevista Creelman-Díaz, en la cual, el entonces presidente construía a los indios precisamente como dependientes, desinteresados, apáticos y dúctiles, lo cual se erigía como el sustento ideológico de la exclusión política, la negación de derechos y plena ciudadanía a los indígenas.[60]

En Huehuetla estas nociones justificaban el ejercicio pseudo-democrático de las elites mestizas. En efecto, los cargos de elección popular en el municipio eran el resultado no de la "voluntad popular", sino de la decisión autoritaria de un grupo de mestizos que controlaban las elecciones. Las oposiciones indígena-mestizo, capaces- incapaces en el ámbito político son también sustento ideológico para el establecimiento de relaciones de dominación y control político, como lo señala Don Mateo Sánchez en el siguiente relato:

> Precisamente decían que ellos sabían hacer las cosas, que los indígenas, que los totonacos, no sabían hacer las cosas. Porque tenían esa maña de elegir entre ellos, pero ya de elecciones, ya de boletas, aunque fuera de boletas, caramba ellos, las tachaban las boletas y así entregaban y nadie les acusaba, pero ahorita en las elecciones que pasaron ahorita, ya no pueden, porque si viene gente de afuera viene a ver cómo se hacen las elecciones, porque ya, eso ya se acabó, así es.

Las relaciones de dominación excluían a los totonacos en términos político-electorales. Los indígenas no participaban en las elecciones en tanto eran conscientes del control político mestizo. En la narración se expresa de nueva cuenta la díada ideológica mestizos-capaces, esto es, la identificación de los mestizos como aquéllos que saben hacer las cosas y los indígenas-incapaces, es decir, los que no saben hacer las cosas. El mismo Mateo Sánchez señala al respecto:

> Mira, la gente de las comunidades pues desconocían, por lo mismo que yo le decía antes, pues, no hacían electos una autoridad por el pueblo, sino hacían de dedazo, tú eres mi compadre, tú vas a ser el candidato, tú eres mi sobrino, tu vas a

---

[60] Sobre el tema de la construcción de la exclusión en México, cabe señalar que los indígenas no han sido los únicos descartados de la participación política, algo similar ocurría con la competencia cívica de los habitantes de la ciudad de México. Tavera (1999: 135) señala que hasta 1985, "los habitantes del Distrito Federal eran ciudadanos de segunda", pues éstos no podían elegir a sus autoridades en relación a que el D.F. era la sede de los poderes federales, además lo anterior se justificaba en relación al mito de que los ciudadanos eran apáticos e indiferentes, lo habitantes del D.F., eran percibidos "como políticamente apáticos y socialmente individualistas (Tavera, 1999: 140)". De hecho, es un movimiento social, "el movimiento de damnificados de 1985" contribuyó a la redefinición simbólica de los habitantes del Distrito Federal, al respecto, "el movimiento se convirtió en un símbolo de competencia ciudadana que cuestionó la exclusión de los habitantes del gobierno local (Tavera, 1999: 135) y al hacerlo contribuyó a la redefinición simbólica de los ciudadanos del DF, bajo el código democrático de la sociedad civil.

tener este puesto y así se elegían entre ellos (…) pero si nos costo muchísimo trabajo y nos costo con muchos problemas porque Huehuetla pues es un pueblo quizá amañado, estaba amañado como elegían a su candidato, como elegían a la autoridad, nunca elegían pues con el pueblo, para que convocaran una reunión, sino elegían una autoridad en una cantina, donde se encerraban a tomar, ahí se elegía quién iba a ser el presidente, quién iba a ser el regidor, quién iba a hacer otras cosas, y así hacían los huehuetecos.

Es importante señalar que eran los huehuetecos, o sea, los mestizos y no los totonacos, quienes elegían a las autoridades de forma jerárquica y autocrática. Como veremos más adelante, para los totonacos resulta de gran relevancia que las decisiones se tomen por el pueblo en su conjunto (literalmente) a través de la deliberación. En el relato de Don Aurelio y Don Mateo al criticar la forma en que los mestizos elegían a sus gobernantes, contraponen a la par la forma en que los totonacos lo hacen, a saber, a través de la voluntad del pueblo vía consenso y voto directo.[61] Lo anterior va delineando las cualidades—opuestas—de ambos grupos. Por un lado los mestizos como autocráticos, autoritarios, con decisiones personales, en contraposición a los totonacos, quienes implícitamente se presentan como democráticos—en tanto la decisión recae en el pueblo—y respetuosos de sus instituciones—sistema de cargos, asambleas del pueblo.[62]

De forma análoga, en su relato Don Mateo señala que la gente de las comunidades si bien conocían la forma y los mecanismos para la elección de cargos públicos, no eran participes del sistema electoral en relación a su descontento o desconfianza hacia el mismo. En ese sentido es que puede afirmase que la OIT generó un cambio en los esquemas de participación electoral. Los totonacos conocían la forma en que se llevaba a cabo la democracia procedimental en Huehuetla y en relación a ello decidían no ser participes de la simulación electoral. En cambio, con y por medio de la OIT, los indios del municipio decidieron participar en la propia arena de los mestizos, lo cual en sí mismo era ya una acción contra la construcción histórica de los indios como apáticos y dependientes.

Precisamente una de estas instituciones o mecanismos que permitían a los mestizos mantener el poder municipal y recrear las relaciones de dominación interétnicas era el compadrazgo. Sobre este tema los totonacos miembros de la Organización expresan fuertes resentimientos. Por ejemplo, revisemos el relato de Bonifacio Gaona, segundo presidente municipal del

---

[61] De forma paralela a la voluntad popular vía deliberación, los totonacas se sirven del sistema de cargos comunitarios para la elección de los gobernantes.

[62] Sobre la dimensión simbólica de la sociedad civil y el código democrático, véase es este trabajo la sección 1.6 del primer capítulo

gobierno indígena:

> Se valían de la religión para tener una relación de compadrazgo—que yo te bautizo a tu hijo y ya somos compadres—o sea era como un sistema de control, como de control cuando se hacia campaña política pues llamaban a sus compadres y vamos a poner a fulano, y así era más fácil y no había necesidad de votar, porque cuando se hacían las votaciones pues la hacían ellos mismos, cruzaban dicen que en la presidencia y no había necesidad de votar, no sabían votar, por eso, porque había un control político, había un control económico, o sea, no podían participar porque ellos no les daban esa oportunidad, entonces la relación era así como muy particular, no había una relación así de comunidad, era diferente la relación.

Un grupo de mestizos, sobre todo aquellos que detentaban el poder político en Huehuetla se convertían en compadres de algunos totonacos. En pláticas informales, algunos informantes comentaban que los mestizos elegían a los indígenas de las comunidades con mayor prestigio en la misma, lo cual era una forma de "legitimar", el hecho de que las elecciones fuesen simuladas. En relación a lo anterior y a la estructura de dominación, el término resulta despectivo para los totonacos, no en su acepción original, porque el compadrazgo como institución social-religiosa es de gran importancia entre los totonacos, más no así entre mestizos e indígenas, ya que en dicha relación la palabra tiene una connotación distinta, la del control y el desprecio.

Regresando a la narración de Don Bonifacio destaca que, entre mestizos e indígenas no exista una relación de comunidad sino de control y que el compadrazgo funcione precisamente como un mecanismo que vincula a ambos grupos de forma desigual, sobre este tema Marcos Juárez añade: [63]

> De hecho, lo que yo he visto, no es el mismo trato el que los mestizos le dan a los indígenas, hay una parte que a lo mejor no se siente uno en confianza, a veces a una persona indígena, por ejemplo un mestizo se refiere a un indígena siempre lo trata como compadrito y no es precisamente compadrito porque tenga alguna relación con él, porque le haya ayudado en algo, esa palabra para ellos es despreciar a la gente, hacer menos a la gente es, se sigue dando esa parte donde el indígena, él que no viste como yo no vale, no tiene mucha importancia, para ellos aún se sigue manifestando aunque no en el mismo grado que antes.

---

[63] Es frecuente en la entrevistas que la relación de compadrazgo entre indígenas y mestizos sea referida con la palabra compadrito, al contrario entre indígenas se usa la palabra compadre. Cabe añadir que es el mestizo quien nombra al indígena compadrito y no al contrario. Para los totonacos dicha denominación contiene un elemento peyorativo, de disminución.

La utilización del compadrazgo como método de control político sobre los totonacos, para los miembros de la OIT contiene en sí mismo un componente discriminatorio, ya que es percibido por los totonacos como una forma de desprecio y humillación. Ahora bien, la acepción del término se ha trasladado a las relaciones interétnicas entre mestizos e indígenas en general, pues el mestizo puede llamar a un totonaco compadrito como un insulto, sin que en realidad sean compadres. La noción de compadrito es otra de esas orientaciones culturales que devalúan lo totonaco, en tanto está cargada de connotaciones negativas de control, desprecio y dominación.

De vuelta al tema de la estructura de poder municipal en Huehuetla, hasta antes de la formación y lucha de la OIT, éste puede ser descrito como un sistema de exclusión sistemática hacia los indígenas controlado por los mestizos, los cuales a través de algunos mecanismos como la simulación de elecciones o el establecimiento de relaciones de compadrazgo con los totonacos, legitimaban su poder y dominación sobre los indios. En efecto, en Huehuetla se ejercía una democracia simulada, diferenciada culturalmente en relación a un grupo étnico de pertenencia. Dicha diferenciación se sustentaba ideológicamente en las cualidades de cada grupo. Por ejemplo, la capacidad/incapacidad, astucia/ignorancia de mestizos/indígenas. Lo cual tenía como consecuencia la "legítima" subordinación y control político de los totonacos pues al ser incapaces, ignorantes y apáticos no merecían ser incluidos en la toma de decisiones políticas. En el siguiente fragmento de la entrevista con Pedro Valencia se puede leer una síntesis de lo anterior:

> Y buen a dedazo ponían a un candidato y ese candidato era obvio que (...) y a la gente indígena nada más le decían que, a algunos indígenas les decían—hay que votar, y hay que votar por esta persona—o sea, no le preguntaban si está bien o está mal, no le pedían comentarios, era de ir y votar. También cuentan que en algunos casos la gente indígena participó, pero una participación muy limitada por decirlo así, pero la mayor parte de la política o los votos los manejaban ellos, nos quitaban el poder los mestizos, porque ellos mismos llenaban... no sé si existían boletas para votar pero, ellos mismos los llenaban, los palomeaban o los tachaban para que ganara tal candidato, y finalmente pues decían es que ya votó la gente, es el que va a ser, pero yo siento que no había mucha participación.

A través de los relatos de los miembros de la OIT es posible reconstruir la figura que encarna el mestizo en Huehuetla en términos políticos. En consecuencia, el mestizo huehueteco es reconstruido en el discurso de la OIT como un adversario antidemocrático, las relaciones que establecen frente a los totonacas son jerárquicas y autoritarias, auto interesadas y engañosas, cualidades acordes al contra código democrático (Alexander, 1998). En un primer momento los mestizos como grupo obstaculizan la participación de los indígenas al controlar ellos las elecciones, cerrando los canales de participación indígena. De hecho, es posible contraponer un código contrario a cada una de las cualidades, relaciones e instituciones vinculadas con la noción de democracia tales como "la participación, la racionalidad y la confiabilidad, las relaciones sociales abiertas, honorables y de confianza y las instituciones impersonales incluyentes e igualitarias reguladas por la ley (Tavera, 1999:133)".

Precisamente, la democracia procedimental de los mestizos huehuetecos, obstaculizaba y frenaba la participación de un sector significativo de la población en Huehuetla, (para ser exactos, a la mayoría indígena). La confiabilidad era sustituida por la desconfianza. Las relaciones sociales eran cerradas en relación a los grupo étnicos y distaban de ser honorables, mas aún, estaban medidas por expresiones del racismo como la discriminación y los prejuicios contenidos en la figura del *compadrito*. Las instituciones eran claramente personales, dominadas por unas cuantas familias o individuos mestizos. Cabe retener que las decisiones las tomaban unos cuantos individuos y se encontraban lejos de estar reguladas por la ley. En síntesis, los mestizos eran un obstáculo para la plena ciudadanía de los totonacos, los cuales eran construidos como dependientes, inmaduros, apáticos, tontos, desinteresados y egoístas, cualidades antidemocráticas que justificaban su exclusión y el mando mestizo.

Por ello, la Organización invierte el proceso y reconstruye al mestizo bajo el contra-código democrático. En este punto se engarza precisamente la lucha de la OIT por romper con una democracia simulada, y hacer efectiva la democracia y los derechos de los totonacos, para que éstos puedan reconstruirse como ciudadanos y abandonar la posición de exclusión que las orientaciones culturales del modelo nacional mestizo le asignaban de facto.

En su conjunto, todos estos elementos de la estructura de poder en Huehuetla, pueden ayudar a explicar los discursos de los integrantes de la OIT opuestos en torno a la democracia, y es que resulta que para ellos, la noción de democracia contenía un significado muy alejado al del "gobierno del pueblo por el pueblo y para el pueblo". En términos estrictos, la ecuación mestizo+democracia tenía como resultado la simulación y la exclusión, se equiparaba con una democracia estrictamente procedimental que servía sólo para legitimar el poder autoritario y antidemocrático de los mestizos. Es por ello que, los totonacos en un primer momento discursivo no identifican su lucha con la democracia. Por supuesto, lo anterior de ninguna forma significa que la democracia no sea central en la lucha política de lo totonacos. Mas aún, un examen más minucioso mostraría, cómo la OIT reconstruye la totonaqueidad y a la organización misma en términos del código democrático. De igual forma, las instituciones de la Organización pueden ser conceptualizadas como democráticas e inclusive ir más allá y pensar a la OIT como un agente democratizador en la sierra norte de Puebla.

Analíticamente es posible distinguir dos caminos o vías en la lucha de grupos y organizaciones del movimiento indígena: una primera a través de canales no institucionales y que puede inclusive tomar la forma de levantamiento armado, este camino tendría como movimiento ejemplar al Ejército Zapatista de Liberación Nacional (EZLN) en el sureste mexicano. En esta vía es explícito un desdén enfático hacia el sistema de partidos políticos y el sistema político electoral. El otro camino lo representaría precisamente la OIT, a saber, la lucha indígena en el terreno político tradicional a través de los canales institucionales y la participación en el sistema electoral y de partidos. No obstante, cabe destacar siguiendo a Cohen & Arato (2002) que los movimientos sociales recurren cada vez más a una lógica dual de acción, la cual contiene un aspecto ofensivo y defensivo. La OIT precisamente es un ejemplo de esta lógica dual de acción—más adelante se examinará a detalles esta distinción. Sin embargo, respecto a la lucha de la Organización en el terreno político tradicional es relevante destacar esta disputa como el aspecto ofensivo de una organización del movimiento social indígena por asegurar institucionalmente aquellos cambios en identidades y normas producto de la lucha y acción organizada.

Previamente se señaló que la Organización Independiente Totonaca accedió al gobierno municipal disputando en el terreno político tradicional. Empero, en un momento previo, la Organización tuvo que recurrir a métodos fuera de este terreno para poder asegurar su participación, es decir, la OIT forzó su inclusión en el terreno electoral, democratizo a la "fuerza" las elecciones en Huehuetla. A continuación se expone este argumento junto con la redefinición simbólica de la Organización en términos del código democrático y sus implicaciones en la reconstrucción de los totonacos como sujetos de derecho y ciudadanos plenos.

Durante las entrevistas era recurrente la alegría de los miembros de la OIT al narrar el episodio histórico con el que ganan las primeras elecciones municipales, las cuales dieron lugar al primer gobierno indígena en la región. Como se apuntó, la estructura de poder en el municipio y las relaciones de dominación interétnicas tenían como una de sus expresiones el negar a la población indígena el ejercicio de sus derechos políticos y así negar su ciudadanía. Esta negación se sustentaba ideológicamente en una serie de orientaciones culturales que descalificaban a los indios como "dignos de inclusión" en el sistema democrático, orientaciones que construían a los totonacos como no-aptos para adquirir y hacer efectivos sus derechos, en éste caso, sus derechos políticos y por ende su exclusión era "legitima". De esta forma cuando la OIT decidió participar en las elecciones, la represión y la obstaculización del ejercicio del voto por parte de los mestizos no se hizo esperar, Don Aurelio nos relata al respecto:

> Y pues llegando las elecciones, pues, ora si, siguió las, la represión no, llegaron las votaciones, no permitieron que la gente votara, porque la mayoría de la gente, o sea prácticamente toda la gente que estaba ahí esperando pasar a votar, pues era de la organización, entonces, como ellos conocían la gente, pues, mejor optaron por parar las votaciones y cerrar las casillas, este, estuvieron digamos a personas que venían a, apoyar estas votaciones o las tuvieron secuestradas por unas horas ahí en la presidencia, si por parte del ayuntamiento y esto nos hizo que nos dirigiéramos a las ciudad de Puebla y pues, prácticamente pues se dio el gane a la organización, este, viendo todas las circunstancias y aunque ellos siguieron repelando a que no podía ser, que se tenia que hacer elecciones, ya no se les permitió, por lo mismo, por la forma en que había actuado.

Frente a los impedimentos de los mestizos para la realización de las elecciones, los integrantes de la OIT y sus simpatizantes ejercieron su derecho al voto a la fuerza, lo cual exponía a los indígenas totonacos como interesados en la política, independientes, activos y autónomos. En las primeras elecciones en que participó la Organización, los hombres totonacos crearon un cerco (compuesto por ellos mismos, por sus cuerpos), en torno a las casillas y los votos. Esta acción buscaba impedir el robo o la falsificación de los mismos, mientras tanto, las mujeres totonacas se dedicarían a votar, a ejercer su derecho de elegir a su gobernante. En ese sentido es que se señalaba que existía un momento de la lucha política de la OIT que no se efectuó en términos electorales, la lucha literal por el ejercicio de los derechos políticos de los totonacos. Una democracia a la fuerza. Pablo Ramírez relata el episodio en la siguiente narración:

> Hay una anécdota que platican, dicen que ellos hicieron como las hormiguitas, que dicen que cuando un elefante pisa las hormiguitas, pisa unas pero las otras se le trepan ¿No? Entonces ese fenómeno se dio con ellos, por ejemplo, en las elecciones, las que votaron, fíjate esa es una cuestión bien bonita ¿No? Las que hicieron que ganara el presidente, el primer presidente indígena, que es Don Mateo Sánchez, fueron las mujeres, porque todos los hombres se concentraron en cuidar que no se robaran los votos y no se concentraron en votar, entonces las puras mujeres votaron, fueron las que votaron, ahora si que fueron ellas las que impulsaron a que se ganara ¿No?

Para acceder a los canales institucionales primero se tenía que pelear fuera de ellos y forzar a los mestizos a que respetasen el cabal ejercicio de los derechos políticos de los totonacos, su derecho a votar y ser votados, de la misma forma era necesario que dicho ejercicio fuese acatado por los mestizos. Hay en este episodio ciertamente el ejercicio de una política no-institucional (Offe, 1996). Una vía intermedia entre los canales institucionales y no-institucionales, en la cual la generación o impulso de una institución regulada por la ley, como el gobierno municipal requirió que se forzarán los canales institucionales. Sin duda la respuesta de los totonacos frente a las arbitrariedades de los mestizos cambia con la emergencia de la Organización. Ésta se erige como un canal que encauza la lucha de los totonacos por hacer efectivos sus derechos políticos y generar una democracia efectiva.

En ese sentido, esta acción de la OIT puede ser leída como una lucha por la democratización de la democracia en el municipio. En efecto, las elecciones de 1989 en Huehuetla fueron las primeras en las cuales los totonacos votaron en su mayoría, eligiendo a un gobernante indígena —a Don Mateo Sánchez—, lo cual implicó hacer efectivos sus votos. Al respecto no debe dejarse de lado el contexto nacional, sólo un año antes, en 1988, el carácter democrático de las elecciones presidenciales fue puesto fuertemente en cuestión. El Partido Revolucionario Institucional (PRI) se mantenía en el poder precisamente a través de la recreación de una democracia procedimental, más no efectiva. El escenario democrático-ficticio-nacional se recreaba a nivel local en Huehuetla, hasta que la Organización decidió modificar esta situación mediante una alianza con el partido que precisamente disputó a nivel nacional la hegemonía política del PRI, el Partido de la Revolución Democrática (PRD).

Regresando al tema de la reconstrucción de los totonacos bajo el código democrático de la sociedad civil, cabe destacar la forma en que los totonacos miembros de la OIT describen sus instituciones y prácticas de gobiernos. Explícita o implícitamente remite a las cualidades democráticas del código. Por ejemplo, Bonifacio Gaona señala:

> Un poquito, porque hay muchas cosas por ejemplo, la cultura totonaca tenía un sistema de organizar, un sistema de organización en su comunidad, no precisamente era democrático aunque en parte si era democrático, porque se pedía la opinión, todos levantaban la mano o todos se quedaban callados, pero más, más como para representaciones seguían un sistema de hacer méritos para poder llegara a ser un dirigente, pero bueno era democrático porque también ahí se llegaba a un consenso para cualquier cosa que se tuviera que hacer, para cualquier por pequeño que sea un proyecto se tenían que reunir, que estaban los ancianos, que estaban los de la OIT para poder decidir, entonces como que si era democrático porque las decisiones eran en consenso, por mayoría, si.

En primer término la narración alude a la tensión que existe entre la estructura de la organización basada en la comunidad y en la opinión de todos frente a la democracia, expresada en el sistema electoral a través de los votos. Sin embargo, en el mismo relato el informante considera que en la cultura totonaca existen cualidades democráticas, como el hecho de que todas las opiniones son valiosas y por ello tomadas en cuenta en las deliberaciones públicas, lo cual genera un sistema de representación popular directa, una democracia deliberativa en el sentido propuesto por Habermas (1999: 15), a saber, un tipo de acción política que "presupone la posibilidad de decidir a través de la palabra sobre el bien común".[64]

La democracia deliberativa propuesta por Habermas (1999) apela a las "condiciones necesarias para que la discusión crítica y abierta de asuntos de interés general se lleva a cabo en los distintos foros y canales de la esfera pública". El sistema de organización de la comunidad relatado por Don Bonifacio Gaona, también remite a un sistema orientado a través de la palabra y el entendimiento, así como a la discusión pública de asuntos de interés general. De igual forma, El segundo presidente del gobierno indígena destaca que las decisiones se efectuaban mediante el consenso y el apoyo de la mayoría, es decir de un modo deliberativo.

Asimismo, en el relato emerge el tema del sistema de cargos y servicios, el cual funge como un complemento a la democracia totonaca y el sistema de deliberación. La estructura de cargos y servicios es una institución social de formación de los totonacos. En el capítulo anterior se señalaba que la OIT trabajó en la revaloración del sistema de cargos como institución totonaca, actualizando y reconfigurándola. El sistema de cargo se erige como un contrapeso del poder. Es un mecanismo a través del cuál se prueba la valía de los miembros de la comunidad, además es el elemento institucional propio de lo totonacos por medio del cual se podía acceder a los cargos públicos del ayuntamiento durante el gobierno indígena.[65]

Ahora bien, el sistema de cargos comunitarios fue una estructura tradicional de los totonacos sobre la cual se montó la estructura municipal del gobierno indígena, empero, antes de que esto sucediese fue necesario revalorar dicha institución. De forma análoga, al engarzarse ambas estructuras—la comunitaria y la municipal—ciertamente el significado en torno al sistema de cargo se modificó, porque ahora no era sólo una institución a través de la cual un totonaco gobernaba sobre totonacos, ahora, un totonaco gobernaba también sobre totonacos y mestizos. Ciertamente, éste, es otro ejemplo del sujeto que representa la OIT. En este proceso se produjeron orientaciones sobre el valor de una institución

---

[64] Al respecto, Habermas (1999) señala que en la práctica actual de la democracia las cúpulas dirigentes, las elites, han monopolizado la formulación de necesidades y la elaboración de propuestas políticas, negando precisamente a los ciudadanos la posibilidad de definirlas.

[65] Manuel Aquino Juez Indígena ratifica que para formar parte del ayuntamiento durante el gobierno indígena se tenía que haber pasado previamente por el sistema de cargo, así se aseguraban los totonaco y el pueblo que "el servidor público" tenía experiencia y conocía los problemas particulares de la comunidad.

cultural de los totonacos para ponerla al servicio de la acción. Durante el gobierno indígena los totonacos produjeron un ayuntamiento hibrido, producto del entrelazamiento de dos estructuras hasta antes, totalmente desvinculadas—la comunidad y el municipio—mas aún, el vínculo constituye precisamente el trabajo de producción de la Organización Independiente Totonaca.

Retomando el relato de Don Bonifacio, la deliberación y el consenso son enaltecidos como prácticas totonacas, inclusive, es frecuente que estas cualidades sean mencionadas como parte de las instituciones y prácticas sociales e inclusive de los mismos totonacos. Otro elemento que es constantemente exaltado es el voto directo en la comunidad, lo cual por supuesto también genera algunos inconvenientes. Pablo Ramírez señala respecto al tema:

> Si, porque tengo, bueno porque es que la democracia en sí busca también que todas las partes den su punto, pero la dinámica en que funciona o la dinámica en que el gobierno nacional hace presente la forma en la que ellos ven la democracia no es acorde con la dinámica de la comunidades, porque, pues porque como te digo son dos cosas distintas, por un lado está lo que uno sabe hacer por un proceso histórico que los abuelos; que el consenso, que el diálogo, por ejemplo aquí para tomar una decisión aun se toman meses y en la democracia de gobierno es vota en un ratito y se acabó, entonces por ejemplo se platica una vez, no están de acuerdo otra vez, es muy largo por así decirlo, pero es muy eficiente en ese sentido, porque nadie queda inconforme y por lo menos logran, por lo menos si va a pasar algo todos saben que va a pasar y todos asumen ese riesgo, cosa que en el aparato democrático digámoslo nacional o institucional del gobierno, pues es solamente una vez, o sea yo veo para las elecciones hacen toda una serie de campañas en donde te prometen cosas que por ley nos tocan, pero que a fin de cunetas no te las van a cumplir.

De forma análoga al relato de Don Bonifacio Gaona, Pablo explicita la tensión entre la dinámica deliberativa de la comunidad y la "democracia formal institucional", destacando las virtudes del primero, particularmente el acuerdo mediante el diálogo y el consenso. Ahora bien, la narración de Pablo alude a un proceso político que presupone la comunicación y el entendimiento y que se efectúa de un modo deliberativo.

En ese sentido, cabe destacar que en la reconstrucción de los totonacos bajo el código democrático la OIT libraba una lucha simbólica expresada en los discursos sobre las instituciones, las relaciones sociales y las motivaciones de los mestizos y de los mismos totonacos. La comunidad, sus instituciones, el servicio y el voto directo son reconstruidos discursivamente por los miembros de la OIT como instituciones igualitarias e inclusivas además de ser reguladas por la ley, (que en el caso de los totonacos son los "usos y costumbres"). Del mismo modo, las relaciones que sustentan estas instituciones son descritas como de confianza, directas y honorables. Vinculado a lo anterior es que los individuos que dan cuerpo a estas relaciones poseen determinadas cualidades, son activos, autónomos y respetables. La OIT produce un trabajo discursivo que tiene como objetivo la reconstrucción simbólica de los totonacos y sus prácticas e instituciones como dignas de inclusión. De tal forma que, la reconstrucción bajo el código democrático es una lucha simbólica en la arena discursiva por la inclusión de los excluidos, de los indios totonacos.

Cabe destacar que el proceso de reconstrucción de los totonacos, de sus instituciones y relaciones tiene como sustento el proceso de revaloración identitaria. En el proceso reflexivo suscitado en torno al valor de la totonaqueidad se afirmaba el valor de ser totonaco y por consiguiente se descargaba de sus connotaciones peyorativas a la identidad totonaca. Esto tuvo como consecuencias que también se reflexionara y construyera el valor social de prácticas e instituciones propias de los totonacos tales como el servicio comunitario, el idioma totonaco o ciertas expresiones culturales como la danzas prehispánicas o el huapango. De forma análoga, la revaloración identitaria se efectúo enarbolando la identidad indígena con el discurso de derechos humanos, lo cual significó la construcción de una identidad con derechos, los cuales debían ser afirmados y defendidos. Es decir, la reconstrucción de la totonaqueidad bajo el discurso de los derechos humanos sentó un precedente en la lucha precisamente por hacer de los totonacos sujetos de derecho, lo cual se tradujo en su dimensión política en un embate por hacer efectivos los derechos políticos de los indios y su derecho a elegir sus gobernantes y sobretodo su derecho también a ser gobierno.

Para concluir esta sección cabe añadir que la OIT se erigió en un símbolo del valor del ser totonaco. En una segunda lectura se reconstruyó como un símbolo de la lucha democrática de los indígenas en la Sierra Norte de Puebla y de las capacidades cívicas de los mismos, así como de sus competencias ciudadanas, procesos que derivaron en una redefinición simbólica de la identidad totonaca, al menos en la región. Por último, la dinámica organizacional del pueblo totonaca, particularmente, las asambleas comunitarias, incidieron en una comprensión más amplía de la democracia, que no se limita a procedimientos estrictamente electorales y que remite al ámbito deliberativo, al consenso y la comunicación.

En la reconstrucción de los totonacos en términos del código democrático subyace la idea de producción y autoproducción de la experiencia, en tanto ellos, un grupo de totonacos miembros de la OIT por medio de su acción trabajaron sobre la reconstrucción de su experiencia, de sus orientaciones y sus formas de participación, lo cual nos dirige de nueva cuenta hacia la noción de sujeto político en tanto se construyeron espacios de ciudadanía y ciudadanos.

5.3 La OIT como agente democrático en la Sierra

En la sección anterior se examinó la forma en que la Organización se reconstruyó a sí misma y a los totonacos en términos del código democrático. Al mismo tiempo esta reconstrucción simboliza el trabajo de producción de la OIT en relación a sus orientaciones culturales. De igual forma en términos estrictamente prácticos, la OIT impulsó una serie de cambios tanto en la estructura de poder municipal y las relaciones de dominación interétnicas, así como en las pautas de participación electoral de los totonacos y la forma en que éstos se integran a una comunidad política. Este proceso se vincula con la lucha por hacer efectiva una mayor inclusión y participación de lo indígena en el sistema democrático. Examinemos estos puntos.

No obstante, para ello se debe hacer hincapié en la estructura de poder de Huehuetla, y cómo ésta cerraba canales de participación y disenso para los totonacos, estableciendo una forma de gobierno autocrática y autoritaria. No es hasta sino hasta 1989 que la situación comienza a transformarse en el municipio, empezando por la misma forma en que los totonacos se involucraban con las formas de participación política y social. Como se tratará de mostrar, los procesos de revaloración, actualización y resignificación son centrales para entender los cambios en la forma de gobierno y en las relaciones de poder en el municipio.

Una primera transformación significativa remite al acceso de la OIT a la estructura de poder municipal, a convertirse en gobierno, lo cual implicaba ganar las elecciones. Al respecto, la identidad totonaca era un nexo que vinculaba a las distintas comunidades, municipios y a los totonacos, sin embargo, aún quedaba la tarea de ganar propiamente las elecciones. No obstante, se ha señalado que la participación política de los totonacos se limitaba a la figura del compadrito, una especie de captación por medio de un vínculo socio-religioso. Félix Cano presidente de la Organización relata porqué no había participación electoral por parte de los totonacos:

> Como no se sabía en un principio qué era votar, pues llegaban las boletas, los que estaban, los que siempre estaban que ocupaban, ahora ya le conocemos que se llamaba el monopolio político, el nepotismo que según le llaman, llegaban y a veces juntaban cinco o seis personas les ponía sus cervezas y tachaban las boletas, y pues no había, por eso no se sabía de votaciones, por eso la gente no sabía qué cosa era eso de poner un presidente, simplemente ya iban a la fiesta cuando dicen—ya se cambió el presidente—y hacia su comida, su bebida, su aguardiente y con sus sabores y ya iban, pero en casa de aquel que ya llegó, pero iban por la bebida que daban o la comida, pero iban, pero pues no sabía cómo se nombraba la autoridad,

aja.

No resulta sorprendente que los indígenas no participaran en las elecciones para elegir a los autoridades municipales. Como atinadamente señala el presidente de la OIT, existía un monopolio político, al menos de carácter electoral. Por otro lado, los totonacos prefería no ser partícipes de un sistema que no los tomaba en cuenta, para el cual simplemente no existían. Pablo Ramírez comenta sobre la participación de los totonacos en el municipio:

> Pues era muy nula, no pasaba de tal vez, bueno tal vez, así como muy evidente no lo era, así como un gesto muy claro de venir y votar no, pero podría ser que la misma gente en sus comunidades como que si comentaban esas molestias comunes, pero era lo políticamente de elección, de participación ya así muy activa en la toma de decisiones de un gobernante no, era muy pasiva hasta antes de la OIT, era muy pasiva en ese sentido.

En Huehuetla hasta antes de la conformación de la OIT no existían canales de participación para los totonacos. Precisamente fue la Organización quien construyó y produjo los canales de participación política de los totonacos, sustentado en la noción de indios capaces y sobretodo de indios independientes, que no necesitan tutela y pueden hacerse cargo de sus asuntos. Lo anterior fue producido en ese proceso de reflexión suscitado en la revaloración identitaria de los totonacos. En ese sentido, la OIT es la representación del tránsito de la construcción del indio dependiente hacia el de totonacos independientes. A continuación, Pedro Valencia relata el primer paso que dio la OIT para cambiar lo que acontecía en Huehuetla:

> Yo creo que sí porque la OIT fue quien también en primera agrupó, luego se alió con un partido, después de esto… ¿Cómo le llaman? Sí les dieron a la gente indígena, porque en aquel entonces cuando participó el candidato a la Organización, que fue Don Mateo Sánchez, pero la otra parte de los mestizos también tenían su gallo, también tenían su candidato, pero antes de que la organización con su candidato lo que hizo con la gente es credencializarlos, o sea el IFE se bajaron bastantes credenciales de elector, porque ya no era suficiente el voto de estos, entonces de una u otra forma yo siento que la OIT con su candidato, con el partido, abrió ese espacio, la gente sí participaba, y obviamente que se reflejó en el triunfo, participó la gente, votó la gente, puso a la persona que quería la gente que estuviera en el poder, de una u otra forma se democratizó.

Ciertamente al interior de sus comunidades los totonacos poseen sus propias formas de elección de gobernantes, a saber, mediante del voto directo aunado al sistema de cargos comunitarios. En ese sentido, resulta notable que la OIT se apropió de los esquemas de participación electoral mestizos, tales como la inscripción en el padrón electoral, la obtención de credenciales electorales, y el mismo hecho de votar en boletas. Es decir que, siguiendo la idea de Touraine (2003), la OIT invocó orientaciones culturales del campo cultural compartido, para a través de la acción encarnar un cambio social dirigido a la inclusión social y política de los indígenas. Empero, apropiarse del esquema de participación mestiza no sólo implicaba la obtención de credenciales. Al respecto Bonifacio Gaona señala:

> Se hicieron reuniones, se capacitó a la gente, se les hizo saber cómo debían de cruzar ahí las boletas para los candidatos y todo eso y se les capacitó a mucha gente se les capacitó sobre cómo debe funcionar una casilla, o sea, se les habló también de las normas que se utilizan en la ley electoral, entonces hubo participación, en las primeras elecciones que fueron del noventa al noventa y tres y noventa y seis hasta el noventa y nueve hubo mucha participación, por eso es que el mismo gobierno del Estado a través del PRI, hubo mucho juego sucio para poder quitar ese tipo de gobierno.

En esta apropiación hay un componente de la actualización identitaria, esto es, de la capacidad de acción practica de los totonacos. Hay una incorporación de elementos culturales compartidos que se traducen en práctica concretas. El hecho de que los totonacos tuvieran credenciales, estuviesen inscritos en el padrón electoral, conocieran los procedimiento de la democracia procedimental y el sistema electoral, así como el encaminarse desde sus comunidades hacia la cabecera municipal a votar representa un cambio en las orientaciones culturales de los totonacos que se concretaba en la acción. Este cambio en las orientaciones llevó a la OIT a la presidencia municipal, un lugar que le pertenecía históricamente a los mestizos y que mediante la acción práctica es arrebatado de los mestizos por los totonacos. Manuel Aquino señala con respecto a la participación política electoral de los indígenas y el triunfo de la OIT:

> Si hay participación, pero hasta la fecha, hasta cuando lo ganaron, ganaron ahí vieron que si hay participación y llega participación a la presidencia, entonces por eso, lo que mostraron a los indígenas entonces ya empezaron a trabajar también, los mestizos primero vieron, qué hicieron los indígenas, entonces ya ellos empezaron también a trabajar.

En el capítulo anterior se destacó la forma en que los tres procesos vinculados a la identidad totonaca mantenía una estrecha relación, se interconectaba y reafirmaban teniendo como base el proceso de revaloración. En ese sentido es que el periodo del gobierno indígena se enarbola con ellos en una especie de espiral. La revaloración dota de recursos para la acción a los totonacos y los reconstruye como capaces e independientes, a la par, se incorporan pautas culturales ajenas y compartidas, las cuales son puestas en práctica, esto, lleva a los totonacos a la presidencia municipal, la cual como mencionaba Pedro Valencia hasta antes de la OIT era desconocida e inaccesible para los indios. Esta acción concreta reafirma y afianza la revaloración identitaria, sin embrago lo hace en una nueva espiral. En un nuevo nivel se reconfigura una nueva identidad totonaca capaz de gobernar tanto a indios como mestizos. En este vaivén se reconfigura la identidad totonaca como capaz e independiente y se articula con el discurso de los derechos humanos. En sentido estricto se reconfigura la identidad totonaca como una identidad ciudadana.

Regresando al gobierno indígena, en el año de 1999 el PRI recupera el ayuntamiento municipal. Don Bonifacio considera que el PRI logra esto a través de un juego sucio, esto es, el otorgamiento de recursos por vías informales para la obtención de un mayor porcentaje de votos y así recuperar el municipio. A pesar de ello, el juez Manuel Aquino destaca que los totonacos sentaron el ejemplo sobre los trabajos y su capacidad de acción, lo cual fue percibido e inclusive puesto en marcha también por los propios mestizos. El periodo del gobierno indígena es parte de la actualización identitaria, un ejemplo de la acción práctica en la posición de gobierno sobre indios y sobre mestizos.

Las nociones de revaloración, actualización y reconfiguración de la identidad totonaca que han sido examinadas ciertamente pueden ofrecer la inexacta impresión de ser una batalla librada y ganada por la OIT. Si bien en cierto sentido lo es, esto, de ninguna forma significa que el conflicto sobre las orientaciones culturales se encuentre resuelto y que la identidad totonaca sea una identidad positivamente valorada e incuestionable. De hecho, el conflicto sigue latente.

Si bien los totonacos han ganado un buen terreno en la disputa al poder ahora afirmar positivamente su identidad. Como consecuencia de lo anterior es que cobra especial relevancia el tema del reconocimiento social de la totonaqueidad, que es también el reconocimiento social de lo indígena y por supuesto de la diferencia en la igualdad.

Por lo demás, la lucha por el reconocimiento puede ser leída bajo la óptica de la lógica dual de los movimientos sociales (Cohen & Arato: 2002). Una pugna con dimensiones tanto defensivas como ofensivas. No obstante, antes de examinar este punto, es preciso analizar qué connotación tiene el reconocimiento para los totonacos, qué significa y cómo es que se enarbola con su lucha.

Siguiendo a Taylor (1993) el reconocimiento es un componente central en la construcción de la identidad tanto individual como colectiva. La ausencia o el falso reconocimiento tienen consecuencias negativas en la construcción de la identidad que como se ha señalado pueden inclusive llegar a generar odio hacia uno mismo, rencor hacia la misma identidad. Ciertamente, el tipo de dominación producida por el modelo cultural mestizo generaba un falso reconocimiento hacia los indígenas. Siguiendo la línea histórica que se trazó previamente, sobre los indios—entre ellos los totonacos—recaían prejuicios, nociones y orientaciones culturales con un fuerte contenido negativo y racial. Lo anterior tuvo como consecuencia en algunos casos una construcción devaluada de la identidad indígena, y en el caso particular de Huehuetla, una construcción devaluada del ser totonaco.

En relación al falso reconocimiento no es sorprendente que el primer campo de lucha abierto por los que serían los miembros de la OIT fuesen precisamente las orientaciones en torno al valor de la identidad totonaca, por medio del proceso de revaloración. Como se señaló previamente, la revaloración fue un proceso reflexivo en el cual se imprimió valor social a ciertos elementos culturales de los totonacos contra las relaciones de dominación interétnicas. La revaloración identitaria también representa una afrenta contra el falso reconocimiento. En el siguiente relato Félix Cano, presidente de la Organización expone la noción de reconocimiento a la que aspira la Organización:

> Bueno, pues hay varios lo que pasa es que también, pues casi siempre la autodeterminación del destino de pueblo porque dicen—no pues dicen con nuestra organización vamos a defendernos de todo lo que nos quiera perjudicar—por ejemplo, en las escuelas pues ya se oía decir que mejor castellanizarse y se deben de avergonzar cómo se visten, se deben de avergonzar cómo hablan, cómo comen, se deben de avergonzar, eso no sirve, para eso están las escuelas, para que haiga un cambio ustedes viene a cambiarse, les decían en la escuela, y después eso se dijo que no, que era al contrario que se debe reconocer, de recuperar, de valorar eso, la identidad como ya se oye ahorita como nahuas o como totonacos.

En la primera parte de la narración resulta muy interesante la percepción de Don Félix sobre la Organización, es decir, como un dispositivo para la defensa de los totonacos. El relato continua señalando la imposición del modelo cultural mestizo y sus implicaciones sobre la identidad social totonaca, esta imposición se expresaba en la vergüenza que sentían los totonacos de ser totonacos, en otras palabras, en la devaluación de los elementos culturales indígenas. Al final del relato, el presidente de la OIT señala que en algún momento decidieron enjuiciar el modelo al empezar a poner en cuestión precisamente el valor de la totonaqueidad, lo cual implicaba directamente que se reconocieran positivamente los valores y orientaciones culturales de los totonacos.

Es posible argumentar a través de las experiencias de los totonacos de la OIT, que precisamente la Organización fue un vehículo para luchar por el reconocimiento ciertamente exitoso, al menos las relaciones de dominación interculturales se modificaron. Félix Cano comenta sobre el tópico: "Bueno ahorita ya no se oye mucho eso de, yo digo que los criticaron como los peoncitos, como los huarachudos, sino que este yo digo como que les dan su lugar, es otro trato".

Los otrora "huarachudos" ocuparon la presidencia por casi una década, dotaron de servicios a las comunidades de Huehuetla, incentivaron la participación política indígena, capacitaron a los totonacos en múltiples temas: leyes electorales, derechos humanos, comercialización de café. De igual forma, crearon un bachillerato y un juzgado indígena y todo eso modificó la percepción y autopercepción de los totonacos en el municipio. Cómo señala Don Félix, actualmente a los totonacos *les dan su lugar*. Ahora bien, respecto al reconocimiento hay un dimensión que cabe destacar en relación al tipo de reconocimiento al que aspira la OIT, pues sin duda, éste conlleva también un riesgo: el de convertir al otro en un figura "exótica", como diferente mas no igual. El siguiente relato del profesor Pablo Ramírez puede resultar ilustrativo al respecto:

> Si, si, bueno reafirmarlo, es que si, bueno un reconocimiento más claro, porque actualmente si se reconoce pero se sigue viendo con esos ojos, yo lo describo con un ojos como de folklor, como de fascinación, como de ruina, o sea eso que ahí esta y que pues si son, pero que deben de integrarse, esa es una palabra que usan mucho, el integrarse, creo que si se debe reconocer.

En la narración del profesor Pablo hay un reclamo sobre el reconocimiento, empero, sobre un reconocimiento particular que no folklorice a los indios. Es decir, que se trata de que los "otros" reconozcan la cultura totonaca en su igualdad, sin que ello signifique ser reducidos a objetos de museo, remanentes de un pasado casi por extinguirse que precisamente debe ser integrado o peor aún que se reconozca su valor en función del folklore que representa, esto es, como una figura exótica y lejana, reliquia terca y persistente de un pasado glorioso prehispánico. En el fondo, el reclamo del profesor Pablo levanta una crítica hacia el pensamiento indigenista y la idea de indio-vivo-indio-muerto que se examinó en el capítulo tercero. Estas nociones ciertamente pueden ser catalogadas como falso reconocimiento. A pesar de ello, Pablo afirma que sí es importante para la Organización y para los totonacos que se les reconozca, no obstante, cabe la interpretación de que sean reconocidos como iguales pero también diferentes, no como artefactos exóticos. La narración del profesor Pablo sobre el reconocimiento continúa haciendo alusión al propio reconocimiento de los totonacos.

> También dentro de la misma cultura ahorita tiene que vivirse un proceso, dentro de los mismo totonacos, debe de vivirse un proceso como de autorreafirmarse como de reafirmar más eso, porque eso también ya pasó acá, que decimos ser totonacos, pero ya no trabajamos el campo, decimos ser totonacos pero ahora yo no queremos hacer ciertos gestos para el pueblos, ahora ya está también este factor, dentro, pues empieza a haber ese mismo desprecio dentro de los mismos totonacos, creo que debe

de haber ese reconocimiento dentro y fuera.

En efecto, la lucha por el reconocimiento para los totonacos significó una lucha por el reconocimiento de sí mismos, afrenta directa contra el principio de doble racismo. Ya se ha señalado que precisamente una de la dimensión de la revaloración identitaria es la autovaloración de los totonacos, pues sin lugar duda las relaciones de dominación interétnicas y el falso reconocimiento produjeron que un buen número de totonacos interiorizaran estos esquemas y orientaciones culturales sobre el ser indígena totonaco. Marcos Juárez apunta:

> Yo pienso que lo que hace la Organización no es, no es, ¿Cómo le diré? No es como un comercial, no pues aquí esta el indígena, finalmente lo que se hace aquí, es que internamente se reconozca, el hecho de que yo me reconozca como indígena, que me considere como indígena totonaco. Para la Organización eso es lo más importante, lo más importante es que se valore uno a sí mismo, de ahí viene esa concientización, cuando hablamos de que se concientiza a la gente, se habla de eso, el valorarse a si mismo, no es el hecho de presentar no pues aquí esta el grupo indígena, lo más importante es el auto valorarse.

El relato del secretario de la Organización ahonda sobre la relevancia de la auto afirmación de la identidad totonaca, lo cual remite ciertamente a una batalla aún en disputa. Pues si bien el valor de la identidad totonaca cambió con la irrupción de la OIT en el municipio, es aún un proceso que deben seguir reafirmando los totonacos. Precisamente los conceptos de actualización y resignificación identitaria pretenden dar cuenta de las transformaciones en la identidad, a saber, cómo la identidad como construcción social remite a cambios, reafirmaciones y resignificaciones. Lo cual señala que la identidad totonaca no es inamovible, en 20 años ciertamente se modificó, lo que implica que puede volver a modificarse, esto, remite a la insistencia tanto de Pablo como de Marcos, ambos jóvenes miembros de la Organización para seguir trabajando sobre el valor y la afirmación de la identidad totonaca.

De vuelta al tema del tema del reconocimiento, la respuesta de Don Aurelio resulta muy interesante ya que enjuicia una formula constante en la relación del Estado Mexicano con los indígenas:

> Pues yo creo que si es importante, porque solamente así, este, eh, las comunidades pueden tener los beneficios que realmente deben de tener, mientras no se reconocen, pues siempre ahora si, aunque en la constitución hablan, de los beneficios que puedan tener los pueblos, pero, desgraciadamente en la práctica, no, entos, creo yo que, una parte es que si se reconozca, que le den sus derechos que le corresponden y no que estén en contra de ellos, a veces se hacen leyes no , hoy se habla de derechos

indígenas, se hablan muchas cosas, pero, no hay una gran libertad para que la gente pueda disponer de sus derechos.

En el tercer capítulo se trazó una línea histórica de la relación del Estado Mexicano y los grupos indígenas. Desde el periodo liberal se promulgaron leyes que no eran efectivas para los indígenas, que en la práctica no lograron concretarse tales como la igualdad de los indígenas y la ciudadanía de los mismos. El relato de Don Aurelio sigue la misma línea. Regresando a la narración histórica, en 1992 se enmienda la constitución mexicana para reconocer jurídicamente la naturaleza multicultural y pluriétnica de la nación, lo cual significó un avance en la lucha indígena. A pesar de ello, siguiendo a Oehmichen (1999: 163) dicho cambio, "se convirtió en un hecho meramente declarativo cuya concreción en la práctica estuvo severamente limitada debido a que desde entonces y hasta ahora carece de reglamentación". De forma paralela se modificaba también el artículo 27 de la constitución, lo cual representaba un golpe contra el sustento material y simbólico de los pueblos indígenas, la tierra. En la narración de Don Aurelio se eleva un reclamo contra lo anterior, es decir, contra la esquizofrenia discursiva-práctica de la política del Estado Mexicano. Pese al reclamo, el tema del reconocimiento sigue siendo importante. Al igual que con el tema de la democracia y la igualdad el objetivo es el reconocimiento real y efectivo y no ficticio. El relato del director del CESIK Antonio Méndez confirma lo anterior:

> Yo considero que si, yo creo que si, porque pues es que son, como se puede decir, pues son los espacios, es la base del trabajo, de la sociedad en sí, o sea más que yo creo que en la organización no se está buscando que te reconozcan solamente en la palabra, creo que lo que se busca aquí es que el reconocimiento sea más práctico, que te apropies de las cosas, de los espacios.

Además de la reivindicación por un reconocimiento efectivo, el director del CESIK comenta que ese reconocimiento debe traducirse en la apropiación de espacios por parte de los totonacos, sin embargo esos espacios no son sólo aquellos que pertenecen a la esfera de lo Estatal, sino que incluyen a su vez espacios de la sociedad civil. En ese sentido, es que la lucha por el reconocimiento es un buen ejemplo sobre la forma en que opera la lógica dual de los movimientos sociales. En efecto, la OIT generó un primer aspecto defensivo que se tradujo en un esfuerzo por redefinir la identidad indígena totonaca y desarrollar relaciones sociales más igualitarias y democráticas, en cierta medida, lo anterior acontecía al interior del mismo pueblo totonaco. Una segunda dimensión de acción de la Organización remite al aspecto ofensivo, a saber, a todos aquellos esfuerzos generados por la OIT para asegurar institucionalmente, tanto esta nueva redefinición identitaria como las prácticas y relaciones sociales que emergen de ésta. El aspecto ofensivo de la Organización se efectuó particularmente desde la posición del gobierno indígena, sin por supuesto limitarse a él, de hecho, la institución escolar CESIK es un ejemplo de cómo los totonacos buscaron concretar el reconocimiento de lo indígenas en un marco institucional. La misma lectura puede aplicarse a la constitución del juzgado indígena, ambos temas serán tratados en la última sección de este capítulo.

En relación a lo anterior no resulta sorprendente que los miembros de la Organización constantemente mencionaran el tema del reconocimiento y levantarán un reclamo por ser reconocidos efectivamente. La lucha por el reconocimiento se vincula con el proceso de revaloración y reconfiguración identitaria de los totonacos, no obstante, los rebasa, pues si bien es cierto que parte de la lucha por el reconocimiento se relaciona con el hecho de que los mismo totonacos afirmen su identidad, de la misma forma, es necesario que los "otros" lo hagan también. En consecuencia, resulta central pensar que la lucha de la OIT por el reconocimiento no sólo remite al ámbito de la sociedad civil y los totonacos sino también a la esfera de lo estatal.

Cabe destacar otro tema que en cierta forma se relaciona con el reconocimiento: el comunitarismo, uno de los frentes de lucha del sujeto y que remite al encapsulamiento de una cultura por parte de la comunidad. Concerniente a la OIT es importante resaltar su oposición frente al mismo. Como se señaló en el primer capítulo, el riesgo hacia el comunitarismo para los movimientos sociales indígenas es muy alto, en tanto la definición del sí mismos se enuncia desde un fundamento étnico. Esta definición en ocasiones generó comunidades cerradas en sí mismas que se erigen como prisiones de deberes para los individuos al interior de ella y en ciertos episodios pasando por alto los derechos de los mismos. En ese sentido, el camino de la Organización se apartó del comunitarismo, a saber que fue la misma OIT la que reconstruyó la identidad totonaca entretejida con la noción de derechos humanos e inclusive, produciendo la articulación de la identidad totonaca con el ejercicio efectivo de los derechos políticos de los indios, porque los reconstruyo como sujetos con derechos universales. La OIT construyó sujetos de derecho integrando elementos culturales totonacos con una afirmación de los indios como poseedores de derechos universales.

La Organización Independiente Totonaca no usó la identidad totonaca, las raíces culturales indígenas como un medio de control sobre la comunidad, sino exactamente al contrario, la identidad cultural sirvió como sustento para la acción dirigida precisamente a la denuncia y resquebrajamiento de las relaciones de dominación que subordinaban y sometían a los totonacos, asimismo, la identidad cultural sirvió como sustento para la lucha por adquirir y hacer efectivos los derechos universales de los totonacos. De forma análoga puede estimarse que la lucha de la

Organización se engarzó con un tipo de etnicidad abierta (Le Bot, 1998). Es decir, la OIT movilizó un recurso cultural para participar en la actividad política y en la negociación y no para encerrase en sí misma. A continuación se presenta un frente más de lucha del sujeto político encarnado por la OIT, aquel tocante a la transformación de las relaciones interétnicas de dominación en el municipio d e Huehuetla.

5.5 El sujeto político contra la dominación cultural

El sujeto que encarna la OIT es ese principio de acción dirigido a transformar las orientaciones culturales que determinan las relaciones interétnicas entre mestizos e indígenas y que los subordinan. La OIT representa entonces la voluntad para trastocar la estructura de las relaciones interétnicas de dominación, al menos en Huehuetla.

Si bien dicho principio de acción en sí mismo puede ser conceptualizado como político en tanto su ejercicio o puesta en marcha significa abrir un espacio de confrontación y negociación en torno a las orientaciones que median las relaciones interétnicas entre indígenas y no-indígenas. A esto se le añade otra dimensión, la pugna por institucionalizar los cambios en la estructura de dominación tanto en el ámbito estatal como en el de la sociedad civil. Y es que la lucha de la OIT cobra mayor significado en el marco en que se inscribe, a saber, el Estado nacional Mexicano en la época de la hegemonía de un solo partido (PRI). Dicho contexto tenía como estructura, espacios políticos cerrados en general y de forma más profunda para los indígenas, así como mecanismos fraudulentos en las elecciones. En ese contexto la OIT es un sujeto político en tanto como voluntad, como principio de acción abrió-rompió las barreras del campo político mexicano a nivel local. La OIT puso en entredicho la hegemonía del PRI en Huehuetla, compitiendo en su propio campo.

La OIT como organización del movimiento social indígena encarna a un sujeto dirigido a la autoproducción de la experiencia de los totonacos. El sentido político de este sujeto reside en los reclamos elevados por el colectivo tales como la valía y dignidad de ser indígena, la construcción de la igualdad en la diferencia, o el ser sujetos plenos de derecho en una constelación nacional como la mexicana. Ahora bien, el sentido político de éstos reclamos remite a su incompatibilidad con el modelo cultural mestizo y la hegemonía de un partido único. En efecto, los reclamos de la OIT adquieren una orientación política en relación a que en sí mismos, es decir, de forma implícita son incompatibles con las orientaciones culturales, lo cual es ciertamente un proceso contestatario.

Del mismo modo, respecto a la dimensión política del sujeto, cabe recuperar la construcción de la identidad totonaca vinculada con los derechos humanos. El sentido político de este proceso reside en el carácter disruptivo y defensivo de los derechos humanos contra la estructura de dominación en Huehuetla que oprimía a los totonacos. Revisemos cuales fueron las consecuencia de la emergencia de un sujeto político de rostro totonaco en la Sierra Norte poblana.

La irrupción en la esfera pública de Huehuetla de la OIT y la encarnación de la figura del sujeto se erigió como una afrenta directa a las relaciones de dominación interétnicas, las cuales ya han sido examinadas.[66]

El sujeto político en Huehuetla tenía que denunciar y combatir la dominación, en un doble movimiento, de enjuiciamiento y trabajo de producción. En ese sentido, resulta imperioso analizar la acción del sujeto con respecto a este tema. El siguiente relato del juez indígena Manuel Aquino da cuenta precisamente de las permutaciones acaecidas en las relaciones entre indios y no-indios a partir de la irrupción de la OIT en el municipio.

> Si, porque ha cambiado porque cuando nació la organización, entonces ahí empezaron a ver que de veras los indígenas o lo totonacos que son muchos o son la mayoría, entonces pues ahí también empezaron a ver que somos iguales, no debemos de tenerle miedo a nadie porque todos somos iguales, todos tenemos vida.

Desde su origen a finales de la década de los ochenta, la Organización Independiente Totonaca se convirtió en el punto de referencia en la lucha contra la dominación histórica que subordinaba lo indígena y las orientaciones culturales que sustentaban dicho proceso. Ahora bien, el relato del Juez exhibe que la misma OIT era ya un ejemplo de la capacidad de los indígenas, es decir, de la voluntad totonaca por crear sus propias instituciones y organizaciones. Destaca, asimismo que la OIT logrará aglutinar a un número ciertamente significativo de totonacos bajo un nosotros colectivo independiente e indígena. Este nosotros colectivo totonaco mostraba tanto a los mestizos como a los mismos indígenas el trabajo de producción de la igualdad. La afirmación de igualdad del juez Aquino es, por el contexto en el que se enmarca una enunciación política, es conflicto y al mismo tiempo autoproducción. A continuación se presenta el relato de Bonifacio Gaona, segundo presidente del gobierno indígena. El relato está marcado por el sello del sujeto:

> Entonces actualmente con los trabajos que se hizo en la OIT mucha gente ha cambiado de idea, ha dicho, nosotros aunque seamos totonacos si podemos, porque actualmente, muchos de las comunidades se fueron a la ciudad porque tiene bachillerato, o porque ya algunos son abogados, algunos son pues uno que otro contador, o este veterinario, se fueron a la ciudad porque aquí piensan que no pueden hacer trabajo, pero ya no es con la idea de que yo no puedo, o de que yo soy tonto, o porque soy

---

[66] Véase la segunda sección del segundo capítulo.

totonaco, no puedo hablar español no puedo ir a la escuela, entonces todo eso como que va cambiando.

El también profesor Bonifacio Gaona afirma que la propia valoración de los totonacos ha cambiado, en otras palabras, las orientaciones culturales sobre la identidad totonaca han permutado. El informante declara éstos cambios, los cuales se relacionan con el proceso de revaloración y reconfiguración identitaria. Cabe recordar que la OIT puso en el conflicto las pautas culturales sobre las identidades sociales totonaca y mestiza. En ese conflictividad construyó nuevas orientaciones sobre el ser totonaco, sobre imprimirle valor y negar la subordinación de lo indígena, así como modificar la estructura de dominación interétnica. Subyacente al proceso de revaloración identitaria está el sujeto que encarna la OIT, porque como señala Bonifacio Gaona, fueron los trabajos de la Organización los que empezaron a transformar la situación, es decir, la OIT es el motor de cambio, trabajo de autoproducción del valor de la totonaqueidad, la cual genera cambios en las relaciones de dominación. Al afirmar positivamente la identidad totonaca se debilita una expresión de la dominación, la imposición del valor de una identidad por parte de los dominantes.

Ciertamente, el trabajo de producción del valor de ser totonaco es uno de los grandes triunfos de la Organización, lo cual implicaba al mismo tiempo negar la subordinación de los totonacos. De forma paralela, la OIT abría un frente de lucha político-electoral dirigido a conquistar un espacio que desde siempre les fue negado a los totonacos y a los indígenas en general, la posición de mando en el gobierno institucional. Anteriormente ya se ha examinado la experiencia del gobierno indígena, si se recupera esa narración es para analizarla bajo la mirada del sujeto. Por ejemplo, en el siguiente fragmento de la entrevista con el primer presidente del gobierno indígena Mateo Sánchez se encuentran indicios de la lucha electoral de la OIT y el trabajo de producción del sujeto. "por eso la Organización se organizó, la gente para cambiar la autoridad municipal que estaba anteriormente porque los estaba relacionando con las autoridades municipales y por eso no tenían miedo, no esperaban ah y voy a tener ese castigo".

En el capítulo tercero se pretendió exhibir la forma en que la dominación cultural se expresaba en Huehuetla, esto es, violencia, injusticia e impunidad contra los totonacos. En consecuencia, el sujeto que representaba la OIT tenía que afrentar precisamente esa estructura de dominación que mantenía una estrecha relación con la distribución de poder en el municipio, controlado por supuesto por los mestizos. De este modo, los miembros de la Organización decidieron conquistar el ayuntamiento municipal y desde ese lugar tratar de impulsar cambios que incidieran en las expresiones de las relaciones de dominación, cambiar la injusticia y la impunidad, asociadas con el gobierno municipal. En el siguiente relato, el director del CESIK Antonio Méndez alude a la fortaleza de la Organización y su lucha:

> Pues a través de como de estar reflexionando pues ese tipo de aspectos, también este se creó, se fue creando, se fue consolidando como una organización fuerte, muchas personas se adhirieron a la organización, y se fue, se tuvo como la capacidad fuerte y se accedió al gobierno municipal, a través de eso las acciones que se hicieron fueron de darles los espacios a la población o sea, hacer como lo contrario a lo que existía anteriormente.

El sujeto que simboliza la OIT es la contrafigura del mestizo. Se señaló en este mismo capítulo la forma en que los totonacos reconstruyeron su identidad bajo el código democrático, y a los mestizos bajo un contra código de características antidemocráticas. De esa forma, el relato del director del CESIK es ilustrativo al señalar que la OIT como gobierno hizo exactamente lo contrario que las administraciones mestizas, esto es, abrir canales de participación y redistribución para los indígenas. Destaca además la fortaleza de la Organización relacionada con el apoyo de las bases sociales indígenas para quiénes la OIT significaba un cambio revelador en la estructura de poder y las relaciones de dominación interétnicas. Sobre el mismo tema, Pedro Valencia comenta:

> En cualquier aspecto pues, digo la creación en este caso de la OIT ha dado impacto, no solamente decir se hicieron obras no solamente el decir bueno es que ahora ya tenemos carreteras luz, hospitales o clínicas, entonces creo que también en la cuestión de la participación social y política, abrió como la apertura, tengo entendido que en la Sierra Norte es la única organización que ha logrado como esa trascendencia.

Para el secretario de acuerdos del Juzgado indígena, la OIT generó un gran impacto en toda la región. La lucha de la OIT y la organización misma es sin duda una lucha ejemplar en el sentido de ser una de las primeras experiencias de lucha indígena exitosa en la Sierra Norte de Puebla, mas aún, Pedro Valencia comenta que la OIT ha alcanzado una trascendencia inusitada vinculada con el principio de acción del sujeto al servicio del pueblo totonaco. Por ejemplo de nueva cuenta el director de CESIK señala sobre los cambios acaecidos en Huehuetla:

> Yo considero que si porque actualmente aunque tal vez no se tenga como la misma visión de la Organización, pero si se tiene como esa idea de hacer las cosas de una forma diferente y más como honesta no y así como que cambiar en toda su profundidad creo que no, hace rato yo manifestaba que actualmente es muy difícil como decir, lo que yo decía hace rato, es muy difícil como diferenciar ¿Quiénes son los buenos? ¿Quiénes son los malos? Creo que en cualquier sociedad hay de

todo, pero creo que en cierto sentido actualmente hay diferentes espacios en los que los totonacos participamos para el trabajo de la comunidad, entonces si creo que han cambiado, por eso hace rato decía que la organización en todos los ámbitos ha tenido impacto para el pueblo, entonces eso es indudable.

La organización también ha sufrido derrotas y ha tenido que afrontar conflictos internos y separaciones, así como críticas desde el exterior. A pesar de ello, el accionar de la OIT ha producido cambios profundos en Huehuetla, uno de ellos es precisamente al que hace alusión el profesor Antonio en el relato anterior, a saber, la apertura de espacios de participación para el pueblo totonaco. Espacios tanto en la lógica comunitaria como municipal. En ese sentido, la OIT representa para los totonacos un canal para vehiculizar la denuncia indígena contra la dominación, a la vez que simboliza la afirmación de los indios como sujetos de derecho capaces de decidir y producir su propia experiencia. Siguiendo la misma línea de argumentación Pedro Valencia comenta sobre lo que representa la OIT para el pueblo totonaco:

> Agrupa gente de comunidades, gente que de una u otra forma, los llamados mestizos han tratado de vulnerar e inclusivo de discriminar, entonces la OIT es como un espacio para agrupar gente, de buscar algunas soluciones de las necesidades de la gente indígena, yo lo catalogaría así como de esa manera, es una oportunidad donde la gente es escuchada, gente indígena, es escuchada.

La emergencia de una voz totonaca que denunciara las relaciones de dominación entre indios y mestizos necesitaba precisamente de un lugar par ser enunciada. La OIT se erigió como ese espacio, en él cual la voz indígena se fortalecía y su eco resonaba en el municipio e inclusive en toda la región. El relato del secretario de acuerdos lo confirma. Un primer mérito de la Organización fue la capacidad de producción de ésta para aglutinar a individuos de comunidades a veces aisladas e incomunicadas bajo una misma denominación, que recuperaba el calificativo principal de la dominación, es decir la palabra indio, para denunciarla, llenarla de valor y a través de ésta, una categoría cultural, confrontar a su adversario, rompiendo barreras y construyendo espacios para la inclusión de los totonacos. Resulta de gran relevancia que en el acto político de luchar y de organizarse confluyen distintos puntos de vista aún al interior del pueblo totonaco. Es también a través del proceso de lucha política que se conforma ese nosotros colectivo llamado OIT. Para Pedro Valencia, la OIT es un espacio para buscar soluciones contra un adversario que él mismo nombra, los mestizos y la discriminación que éstos producen hacia la población indígena. A continuación se ahonda sobre el tema.

En los años en qué surge la OIT los totonacos enfrentaban una situación apremiante, la constante violencia, injusticia y racismo contra ellos. Ya se ha señalado las múltiples dimensiones en que se expresaba la dominación cultural en Huehuetla. En efecto, la lucha de la Organización desde su origen ha sido una confrontación contra la dominación cultural que recae sobre los indígenas y que se expresa en las relaciones de dominación interétnicas en el municipio. De esa forma, si algo debió permutar después de 20 años de lucha de la OIT fueron precisamente las relaciones de dominación entre mestizos y totonaco. Revisemos la percepción de algunos integrantes de la organización al respecto. Por ejemplo, de nueva cuenta Pedro Valencia señala:

> Pues ya no, ya no, bueno yo digo que si cambió, porque de una u otra forma este, pues ya nos no tratan como trataron a nuestros abuelos, los insultaron, simplemente los hicieron a un lado, si realmente no tenían voz ni voto, hoy en día un indígena tan siquiera yo hablo por ejemplo del CESIK, ya hay muchos jóvenes que ya se prepararon y ya pueden ponerse al tú por tu, si poder opinar algo.

La narración da cuenta del tránsito de una situación de total opresión sobre los totonacos hacia un contexto de mayor apertura y participación de los indígenas. Destaca del relato la percepción sobre los insultos hacia sus antecesores y cómo esto ha cambiado y ellos como jóvenes no sufren de las mismas vejaciones que sus abuelos o padres. Pedro aduce que esta situación mantiene una estrecha vínculo con la producción del CESIK por parte de la OIT y su impacto en la población totonaca, especialmente entre los jóvenes, los cuales pueden a diferencia de sus padres expresar sus opiniones, o "ponerse al tu por tu", expresión popular que da cuenta de la capacidad de confrontación en igualdad de condiciones.

En efecto, las relaciones de dominación interétnicas en Huehuetla se han modificado, sin embargo, no han desaparecido completamente. Posterior al gobierno indígena, el PRI recuperó el poder municipal y parece haberse afianzado en él. Por otra parte, los miembros de la OIT decidieron no volver a participar en la competencia electoral por el ayuntamiento.

Al respecto de la dominación y la lucha de los movimientos sociales, Touraine (2005: 124) señala que precisamente un efecto del conflicto es el debilitamiento más no la desaparición de la dominación, Ahora bien, lo anterior significa cambios y atenuaciones en las relaciones de dominación, las cuales se exhiben en el siguiente fragmento de la entrevista con Pedro Valencia:

> Pero de que si sigue habiendo limitaciones, pero la relación yo siento que si cambió, tal vez, ellos pues discriminan de otra forma, ya no como la forma de antes, pero yo digo por ejemplo los jóvenes indígenas pues igual, posiblemente no pueden llegar al poder, igual porque ellos saben como manejan el poder político, pero yo siento que si la relación, si un poquito cambió, se tranquilizó la situación.

El relato apunta hacia el reposicionamiento de los mestizos en la estructura de gobierno municipal. Como se señaló anteriormente, las relaciones no son las mismas, los totonacos no sufren la misma discriminación que en el pasado.. Sin duda, también para los mestizos la existencia del gobierno indígena tuvo implicaciones, las cuales escapan de los límites de la presente investigación. No obstante, la estructura de poder en el municipio no es la misma contra la cual se levantó la OIT. Efectivamente, el juzgado indígena tiene una función de contrapeso político y protección de los totonacos, de la misma forma que el CESIK prepara a los jóvenes totonacos y posible futuros miembros de la Organización en un lugar de disidencia contra la dominación mestiza[67]. Todo este proceso corre de forma paralela a la revaloración y reconfiguración de la identidad totonaca. Son procesos que se distinguen analíticamente pero que corren aparejados, porque la lucha política de la Organización no hubiese sido posible sin la previa reafirmación del valor y capacidad de acción totonaca. Del mismo modo, a través de la lucha se afirman y reafirmaban los procesos identitarios totonacos. Por ejemplo, revisemos la siguiente narración extraída de la entrevista con el director del CESIK.

> Yo considero que nosotros debemos tener una identidad clara, saber perfectamente ¿Qué somos en realidad? Muchas de las veces se estaba viendo en aquel entonces que muchos, una: ya no querían ser totonacos, ya no querían ser indígenas, si se pudiera decir así, entonces la idea de conformara una organización con un nombre de Organización Independiente Totonaca es precisamente como el decir, como el pronunciar la cuestión de la identidad de ahí que uno de los objetivos de la Organización es precisamente valorar y preservar y seguir como rescatando esa parte de la cultura.

La identidad totonaca reconstruida y revalorada en el conflicto con las orientaciones culturales del modelo mestizo es, un principio de acción político. Su sentido es disruptivo en tanto pretendía denunciar pautas culturales que legitimaban la dominación y producir otras nueva. La revaloración es una autoproducción novedosa de los totonacos concomitante a la pugna por abrir espacios políticos y canales de participación para los indígenas. Los totonacos de la OIT decidieron en 1989 que una forma de abrir esos canales era apoderarse de la estructura de gobierno municipal. En efecto, como menciona el director del CESIK, muchos totonacos quería abandonar su identidad social, consecuencia de la sistemática devaluación y la dominación que significaba. Así la OIT es totonaca, en el proceso de enunciación es posible leer un doble

---

[67] También de alguna forma se puede aventurar y una mayor democratización de las estructuras de participación en el municipio tanto electorales como no-electorales

movimiento: el primero producto de la revaloración, antesala de la afirmación de la identidad indígena. En un segundo instante, la enunciación de la identidad totonaca es la representación de la disputa por la capacidad de autoproducir la experiencia indígena, su valor y sus orientaciones en el marco de una identidad social nacional que debe dejar de ser única y homogénea para permitir la existencia de múltiples y plurales identidades culturales, como la de los totonacos.

En 1989 la relaciones de dominación imperantes en Huehuetla negaban cualquier canal de participación e inclusive negaban la misma dignidad humana de los totonacos, lo cual se expresaba en racismo, prejuicios, segregación espacial y violencia. A veinte años de lucha ciertamente las relaciones de dominación han cambiado. La existencia de la Organización en Huehuetla produjo trasformaciones significativas. Es recurrente en las entrevistas que los miembros de la OIT definan a ésta como un espacio o como un mecanismo, ya que en estricto sentido, eso fue lo que produjeron los totonacos, a saber, espacios inéditos en Huehuetla para denunciar la dominación, para afirmar la identidad totonaca y para participar de la vida política en el municipio. En ese sentido, Antonio Méndez considera que como consecuencia de la lucha de la OIT, "se dan también esos espacios y se hace como la reflexión y tener la mentalidad de que son ellos los que toman la decisión, el pueblo es el que toma la decisión y la selección también de sus autoridades". Los múltiples frentes de lucha que abrió la organización en contra de la dominación cultural mestiza tuvieron como efecto reafirmar en los totonacos la noción de ser ellos mismo quienes tomen sus decisiones, seleccionar a sus gobernantes y representantes en un marco social más amplio, como lo es el municipio.

Recuperando la discusión sobre el sentido político del sujeto que simboliza o encarna la Organización Independiente Totonaca, revisemos el siguiente fragmento de la entrevista con el profesor Pablo Ramírez:

> Ah, bueno pues primero, el primer creo que el primer impacto fuerte es que la gente, o sea, yo creo que este es un acto muy noble y también muy fuerte si lo queremos ver así, como muy político sin tener que meternos en una cuestión partidista, muy político en el sentido de que, que se logra una concentración de gente, de todas las, de las comunidades porque también es sorprendente que había gente que ni se conocía y que se llegó a conocer en la Organización y llegaron a converger las posturas de los de una comunidad que son las de la Chacas, Leacaman, o sea, ahí la gente se dio cuenta, pues reafirmó que son mas ¿no?, por un lado eso así como muy evidente, por otro lado la cuestión de que la Organización ya pudo hacer frente a esa otra fuerza que oprimía ¿No?, o sea, como que la gente vio que como unida no le podían ganar.

La primera dimensión política del sujeto es la misma Organización, a saber, la acción conjunta de un grupo de totonacos que decidieron transformar las relaciones de dominación que subordinaban a los indígenas. Como atinadamente señala el profesor Pablo, el sentido político de la lucha de la OIT en ningún sentido es reductible al ámbito electoral, porque la lucha de la Organización se posiciona en un marco más amplio del conflicto, las orientaciones culturales del modelo nacional mestizo, si bien incluyen un forma de gobierno y de canalización de las demandas sociales. El sentido político de la emergencia de la OIT reside, asimismo, en la congregación de los dominados, los indígenas totonacas de las comunidades de Huehuetla.

La Organización irrumpe en la escena pública del municipio como un lugar de encuentro para aquellos subordinados, discriminados y devaluados y a través de la unificación de puntos de vista distintos, se afrenta aquello, que el profesor Pablo señala como una fuerza opresora—los mestizos y su control sobre distintos ámbitos de la vida. En ese marco es que la misma existencia de la Organización adquiere un sentido político, su existencia es incompatible con los esquemas culturales dominantes en Huehuetla, en lo cuales no hay cabida para los indígenas, sus peticiones o su derecho legitimo para producir sus experiencia. En el primer momento de confrontación directa, los totonacos optaron por competir en las elecciones, lo cual significaba disputar en el mismo campo de los mestizos, él cual era controlado por ellos. Por supuesto, también hay un sentido político en la competencia electoral que no se limita exclusivamente a los votos, sino a disputar la misma arena, apropiarse del canal electoral, del municipio y del mismo proceso. El párroco de la Iglesia de Huehuetla, José Luis, añade sobre el tema: "uno de los logros también fue eso, un despertar político, despertar político, ya hubo realmente elecciones, hubo elecciones hubo participación del poder indígena".

Ya se ha señalado la noción de Touraine (2005: 124-125) sobre la lucha de lo movimientos sociales y el debilitamiento de las relaciones de dominación. Ahora bien, esta resquebrajamiento de las relaciones de dominación ha permitido a los dominados reencontrar una subjetividad libre de una inferioridad "natural". La OIT no sólo se reencontró con esa subjetividad libre de subordinación, en estricto sentido, la construyó y produjo a través del proceso de revaloración identitaria. La inferioridad natural del indio fue cuestionada y trasladada al servicio de la acción de una organización del movimiento social indígena en México. La lucha de la OIT traslapada a una dimensión más amplía llevó a la reconfiguración de la figura del indígena en Huehuetla, en la región Sierra Norte de Puebla y aún en la nación mexicana. En la siguiente narración Pedro Valencia comenta sobre la forma en qué la dominación cultural mestiza se ha debilitado:

> Yo creo que si, si nos vamos así un poquito más atrás, el factor miedo que había, ya no lo hay, que la participación en la política de la gente indígena a veces y así hasta estas alturas yo digo que

desorganizada, pues si lo hay, pues inclusive el presidente que está ahorita pues es indígena, aunque con otro partido pero es indígena, entonces se abrió ese espacio del ayuntamiento, porque siempre había un grupo que tenía el control sabían quien llegaba y quien no llegaba.

En primer término, es notable para nuestro informante que la situación de violencia productora de miedo en los totonacos fuese detenida por la OIT. De la misma forma, si bien "desorganizada" ya existe la participación política indígena en el municipio, pero sobretodo allende las preferencias partidistas, la figura del indígena tiene ahora una nueva relevancia, ya no es sólo la OIT quien reivindica la identidad indígena. La reivindicación de lo indígena ha traspasado las fronteras de la Organización, lo cual para Pedro es parte de la apertura de espacios para los indios tales como el ayuntamiento municipal.

Para concluir esta sección, retomamos a Touraine (2005: 124) cuando señala que, "el sujeto no es únicamente aquel que dice yo, sino aquél que tiene conciencia de su derecho a decir yo", bajo esa lectura, la OIT produjo las condiciones necesarias para que los totonacos no solamente se reconocieran como tales, es decir, como indios totonacos, del mismo modo la Organización produjo las condiciones para que esos totonacos afirmaran su derecho a nombrarse totonacos, a ser iguales en la diferencia.

La persistente acción del sujeto en Huehuetla, su constante capacidad de autoproducción efectivamente debilitó las relaciones de dominación interétnicas. Como gobierno municipal generó proyectos de diversa índole con el objetivo de mejorar la calidad de vida de los totonacos y afianzar el valor de éstos. Del mismo modo, el accionar de la OIT produjo dos instituciones de gran trascendencia para los indígenas totonacos de Huehuetla: el Centro de Estudios Superiores Totonacos Koyom (CESIK) y el Juzgado indígena en Huehuetla. En efecto, los procesos identitarios que se han venido examinado mantienen una estrecha vinculación con estas instituciones, asimismo, la edificación de ambas instituciones puede ser leída como el aspecto ofensivo del accionar de los movimientos sociales. A continuación se presenta un examen más detallado de ambas. Empecemos por el bachillerato indígena.

El CESIK nace precisamente del conflicto entre mestizos y totonacos en 1994 amparado por el posicionamiento de la OIT en el ayuntamiento municipal. Antonio Méndez actual director de la institución comenta sobre el bachillerato indígena en Huehuetla:

> Bueno, básicamente, el CESIK, nace del departamento de la Organización en el ámbito educativo, esto pues con la idea de atender a la juventud totonaca, para darle una educación de nivel medio superior, pero que tenga que ver con el rescate de la cultura, que tenga que ver con el pensamiento del pueblo, entonces básicamente el CESIK se podría resumir en ese

sentido, esta para cumplir esa misión de formar esos jóvenes que están en la comunidad ¿No? O en otros municipios, que quisieran tener esa formación.

Como señala el director del CESIK, éste nace con una clara misión, proveer de educación media superior a los jóvenes totonacos de las comunidades, los cuales no tenía acceso a dicha instancia educativa. Anteriormente ya el profesor Pablo Ramírez narraba las dificultades de los jóvenes totonacos para continuar con sus estudios. La creación y puesta en marcha del bachillerato entonces significó la acción de los totonacos de la OIT para ejercer su derecho a la educación.

De forma análoga, el ejercicio de este derecho se inscribe en el respeto a la diferencia, ya que, el bachillerato indígena tiene como intención la articulación tanto de elementos curriculares del ámbito nacional como elementos propios de los totonacos, tales como clases de medicina tradicional o "las microempresas", pequeños talleres productivos que rescatan orientaciones culturales totonacas[68].

De igual forma, el CESIK busca que los jóvenes totonacos se vinculen con el trabajo agrícola, el cual sigue siendo el principal sustento económico de los totonacos. Don Aurelio comenta sobre este punto, "bueno nosotros la escuela que queremos es que nuestros hijos nos respeten, que nuestros hijos no pierdan la noción del campo que sigan trabajando en el campo, que se involucren en el trabajo, que se involucre en su comunidad".

Otro aspecto significativo del CESIK es que éste, se ha erigido como un vinculante generacional para la Organización. En el bachillerato indígena se forman a los futuros miembros de la OIT, por ello se realizan

---

[68] El profesor Antonio Méndez, comenta sobre los objetivos del CESYK como institución escolar: "Bueno en ese sentido se han como creado distintos espacios dentro del CESYK, podemos citar por ejemplo el trabajo de campo ¿no?, el trabajo de campo que le llamamos, que desde un inicio se viene trabajando, en donde los chavos aprenden a realizar hacer cultivos de hortalizas, actividades en cuanto a la siembra del maíz, del frijol que tienen que ver también con la cuestión de la agricultura orgánica, la composta, la composta y eso, la otra parte son los distintos talleres que se tienen que nosotros le llamamos micro empresas, como la panadería , este conservas, artesanía, bordados, carpintería, eso le permite al estudiante, pues ir como inmiscuyéndose estudian poco a poco sobre el proceso de estudio intelectual ese tipo de actividades que le van a permitir al futuro desenvolverse en ese ámbito, saber perfectamente que cuando los chavos, si ya no estudian tienen como esa posibilidad, de desarrollarse laboralmente después de terminara la preparatoria, o en su caso a la par seguir estudiando, entonces se podría decir que es tipo de actividades , la otra es que también los chavos acá aprenden como a tratar de, como se podría decir, como de ser.. el dirigir estar dirigiendo algunas plenarias, algunas reuniones que les permiten tanto el desenvolvimiento oral de los compañeros, ¿no? porque también eso hace mucha falta, en ese sentido se podría citar esos ejemplos, de eso, de la practica de la que se habla en el CESYK."

simulaciones de plenarias y asambleas, además se transmite la historia de la Organización y su lucha. Actualmente en la OIT hay un grupo de jóvenes que trabajan y se involucran directamente con la Organización, trabando en el CESIK y en el Juzgado. Así el actual secretario de la OIT, el secretario de acuerdos y la misma directiva del CESIK conforman un contingente de jóvenes totonacos que se formaron en el bachillerato indígena y que ahora trabajan de forma paralela con la Organización. Al respecto, Antonio Méndez comenta:

> De hecho, en éste , últimamente se ha venido trabajando una, se podría decir una asignatura, una currícula de identidad propia de la institución que se llama "Organización y acción comunitaria", en ese apartado pues se va viendo cómo ha sido el proceso de organización del pueblo, independientemente si es una asociación legal o no , en ese sentido pues, se ha venido, ellos mismos, investigan los chavos, cómo ha sido de que se ha consolidado una organización de totonacos ¿no', en ese sentido, pues se hace el análisis y se ve también de la importancia en el nivel local, en el nivel familiar y el impacto que tiene en el exterior, entonces los chavos van teniendo como el conocimiento, de hecho ahí también se trabaja como la línea del tiempo del proceso histórico del pueblo, de las comunidades,. Los chavos posteriormente pueden llegar a formar parte de la Organización, o sea si se les va dando como la importancia que tiene el caminar de la Organización, o sea porque hay que tomar en cuenta que el CESIK nace de la Organización y tiene un antecedente pues de mucho reivindicación de la identidad totonaca.

El director del bachillerato indígena hace hincapié en que la existencia del CESIK es producto de la lucha de la Organización. Como se señaló, el bachillerato indígena ejemplifica el aspecto ofensivo (Cohen & Arato, 2002) de la lucha de la OIT, representa el intento de los totonacos de la Organización por institucionalizar los procesos de revaloración, actualización y reconfiguración identitaria, los cuales fueron el producto del principio de acción dirigido a redefinir la identidad totonaca. Por ello, no sólo era suficiente que los totonacos reconstruyeran el valor de su identidad, a la par, resultaba necesario canalizar la revaloración hacia instituciones y prácticas que aseguren, refuercen y reafirmen la reconstrucción de los totonacos producida por ellos mismos. El CESIK representa la cristalización de la disputa de los totonacos. Es un lugar que como señalaba Antonio Méndez, tiene un antecedente de reivindicación de la identidad totonaca, el cual es uno de los objetivos implícitos y explícitos de la institución. Busca expandir hacia las generaciones más jóvenes de totonacos los procesos que generó la OIT en su lucha, es decir, imprimir en la nueva generación de totonacos orientaciones culturales distintas a las del modelo que de antemano tenía reservado para ellos la posición de subordinación.

En ese sentido el CESIK como institución representa una afrenta contra la reproducción de las relaciones de dominación al menos en una comunidad particular, Huehuetla. El siguiente relato de Pablo Ramírez, profesor del CESIK, resulta esclarecedor al respecto:

> En ese proceso el papel del CESIK es muy importante porque, aquí lo que se está buscando y por lo que se lucha es exactamente eso, que los jóvenes reconozcan las personas que son hoy, pero también que entendamos todos, no, no solamente los jóvenes, sino todas las personas que están involucradas, que ser indígena es una opción de vida.

Entre otras cosas, el proceso de revaloración identitaria producía una orientación particular, la noción de "ser totonaco también es válido". El bachillerato indígena se empata con dicha orientación expresada por Pablo en la frase, "ser indígena es una opción de vida". Es decir, ser totonaco no es más sinónimo de sufrimiento, vejaciones y subordinación como los padres de Marcos Juárez temían por haberlo sufrido ellos mismos.

El CESIK, busca generar las condiciones para que esa orientación se generalice entre los totonacos y así negar el falso reconocimiento. El bachillerato indígena emerge de la figura del sujeto producida por la OIT, a saber, un indígena que reconoce su valor como tal y que lucha por ser reconocido como igual en su diferencia. Se analiza a continuación otra de las instituciones producidas la OIT, el Juzgado indígena.

La instauración del juzgado indígena en Huehuetla estuvo marcada por una nueva ola de represión y violencia de los mestizos contra los totonacos que tiene su punto más cruento en el asesinato de Grisela Tirado. La existencia del juzgado puede leerse precisamente como un esquema de protección de los indígenas contra las relaciones de dominación y sus expresiones, en éste caso, la violencia y la injusticia. Por lo demás, la existencia de un Juzgado Indígena sustentado y orientado por pautas culturales propias de los totonacos—englobadas en la denominación "usos y costumbres"—es la promoción de un contraproyecto de la historicidad. Al menos en un ámbito local, la existencia del Juzgado indígena promociona orientaciones culturales que contradicen el modelo cultural mestizo y sus orientaciones en torno a la noción de justicia. Es así que el juzgado indígena de Huehuetla representa el reconocimiento de un modelo cultural distinto, al que imperaba en Huehuetla hasta antes de la formación de la OIT. De hecho, la creación del juzgado es uno de lo logros más recientes de la Organización, éste, comienza a funcionar en el año de 2004, en un contexto nacional que al menos constitucionalmente ya reconocía el carácter pluriétnico de la nación mexicana. En el siguiente relato de Don Aurelio, uno de los fundadores de la OIT, explicita el porqué de un juzgado indígena en Huehuetla.

> Bueno, esto, como decía yo desde el principio, la Organización

se ha fijado metas, lo que tiene que hace, como tiene que ser las autoridad de y ya a pesar y viendo que no hay justicia por el juez de lo civil, de lo penal del municipio ni por el agente subalterno, entonces, se empieza hacer la gestión de poder este, poner este, a un juez indígena, no, ¿Porqué? Porque sabemos que por medio de el se pueden hacer cosas no, y si no que el mismo pueda defender a sus mismos hermanos, porque si no de lo contrario seguiríamos en los mismo, y creo que si ha ayudado y el juez indígena, no, no' mas atiende aquí a este municipio, sino que atiendo a otros municipio, viene gente de otros municipios que tiene muchos problemas con sus autoridades, por abuso de autoridad y todo eso y vienen a poner su quejas aquí con el juez indígena y creo que pues, ha sido un buen logro porque si ha habido respuestas a la demanda de las gente.

El impacto del juzgado indígena no se restringe al ámbito municipal, desde otros municipio y comunidades, indígenas acuden al juzgado buscando frenar o remediar las expresiones de las relaciones de dominación. El juzgado de Huehuetla surge en relación a la persistencia de la carencia de justicia para los totonacos, la cual remite a un largo y sinuoso proceso histórico de dominación. Por supuesto, como todas las batallas interpuestas por la OIT, la disputa por la justicia y el tipo de justicia sigue latente, pues la tensión entre totonacos y gobierno/mestizos continua, el mismo Don Aurelio comenta al respecto:

Ya con el juzgado indígena, también por parte de la Organización, yo creo que como que, ha detenido un poquito, pero no deja que al juez indígena, también el gobierno lo este deteniendo, porqué si a una persona le van a dar permiso, nada mas le dan ciertos días, de, de para poder aserrar su madera y si no termina, pues ya se acabo, Entonces, este, hay que hacer con motosierra, pues aquí no se utiliza eso, es manual, pues creo que eso, también perjudica a nuestra comunidad.

Los relatos y narraciones sobre el juzgado indígena siempre son ambivalentes. Se reconoce el gran avance logrado y a éste como un mecanismo de defensa de los totonacos contra las relaciones de dominación interétnicas, sin embrago, al mismo tiempo, existe cierto desanimo por los obstáculos que aún tienen que afrontar los totonacos. El relato de Don Aurelio hace referencia precisamente a una de esas tensiones y que remite a la gestión de los recursos. Los integrantes del Juzgado indígena comenta que uno de los principales problemas que enfrentan hoy en día los totonacos es el uso de los recursos naturales. Es frecuente que los totonacos sean molestados o arrestados por cortar madera, (materia prima en la construcción de hogares, cercas e inclusive en la producción de energía calorífica), razón por la cual acuden al juzgado indígena. Éste, es un problema que remite a la llamada "demanda indígena" (Bengoa: 2000) del movimiento social indígena, a saber, la petición de los indios para la libre gestión de sus recursos y que en Huehuetla aún no se ha logrado. Finalmente Pedro Valencia, secretario de acuerdos, comenta sobre el juzgado indígena:

> Y algunos problemas que tienen, bueno también se les ayuda, incluso la Organización Independiente Totonaca solicitó ayuda, con la ayuda del consejo de ancianos, solicitó este juzgado indígena. Y si usted se da cuenta, por los ratitos que ha venido, pues si hay gente, ¿no? Hay gente de comunidades principalmente, que viene a pedir cualquier asesoría, si tiene problemas pues hasta donde se pueda ayudar.

La narración de Pedro Valencia remite de nueva cuenta a la reflexión sobre la Organización Independiente Totonaca, sin la cual la existencia del juzgado indígena no hubiese sido posible. La OIT fue promotora de esta institución, en esta acción subyace la capacidad de un actor colectivo por desarrollar y modificar sus propias orientaciones y generar así su propia normatividad. El Juzgado indígena es también expresión del aspecto ofensivo de la OIT como organización del movimiento social indígena, es decir, es la institucionalización concreta de orientaciones culturales totonacas, reconstruidas y revaloradas.

Imagen 12: El Juzgado indígena en funcionamiento
Fotografía tomada durante el trabajo de campo

Siguiendo a Cohen & Arato (1992), el juzgado indígena puede ser interpretado como la correspondencia institucional de nuevos significados, identidades y normas que fueron construidos/reconstruidos en el aspecto defensivo de la acción de la OIT mediante el proceso de revaloración actualización y resignificación de la identidad totonaca. Tanto el juzgado como el bachillerato indígena son expresiones de un proyecto de reforma institucional impulsado desde una figura del sujeto. Estos cambios institucionales se empiezan a reflejar en los rostros de los integrantes del ayuntamiento, pues los totonacos son capaces en todos los aspectos, sin por ello tener que abandonar su identidad india. El párroco de Huehuetla, José Luis comenta:

> Pues empieza también el indígena se le empieza a escuchar, el presidente es un indígena, las autoridades que se están poniendo en estos cargos, el juez de paz, el agente subalternos, son indígenas, entonces empieza a haber otro clima de atención y de justicia, de impartición de justicia, sobretodo por aquel rumbo de Xonalpu, había gente que asaltaba mucho, había maleantes y eso es algo que cambió, pues se empieza a haber más vigilancia y sí, de hecho los que asaltaban se van de Huehuetla, esa bandita se acaba, hay un tiempo en que pues hay un poco más de tranquilidad.

Para concluir este capítulo se busca reconstruir las dimensiones políticas del sujeto encarnado por la OIT que han sido discutidas y argumentadas a lo largo del mismo.

Una de la primeras dimensiones políticas del sujeto fue, a) *la promoción de un proyecto contestatario*, incompatible con las orientaciones culturales del modelo nacional mestizo y que disputaba precisamente el sentido de las mismas en torno al valor de la identidad indígena. Se señaló que el sentido político de esta afrenta residía en que al erigirse el reclamo y ser incompatible con la sociedad mexicana y sus orientaciones se estaba apelando implícitamente por la construcción de otra sociedad, que considere por igual el valor de los indígenas, que respete su diferencia. Del mismo modo, se marcó que esta afrenta era producto del principio de acción y autoproducción del sujeto, representado en la producción de los totonacos del valor social de su identidad. Vinculado con la dimensión anterior, emerge otra dimensión política del sujeto, *b) la construcción de la igualdad* entre totonacos y mestizos inédita en Huehuetla hasta antes de la formación de la OIT. La Organización a través de la reconstrucción de su identidad enarbolada con el discurso de los derechos humanos construyó de facto la noción de igualdad. Lo cual a su vez sentó las bases para una afrenta directa por conseguir y hacer efectivos derechos políticos, sociales y culturales.

Las dos dimensiones políticas señaladas anteriormente se engarzan con una tercera, c) *la liberación cultural totonaca*, impulsada por la OIT y que tuvo como consecuencias el debilitamiento de la dominación que imperaba en el municipio, lo cual incidió en cambios concretos en las relaciones interétnicas entre indígenas y mestizos, así como en la estructura de poder en el municipio.

Del mismo modo, la OIT libró una batalla simbólica a nivel discursivo, referente a, d) *la reconstrucción de la identidad totonaca bajo el código democrático,* y del mestizo en términos del contra código. En esta disputa, la OIT combatió por redefinir simbólicamente la construcción de indios como inmaduros, incapaces, apáticos y dependientes. La Organización disputó estas orientaciones, mostrando precisamente lo contrario, presentando a una contingente de indios *independientes,* capaces de gobernar a indios y mestizos, involucrados en la política local. Esta lucha en el nivel simbólico se concatena con otra dimensión del sujeto político, a saber, la lucha en la arena de los mestizos, e)*la competencia político-electoral,* la cual significó la invocación de elemento culturales compartidos que serían apropiados por los totonacos para combatir en una arena adueñada por los mestizos, el campo electoral. La OIT decide dirigir sus demandas a través del terreno político tradicional y así ocupar la posición de mando que sistemáticamente les fue negada. Éstos procesos reafirmaban las reflexiones sobre el valor de la identidad totonaca, rompiendo con los prejuicios que sobre dicha identidad recaían.

Todas estas dimensiones convergen un punto, en f)*la construcción de los totonacos como sujetos de derecho y ciudadanos.* La OIT produjo una identidad indígena ciudadana que ejerce sus derechos políticos de forma efectiva, que vota y también puede ser votado, resignificando la identidad totonaca, creando sujetos que luchan y defienden sus derechos y que en esa lucha se erigen como ciudadanos que danzan, hablan en totonaco y que son diferentes en la igualdad.

CONCLUSIONES

La OIT como organización del movimiento social indígena en México es la encarnación de un cambio social sobre el valor de la identidad totonaca y en cierta medida de la identidad social indígena. del mismo modo representa y ejemplifica un cambio sobre la capacidad de acción de los indios. De forma análoga, la Organización logró concretar esas permutaciones en instituciones propias: el bachillerato y juzgado indígena, las cuales emergen desde una figura particular del sujeto, que tiene un rostro indígena, pero también un rostro ciudadano.

Respecto a la pregunta de investigación y la hipótesis que guiaron la presente investigación, cabe destacar lo siguiente: Ciertamente, en la conformación de la OIT como un sujeto político la identidad totonaca fue el eje central, lo cual trató de exponerse a través de los procesos de revaloración, actualización y reconfiguración identitaria. Cada uno de estos procesos marcó la lucha de la Organización en sus distintos frentes y coyunturas, los antecedentes, la formación de un nosotros colectivo, las primeras elecciones democráticas en Huehuetla, el gobierno indígena, la construcción del CESIK y la entrega del juzgado indígena. Del mismo modo, la identidad totonaca, a través de sus permutaciones y permanencias se erigió como el fundamento del principio de acción del sujeto encaminado a denunciar y a transformar las orientaciones del modelo cultural nacional-mestizo, el cual era intolerante a las diferencias culturales y subordinaba de facto a la población indígena. Ahora bien, como se trató de mostrar en los capítulos cuarto y quinto, cada uno de los frente de lucha de la Organización ponía en disputa las orientaciones culturales del modelo. El mismo inicio de la lucha con el proceso de revaloración constituía una afrenta sobre esas orientaciones, sobre el valor social de la identidad indígena totonaca en el marco del Estado nacional mexicano. En ese sentido, la revaloración implícitamente fue una acción política a través de la cual los totonacos construyeron la igualdad en la diferencia, fundamento para la reconstrucción de una identidad con derechos. De una identidad ciudadana totonaca.

La Organización Independiente Totonaca por medio de sus acciones cuestionó y disputó las orientaciones culturales que posicionaban a los indígenas y a los totonacos por debajo de la identidad nacional mestiza, con ello contribuyó en el proceso de liberación cultural y cognitiva del pueblo totonaco, a la par de que logró debilitar en ciertas expresiones las relaciones de dominación interétnicas que imperaban en el municipio hasta antes de la formación del contingente de totonacos independientes.

En efecto, contra la democracia procedimental y simulada que los mestizos practicaban en Huehuetla, la OIT invocó orientaciones compartidas con ellos, componentes de un mismo campo cultural en común. Estas orientaciones son los derechos humanos, políticos y posteriormente culturales. La OIT demandó el ejercicio efectivo de éstos, luchó por ellos discursiva y prácticamente. Mas aún, la reconstrucción de los totonacos bajo el código democrático de la sociedad civil es la invocación por parte de una organización del movimiento social indígena de esquemas culturales en la búsqueda de la inclusión social. Como se buscó exponer en el capítulo tercero, la construcción de la nación proyectada mexicana, esto es, del modelo cultural nacional implicó la construcción/jerarquización de lo indígenas como inferiores, dependientes, subordinados, incapaces, ignorantes y apáticos. Estas orientaciones guiaron la política indigenista a través de casi todo el siglo XX, por ello, el modelo nacional era ciertamente un modelo excluyente y cerrado al reconocimiento de las diferencias internas. Es precisamente de este tema que se desprende la lucha por el reconocimiento de la igualdad en la diferencia por la cual pugna el movimiento social indígena, representado en nuestro caso de estudio por una Organización, la OIT

Prácticamente, cualquier denominación con la que un mestizo nombraba o se dirigía a un totonaco era una expresión cargada de valoraciones negativas y de fuerte sentido despectivo. Como se examinó en el tercer capítulo, estas denominaciones encuentran su fundamento y sustento ideológico en las orientaciones culturales del modelo nacional mexicano, por lo tanto, en una comunidad particular como Huehuetla las locuciones naco, indio, indígena, compadrito, peoncito e inclusive totonaco son expresiones ideológicas de la posición de subordinación de los indios frente a los mestizos. Al respecto también se señaló en el capítulo anterior, la forma en cómo la OIT se apropió de las categorías (otrora infamantes) a partir de las cuales se estructuran las relaciones de dominación interétnicas y como éstas fueron puestas al servicio de la acción de los totonacos. Ahora bien, la apropiación de la categoría indio o totonaco implicó despojar de las cargas ofensivas a la palabra indio, a la par de construir y reconstruir nuevos y viejos significados para la categoría de indígena o indio. Por ejemplo, de vuelta a la discusión sobre el lema de la Organización, *"si con el nombre de indios nos humillaron y explotaron, con el nombre de indios nos liberaremos"*, es notable que la frase ejemplifica cómo la noción de *indio* es recuperada y puesta al servicio de la acción por la liberación cultural totonaca. Puesto que esa acción constituye una liberación cultural en el sentido señalado por Touraine (2003), a saber, de un proceso producto de la acción y combate de los movimientos sociales hacia el debilitamiento de la dominación por parte de los dominados y la inscripción de la libertad individual en batallas culturales. Los totonacos arrebataron a los mestizos una de las expresiones simbólicas de la dominación, la noción de indio, y no sólo ello, sino que después de un profundo trabajo reflexivo sobre el valor de esa noción, ésta, fue puesta al servicio de la acción y de la liberación, pues en el lema puede interpretarse la idea de: nos liberaremos sin dejar de ser lo que somos, indios totonacos.

Por otra parte, en el capítulo cuarto se examinaron los caminos a través de los cuáles los totonacos llegaron a concretar su identidad como fundamento de su lucha, es decir, la revaloración y actualización de los elementos culturales totonacos y su bifurcación en nuevos y antiguos significados en torno a la totonaqueidad, los cuales se concretaron en una nueva reconfiguración identitaria. De ello, se aduce que la primera acción ofensiva de los totonacos fuese la disputa por el valor de la identidad indígena y su posterior institucionalización como eje del conflicto. Esa primera afrenta de la Organización tuvo como consecuencia que ser indígena y ser totonaco, no sean más sinónimos de incapacidad e ignorancia y por lo tanto, esa identidad revalorada pueda ser movilizada y puesta al servicio de la lucha y la acción totonaca. En una espiral de acción se revalora la identidad, posteriormente ésta se erige como el fundamento para la acción totonaca, pues en la revaloración se construyeron-reconstruyeron nociones que se erigieron como sustento para la acción práctica, los totonacos concretaron un número importante de los objetivos que ellos mismos se habían planteado y esto reafirmaba el proceso de revaloración, lo cual tuvo como consecuencia una actualización de la capacidad de acción de los totonacos.

La OIT se erige entonces como un sujeto que lucha para que su acción sea autónoma. Para producir a los totonacos como sujetos singulares y al mismo tiempo partícipes de la vida social en sus distintos niveles, comunitario, municipal, regional y nacional. Así, la organización del movimiento social y la figura del sujeto se engarzan en la definición de un nosotros colectivo indígena, de totonacos independientes. Como se pretendió señalar, en ese nombramiento subyace el vínculo del principio de autoproducción y la construcción de un nosotros colectivo valioso. Ambos proceso convergen en tanto representan una afrenta directa a las relaciones de dominación y a las orientaciones que las sustenta ideológicamente. Probablemente el éxito más grande de la Organización es la creación de una orientación cultural muy particular, la cual fue expresada precisamente por un miembro de la Organización:

"ser totonaco es válido".

APARTADO METODOLÓGICO

El diseño metodológico de una investigación es sin duda un componente fundamental de la misma. La metodología puede ser pensada como un puente entre la teoría, la construcción de los instrumentos de recolección de datos, los datos y el análisis de los mismos. Con respecto a esta discusión se presenta a continuación el camino recorrido por dicho puente.

En primera instancia el objetivo de la investigación es aportar los elementos necesarios para responder a la pregunta ¿Cuáles son los distintos procesos en torno a la identidad indígena totonaca vinculados al surgimiento y lucha de la Organización Independiente Totonaca, en el marco de la conformación un sujeto político, auto productor de la experiencia indígena y principio de acción contra las relaciones de dominación interétnicas?.

En relación a la pregunta y sus implicaciones, en la presente investigación se optó por un diseño metodológico cualitativo, la cual encuentra su fortaleza en el trabajo interpretativo, en su acercamiento inductivo y en el hecho de enfocarse en situaciones específicas (Maxwell 2005: 22-23). En ese sentido, la investigación cualitativa pretende dar cuenta de los significados y orientaciones de los actores en su acción, así como el contexto en el que se desarrolla o enmarcan dichas acciones. Del mismo modo, busca examinar la forma en qué dicho contexto incide o influencia la acción del actor o viceversa.

De tal forma que las tareas y fortalezas de la investigación cualitativa se empatan con la pregunta de investigación y sus objetivos. Así, en primera instancia, se pretende examinar y comprender las orientaciones y significados en torno a los procesos mediante los cuales la identidad indígena incide en la conformación de una organización del movimiento social indígenas. Esto, tiene como implicación inmediata entender el contexto en el que surgen y el significado que las personas involucradas en la organización otorgan a ser Totonaco y a formar parte de la misma organización. En segundo lugar, busca indagar cómo es que una orientación cultural como la identidad, incide en la configuración de un sujeto político, objetivos que se persiguen mediante el análisis de un estudio de caso, la Organización Independiente Totonaca. Sin embargo, antes de continuar se presentan continuación la estrategia a través de la cual se seleccionó a la OIT como estudio de caso.

La estrategia de muestreo que se siguió fue de carácter intencional por intensidad, por medio de la cual se pretende seleccionar un caso en el que la presencia del fenómeno de interés es intensa, sin llegar a ser altamente inusual (Patton, 1990: 234). Mediante este supuesto es que la OIT fue seleccionada como estudio de caso, al ser ésta, una organización adscrita al movimiento social indígena (fenómeno de interés), que afirma y lucha precisamente a través de su identidad cultural (intensidad), sin llegar a ser propiamente un caso altamente inusual, ya que como se hizo hincapié en la introducción, las últimas dos décadas han sido testigo de un aumento en las movilizaciones étnicas, tanto en México como en Latinoamérica.

Así que, la OIT fue seleccionada de forma estratégica bajo el supuesto de que el examen del caso arrojaría información de carácter significativo y gran valor para responder la pregunta que orienta el proceso de investigación. Es decir que, a través del estudio de la Organización se obtendrá información sobre los procesos que configuran un movimiento social indígena, así como las dimensiones que tornan ese movimiento en un Sujeto político, categoría analítica que da cuenta del principio de acción de autoproducción y forma en que la identidad incide en ambos procesos.

En ese sentido, el muestreo intencional se enfoca "en seleccionar casos, valiosos en información, cuyo estudio iluminará la pregunta bajo estudio" (Patton, 1990: 230). La OIT fue seleccionada por ser considerada un caso valioso. En la organización confluyen determinadas características de particular interés para el problema de investigación de la presente.

La Organización se conforma por indígenas quienes se presentan y accionan precisamente como tales, como indios totonacos. La OIT surge en el año de 1989 en la coyuntura de cambios importantes en la relación del Estado mexicano con los grupos indígenas. Por otra parte, la Organización mediante una alianza con el PRD, logró establecerse como gobierno por tres trienios y desde ese lugar impulsar una serie de proyectos sociales, culturales, económicos y políticos. La OIT logró establecer un gobierno local indígena, la creación de un juzgado indígena, y de un bachillerato indígena entre otros proyectos de gran relevancia. A través del estudio de caso de la Organización Independiente Totonaca se pretende obtener información sobre la conformación de movimientos sociales indígenas que se configuran como sujetos políticos capaces de generar peso e influencia en la toma de decisiones políticas. Además se busca obtener información sobre la relación entre los procesos identitarios y el conflicto que genera la irrupción de movimientos indígenas, así como el campo en el que se efectúa la disputa y sí estos procesos llegan a conformar a un sujeto político.

En concatenación con los objetivos planteados, para obtener la información necesaria que responda la pregunta de investigación se seleccionó como herramienta metodológica, la entrevista a profundidad, entendida, como una técnica dirigida a promover el discurso en profundidad (del entrevistado), por parte del entrevistador, sobre el tema a investigar sin el uso de preguntas cerradas o predeterminadas.

La entrevista a profundidad pretende "a través de la recogida de un conjunto de saberes privados la construcción del sentido social de la conducta individual o del grupo de referencia de ese individuo (Alonso, 1998: 216)[69].

Es así que, durante el trabajo de campo acaecido en el mes de agosto del 2009, se pudo recabar la siguiente información:

- Trece entrevistas con distintos actores de la organización, la duración de las mismas oscila entre una hora y una hora y media.
- Pronunciamiento político de la OIT en el vigésimo aniversario de su fundación.
- La grabación de pláticas informales
- Diario de campo
- Documento con los principios constitutivos de la OIT

[69] Cabe destacar que en la presente investigación se adscriben las precauciones señaladas por Bourdieu (2007: 527-453) con respecto a la práctica de la entrevista. Es decir, como una relación social de comunicación que genera efectos sobre los resultados mismos. En la naturaleza de la entrevista se hayan inscritas una serie de *distorsiones,* productos de la estructura social, particularmente, desfases comunicativos, asimetrías y lo que Bourdieu denomina violencia simbólica

La violencia simbólica, es aquella: "Sumisión paradójica (…) violencia amortiguada, insensible e invisible para sus propias victimas, que se ejerce esencialmente a través de los caminos puramente simbólicos de la comunicación y el conocimiento. La naturaleza misma de la practica de entrevista conlleva violencia simbólica, en tanto es una relación de comunicación asimétrica, en la cual, el entrevistador, pone las reglas del juego, generando una asimetría propia del intercambio. Asimetría que se ve reforzada, si el entrevistador ocupa una posición más alta en el campo cultural o económico (Bourdieu, 2007:455). En la práctica de entrevista se debe percibir y controlar los efectos propios de la entrevista, de la estructura social en ella, por medio de la *reflexividad,* el conocimiento de las condiciones objetivas que genera la categoría social que esta siendo entrevistada. Comprender, los factores y mecanismos que producen, la categoría social del indígena, de indígena totonaco miembro de un movimiento social de corte étnico.

- Documento elaborado por la OIT sobre su historia
- Propuesta de UNITONA para la iniciativa de ley en Derechos y Cultura indígena

De forma análoga se presenta el mapa de los actores entrevistados durante el trabajo de campo[70]:

Metodología de Análisis

Como primer paso en el análisis de la información recabada a través de entrevistas realizadas durante el trabajo de campo a actores clave pertenecientes a la OIT se realizará una segmentación bajo el criterio temático, buscando construir unidades temáticas compactas que permitan dilucidar y generar las categorías iniciales.

En este punto cabe señalar, que se cuenta con ciertas categorías preestablecidas las cuáles orientaron el proceso de construcción de las herramientas de recolección de la información y que serán retomadas en la medida que resulten útiles para el proceso de análisis y que emerjan de la voz de los informantes. Es importante destacar que las categorías preestablecidas no se conviertan en una *camisa de fuerza* que constriña la emergencia de nuevas categorías.

El microanálisis o análisis puntual de palabras u oraciones también será una herramienta de gran utilidad en el proceso de análisis de la información. Strauss y Corbin (1998:57) definen el microanálisis como una herramienta analítica de "análisis detallado, línea por línea, necesario al inicio del estudio para generar las categorías iniciales (…) y sugerir las relaciones entre ellas".

El microanálisis es una técnica de gran valía, en tanto permite "plantear preguntas sobre posibles significados, supuestos o buscados (Strauss y Corbin, 1998:101)". Objetivo que empata con los cuestionamientos de la presente investigación, esto es, indagar sobre los significados en relación a la identidad totonaca, sobre la comunidad, sobre las relaciones entre indígenas y mestizos, sobre el significado de lo totonaco y su articulación con un movimiento social.

Posteriormente se realizó una codificación abierta con las entrevistas a profundidad convertidas en texto. La codificación abierta "es el proceso analítico por medio del cual se identifican los conceptos y se descubren en los datos sus propiedades y dimensiones (Strauss y Corbin, 1998:101)". Es un proceso de fragmentación de los datos, orientado al escrutinio, al análisis y las comparaciones. Por medio de la codificación abierta se busca construir categorías, "conceptos derivados de los datos, que representan fenómenos

---

[70] Cabe destacar respecto al tema de la confidencialidad y el anonimato de los informante, que éstos declararon, no tener problemas con el hecho de ser nombrados en la trabajo, y que inclusive lo prefería, aunado a la cuestión de que algunos de ellos, ocuparon y ocupan puestos y cargos públicos, información que ciertamente es pública

(Strauss y Corbin, 1998;124)". Teniendo como base el proceso de codificación abierta se construyeron las categorías de revaloración, actualización y reconfiguración. En un segundo momento de análisis, se edificaron las dimensiones y propiedades de los mismos. A continuación, se presenta cada una de estas categorías, así como sus dimensiones de análisis:

Construcción de categorías

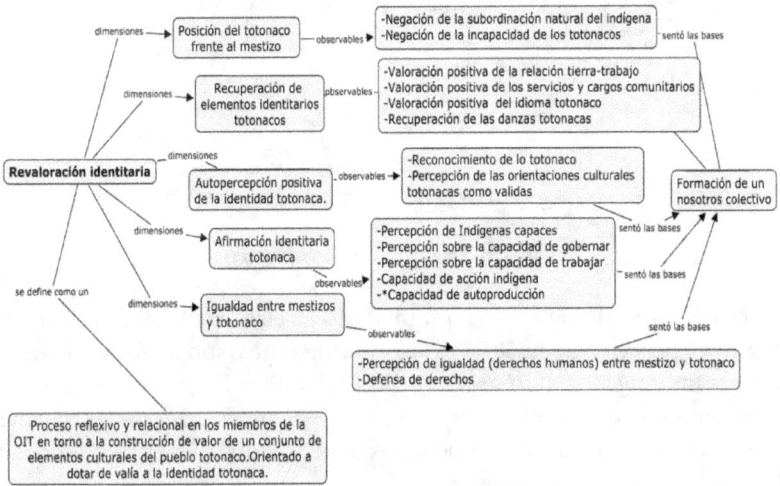

Tabla 2: Revaloración identitaria

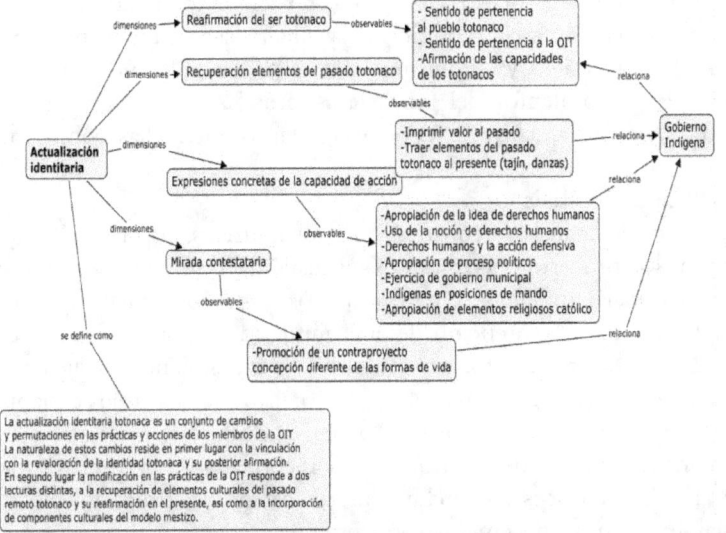

Tabla 3: Actualización Identitaria

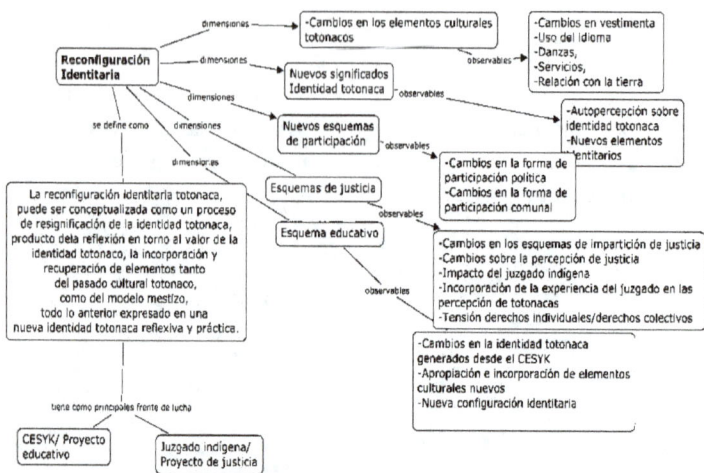

Tabla 4: Reconfiguración identitaria

Asimismo, cabe destacar, la relevancia de la elaboración de memorandos durante el proceso de análisis de los datos. Estos son registros realizados por el investigador. Strauss y Corbin (1998:220), señalan que los memorandos son "un almacén que provee al investigador ideas analíticas que pueden ser clasificados, ordenados, reordenados y extraídos en relación a la evolución del esquema teórico".

Después de un primer análisis de la información recabada se prosiguió a la construcción de matrices en las cuales se vació el contenido temático de la entrevistas segmentadas, codificadas y analizadas. La construcción de matrices es para Strauss y Corbin un (1998:198) "mecanismo analítico que estimula el pensamiento del analista sobre las relaciones entre las condiciones/consecuencias micro o macro, tanto entre ellas como para el proceso".

Matrices de análisis

En el proceso de análisis se construyeron dos matrices, la primera dirigida a desentrañar los procesos mediante los cuáles la OIT se configuró como un movimiento social indígena, enfatizando los procesos vinculados con la identidad totonaca. La intención de la segunda matriz pretende dar cuenta de las dimensiones que tornan político al movimiento indígena, que conforman a la OIT como un sujeto político. Cabe señalar que se plantea la naturaleza de las matrices de forma flexible, es decir, que estas se ajustaron directamente al análisis de la información recopilada durante el trabajo de campo. En las matrices, se incluyeron las categorías preestablecidas, así como las categorías que emergieron durante el análisis de la información recabada.

BIBLIOGRAFÍA

Anderson, B., (2006), *Comunidades Imaginadas. Reflexiones sobre el origen y la difusión del nacionalismo*, México: FCE

Arditi, B., (2008), *"Arguments about the left turn(s) in Latin America: a post-liberal politics?"* en: Latin American Research Review, N 43, V 3.

Alexander, J., (2000), *Sociología cultural. Formas de clasificación en las sociedades complejas*, España: Antrophos/FLACSO

Alexander, J., (edit.) (1998), *Real civil societies, dilemas of institutionalization*, Gran Bretaña: SAGE Publications.

Alonso, L.E., (1998). *La mirada cualitativa en sociología. Una aproximación interpretativa*. Madrid: Fundamentos.

Bonfil, G., (1990). *Pensar nuestra cultura*, México: Alianza

Bonfil, G., (1989). *México Profundo. Una civilización negada*, México: Grijalbo

Bonfil, G., (1978), Los pueblos indios en México: viejos problemas, nuevas demandas, en: *Campesinado e indigenismo en América Latina*, México: CELATS

Bourdieu, P., (2007), *La miseria del mundo*, México: FCE

Burke, P, (2005), *Visto y no visto. El uso de la imagen como documento histórico*, Barcelona: Crítica

CDI. (2005). *Indicadores sociodemográficos de la Población total y la población indígena por municipio*. México: CDI.

Cohen, J. (1983). *Rethinking Social Movements*. Berkeley: Journal of Sociology.

Cohen, J. (1985). *Strategy or Identity: New theoretical paradigms and contemporary movements*. Social research Vol. 52 no. 4.

Cohen, J., & Arato, A. (2002). *Sociedad civil y teoría política*. México: FCE.

CONAPO. (2005). *Índices de Marginación*. México: CONAPO.

Bengoa, J. (2002). *La Emergencia Indígena en América Latina*. Chile: FCE.

Favre, H., (1998). El indigenismo, México: FCE.

García, F. (2008). *Identidades, etnicidad y racismo en América Latina*. Ecuador: FLACSO Ecuador.

Glaser, B; Strauss, A. (1967), *The discovery of Grounded Theory : strategies for Qualitative Research*, New York: Aldyne de Gruyter.

Habermas, J., (1999). *La inclusión del otro. Estudios de teoría política.* Barcelona: Paidós

Hernández G., M. G. (2009). *Los caminos de la resistencia Indígena en la Sierra Norte de Puebla. Tesis en Etnología* . México: ENAH.

INEGI. (2005). *XIII Censo de población y vivienda 2005.* México: INEGI.

Johnston, H., (2005), *Repression and Mobilization (Social Movement, protest and contention,* Minnesota: Minnesosta Press.

Kymlicka, W., (1995). Ciudadanía multicultural, Barcelona: Paidós

Le Bot, Y., (2009). El zapatismo, primera insurrección contra la mundialización neoliberal en: Wieviorka M. (comp.) (2009), *Otro mundo, discrepancias, sorpresa y derivas en la antimundialización,* México: FCE

Le Bot, Y., (1998) ¿Se puede hablar de actores sociales étnicos en América Latina?, en: El indio como sujeto y objeto de la historia latinoamericana, Hans. Joachim König (Edit.), Frankfurt: AEY

Le Bot, Y., (1997) El sueño zapatista, subcomandante Marcos. México: versión digital

Lefort C., (1990), *La invención democrática,* Buenos Aires: Ediciones Nueva vision

McAdam, D. (1987), *Comparative perspectives on social movements,* Cambridge: Cambridge University Press

Maldonado, K. (2008). *Los juzgados indígenas de Cuetzalan y Huehuetla.* México: CDI.

Masferrer K., E. (2004). *Totonacos.* México: CDI.

Maxwell, J., (2005), *Qualitative Research, an Interactive approach.* London, SAGE publications.

Nyamu-Musembi, C., (2005), Hacia una perspectiva de los derechos humanos orientada a los actores en: Kaaber Naila (edit), Ciudadanía incluyente, significados y expresiones, México: UNAM PUEG

Oehmichen, M., (1999). *Reforma del Estado. Política social en indigenismo en México 1988-1996,* México: UNAM

Ortiz Espejel, B., (1995). *La cultura asediada: espacio e historia en el trópico veracruzano, el caso del Totonacapan,* México: CIESAS Instituto de ecología.

Patton, M. (1990), *Qualitative Evaluation and Research Methods,* Londres: SAGE Publications.

Pérez, M, (2005). *!Todos somos zapatistas! Alianzas y rupturas del EZLN y las organizaciones indígenas en México.* México: INAH

Reyes Grande, F. (2005). *La Organización Independiente Totonaca (OIT). Un proyecto cultural contra la pobreza. Tesis en Antropología Social.* México: Universidad Autonóma Metropolitana- Iztapalapa.

Seligman, A. (1992). *The idea of civil society,* New Jersey: Princeton University Press

Stammers N., (2005). *La aparición de los derechos humanos en el norte: hacia una revaloración histórica.* En Kaaber Naila (edit), Ciudadanía incluyente, significados y expresiones, México: UNAM PUEG.

Stavenhagen R. (2006) *La presión desde abajo: Derechos humanos y multiculturalismo*, en: Multiculturalismo, desafíos y perspectivas, Daniel Gutierrez (comp.), México: Siglo XXI

Stavenhagen, R. (1992). *Las organizaciones Indígenas; actores emergentes en América Latina.* México: UNAM.

Strauss A. y Corbin J. (1998) *Basics Of Qualitative Research. Techniques and procedures for Developing Grounded Theory.* Thousand Oaks: SAGE Publications.

Tavera F., L. (1999). *"Desafiando las bases simbólicas de la exclusión: Movimientos sociales y sociedad civil"*, en: Revista Perfiles Latinoamericanos No 14, México, FLACSO

Tavera F., L. (2000). *"Movimientos Sociales"* en Laura Baca, Judit Bokser, Fernando Castañeda, Isidro Cisneros y Germán Pérez Fernández del Castillo (comps.) *Léxico de la Política: Conceptos y Categorías de las Ciencias Sociales en un Diálogo Intercultural.* México: Fondo de Cultura Económica.

Taylor, C. (1993), *El multiculturalismo y la política del reconocimiento*, México: FCE

Torres, J. J. (2002). *Monografía del distrito electoral 02 del Estado de Puebla.* México: IFE.

Torres, J. J. (2000). *Las luchas indias por el poder local. Los casos de Huehuetla, Sierra Norte de Puebla y Rancho Nuevo de la Democracia, Guerrero. Tesis de Maestría.* México: CIESAS.

Touraine, A. (2006). *Crítica de la modernidad.* México: FCE.

Touraine, A. (2005). *Un nuevo paradigma para comprender el mundo de hoy.* México: Paidós.

Touraine, A. (2003). *¿Podremos vivir juntos? Iguales y diferentes.* México: FCE.

Touraine, A. (1995). *Penser le Sujet, Autour d'Alain Touraine.* France: Fayard.

Touraine, A. (1995a). *Producción de la sociedad.* México: UNAM-IFAL.

Touraine, A. (1989), América Latina política y sociedad, Madrid: Espasa

Touraine, A. (1984). *El regreso del actor.* Buenos Aires: EUDEBA.

Tresierra, J., (1995). Mexico: Indigenous People and the Nation-State, en: Van Cott, D. L, *Indigenous People and Democracy in Latin America.* New York: St. Martin Press.

Van Cott, D. L. (1995). *Indigenous People and Democracy in Latin America.* New York: St. Martin Press.

Villoro, L., (1999). *Estado plural, pluralidad de culturas.* México: Paidós

Warman, A. (1978). *El pensamiento indigenista, en: Campesinado e indigenismo en América Latina,* México: CELATS

Wievioka, M. (1992) *El espacio del racismo,* Barcelona: Paidós

Wieviorka, M. (comp.) (2009), *Otro mundo, discrepancias, sorpresa y derivas en la antimundialización,* México: FCE.

Wieviorka, M. (2009), *Violence, a New Approach.* Londres: Sage Publications

SOBRE EL AUTOR

Luis Manuel Hernández Aguilar es doctor en Sociología por la Universidad de Frankfurt, Alemania, maestro en Ciencias Sociales por la Facultad Latinoamericana de Ciencias Sociales, Campus México. Entre sus intereses de investigación se encuentran el estudio del racismo y sus diversas manifestaciones, así como los movimientos sociales indígenas.